돈 되는 AI,
어디서부터 무엇을 어떻게 해야 할까

오라클, 딜로이트, 언스트앤영 출신의 빅데이터·AI 전문가가 알려 주는
AI AGENT 시대 기업이 살아남는 법
돈 되는 AI, 어디서부터 무엇을 어떻게 해야 할까

초판 1쇄 발행 2025년 9월 30일

초판 2쇄 발행 2025년 11월 25일

지은이 장동인

펴낸이 전정아

편집 오은교 **조판** 이소연 **디자인** nu:n **일러스트** 이진숙

펴낸곳 리코멘드

등록일자 2022년 10월 13일 **등록번호** 제 395-251002022000120호

주소 경기도 고양시 덕양구 청초로 10 A1동 1920호

전화 0505-055-1013 **팩스** 0505-130-1013

이메일 master@rdbook.co.kr

홈페이지 www.rdbook.co.kr

페이스북 www.facebook.com/rdbookkr

블로그 blog.naver.com/rdbookkr

인스타그램 www.instagram.com/recommendbookkr

Copyright ⓒ 2025 by 장동인 All rights reserved.

Printed & published in Korea by 리코멘드

ISBN 979-11-94084-18-1 13000

* 책값은 뒤표지에 있습니다.
* 이 책은 저작권법에 따라 보호를 받는 저작물이므로 무단 전재와 복제를 금지합니다.
  이 책의 내용 전부 또는 일부를 이용하려면 반드시 저작권자와 리코멘드의 동의를 받아야 합니다.
* 잘못 인쇄되거나 제본된 책은 서점에서 바꿔드립니다.

AI AGENT

오라클, 딜로이트, 언스트앤영 출신의
빅데이터·AI 전문가가 알려 주는
AI AGENT 시대 기업이 살아남는 법

돈 되는 AI, 어디서부터 무엇을 어떻게 해야 할까

장동인 지음

Re:commend

프롤로그

"비상한 시대에 들어가면서"

2025년 3월, 젠슨 황의 GTC 키노트

세상이 너무나 빠르게 변화하고 있습니다. 지금의 변화를 살펴보면 이 변화의 원인이 바로 AI라는 것을 쉽게 알 수 있습니다. 기업이 AI로 인한 빠른 변화 속에서 살아남으려면 어떻게 해야 할까요?

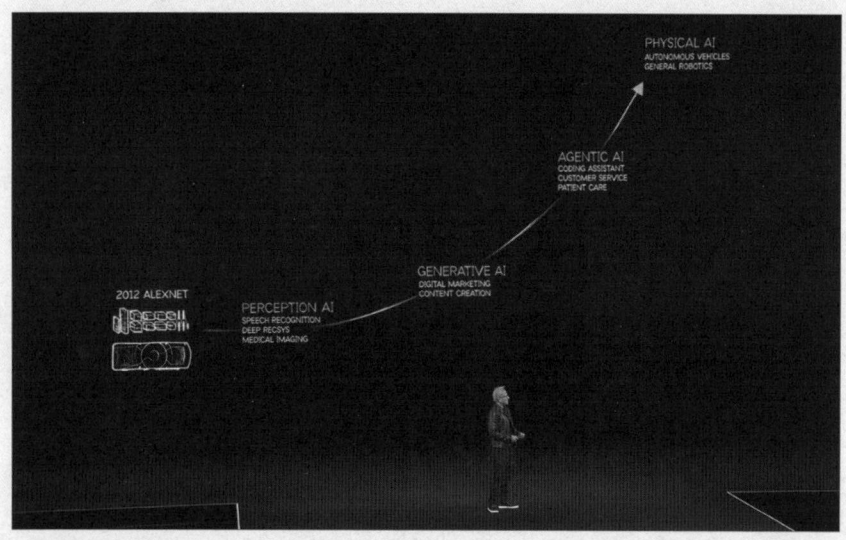

엔비디아의 CEO 젠슨 황이 CES 2025에서 키노트 스피치를 하는 모습[1]

2025년 3월 15일, 엔비디아의 연례 컨퍼런스인 GTC^{GPU Technology Conference} 2025가 실리콘밸리 산호세에 있는 SAP Center에서 열렸습니다. 저는 현장에

---

[1] 엔비디아의 젠슨 황은 'AI 산업혁명'이라는 역사적 서사를 판매하는 탁월한 스토리텔러입니다. 개인적으로 젠슨 황이 엔비디아의 최고의 경쟁력이라고 생각합니다.

서 젠슨 황Jensen Huang의 GTC 키노트 스피치를 들었습니다. 전 세계에서 온 2만 5,000명이 참석했고, 모든 미디어와 유튜브가 생방송을 하고 있었습니다. 젠슨 황은 2시간 15분 동안 누구의 도움도 받지 않고 혼자서 엔비디아의 제품과 기술에 대해 설명했습니다.

글로벌 빅테크의 CEO들은 보통 자사의 비전에 대해서만 설명하고, 나머지는 섹션을 나누어 각각의 책임자들이 설명하며, 엔지니어들이 데모를 하는 것이 일반적입니다. 그러나 젠슨 황은 AI 기술의 방향과 엔비디아의 비전을 직접 GPU 칩과 GPU 보드를 들고 나와 설명했으며, 차세대 GPU인 베라 루빈Vera Rubin과 파인만Feynman으로 이어지는 자사 제품의 로드맵을 이야기했습니다.

누가 봐도 엔비디아는 현재 세계 1등 기업입니다. 경쟁 기업은 AMD, 인텔 정도이며, 이들과의 거리는 까마득하게 벌어졌음에도 불구하고 1년에 한 번씩 제품 아키텍처를 근본적으로 업그레이드하고 있습니다. 거기에 Physical AI라고 하는 새로운 트렌드를 제시하며, 이를 구성하는 CoSMoS Foundation Model 및 소프트웨어 플랫폼, 하드웨어 아키텍처, 제품군을 발표했습니다. 발표 내용 자체는 비즈니스적인 것뿐 아니라 기술적으로도 매우 심도 깊은 것들이었습니다.

더 놀라운 것은 엔비디아가 2024년 총 매출 609억 2,000만 달러에 매출 총이익률 72.7%를 달성했다는 점입니다. 이것은 하이테크, 제조업을 통틀어 역사적으로 극히 전례가 없는 일입니다. 더구나 반도체 분야는 경쟁이 엄청나게 치열한 분야이기 때문에 72.7%라는 이익률은 그야말로 전무후무한 것일 수밖에 없었습니다.

엔비디아는 어떻게 이런 엄청난 이익률을 달성할 수 있었을까요? 왜 AI를 하는 사람, 기업, 데이터센터들은 엔비디아 GPU만 구매할까요? GPU는 AMD, 인

프롤로그

텔도 만들고 있고 데이터를 학습하는 AI 칩은 구글의 TPU, 아마존의 Trainium, 마이크로소프트의 Azure Maia 등 무수히 많은데, AI 시장에서는 왜 비싼 엔비디아의 GPU만 많이 팔릴까요? 혹자는 CUDA라는 소프트웨어 때문이라고 하지만 AMD에는 ROCm이 있고 OpenCL이라는 오픈 소스도 있습니다. 게다가 엔비디아 GPU는 돈이 있다고 금방 살 수 있는 것도 아닙니다. 때로는 1년씩 기다려야 했던 경우도 있었습니다.

대체 무엇이 엔비디아의 경쟁력일까요?

시대를 읽는 비전과 장기적인 베팅, CUDA의 탄생

엔비디아는 본래 게임용 그래픽 카드 제조업체였습니다. 사람들은 그래픽 카드를 게임할 때 사용하기도 하고, 기계를 설계할 때 사용하기도 하고, 사진과 동영상을 편집할 때도 사용했습니다. 각각의 고객들은 자신들의 목적에 맞는 그래픽 카드를 원했는데, 모든 요구 사항을 들어 주려면 각 목적에 맞는 그래픽 칩을 따로 만들어야 했습니다. 젠슨 황은 고객의 목적에 따라서 칩을 계속 만들다 보면 비용이 많이 들고 수요는 한정적이라 제조 비용이 올라갈 수밖에 없다고 생각했습니다. 이를 위해 하나의 칩을 만들어 고객이 목적별로 커스터마이징해서 사용할 수 있도록 소프트웨어를 개발하자는 아이디어를 떠올렸습니다. 이렇게 해서 2006년에 CUDA Compute Unified Device Architecture 라는 엔비디아 GPU를 위한 소프트웨어가 출시됩니다. 지금이야 CUDA가 없는 엔비디아는 상상할 수 없지만, 당시에는 엄청난 반대에 부딪혔습니다. 이유는 엔비디아는 하드웨어 회사이지 소프트웨어 회사가 아니며, 그런 소프트웨어를 만들면 하드웨어가 타격을 입는다는 것이었습니다. 가장 큰 장벽은 확고한 수요를 이끌어 내지 못하는 데도 소프트웨

어에 막대한 투자를 해야 한다는 점이었습니다. 당시에는 게임 분야가 가장 매출이 컸기 때문에 게이머들은 더 빠른 그래픽카드면 되었지, 부품을 설계하거나 영상을 편집하는 데 그래픽 카드가 사용되는 것에는 당연히 관심이 없었습니다.

그러나 CUDA가 출시되자 병렬 컴퓨팅을 필요로 하는 과학계와 엔지니어링 분야에서 상당한 관심을 보였습니다. 특히 분자 동역학, 유체 역학 시뮬레이션, 천문학, 의료 영상 처리, 금융 모델링 등 방대한 병렬 연산이 필수적인 과학 및 공학 분야에서 CUDA를 도입하려는 움직임이 매우 활발했습니다.

결론적으로 보면 CUDA의 등장은 단순한 기술 발표가 아니라 고성능 병렬 컴퓨팅의 패러다임을 바꾸고 훗날 AI 및 딥러닝 혁명의 기술적 토대를 마련한 중대한 사건이었습니다.

엔비디아 그래픽카드 GTX 580에서 시작된 딥러닝 혁명

2010년부터 스탠포드 대학에서는 페이페이 리 Fei-Fei Li 와 안드레이 카파시 Andrej Karpathy 가 주도하는 이미지넷 챌린지가 열렸습니다.

2012년 AlexNet을 학습시킬 때 사용되었던 엔비디아의 GTX 580

프롤로그

2012년에 열린 이 대회에 토론토 대학의 제프리 힌튼 교수 밑에 있던 대학원생인 알렉스 크리제브스키와 일리야 슈츠케버가 자신들이 제안한 AlexNet(알렉스넷)이라는 뉴럴 네트워크 모델을 학습시키는 데 엔비디아 GTX 580 두 개를 사용했습니다. 이때 CUDA를 사용해서 자신들이 데이터를 학습하는 데 필요한 파이썬 코드를 직접 짰는데, 결과는 기존의 CPU 기반 컴퓨터와는 비교도 안 될 정도로 약 40배나 빠르게 학습이 가능했습니다. 몇 달이 걸려야 했던 학습 속도가 단 일주일 만에 끝난 것입니다. 게다가 정확도도 기존 방식보다 10% 높았습니다. 당시 AlexNet은 여덟 개의 레이어 layer와 6,000만 개의 파라미터로 구성된 뉴럴 네트워크였습니다.

지금이야 여덟 개의 레이어가 아무것도 아니지만 당시에는 세 개를 넘어가면 계산이 복잡해서 회피하던 때라 여덟 개의 레이어는 엄청나게 깊은 뉴럴 네트워크였습니다. AI 연구를 하는 사람들은 이를 딥 뉴럴 네트워크 Deep Neural Network라고 했고, 기존 머신 러닝 machine learning에 비해 레이어가 깊다고 해서 딥러닝 Deep Learning이라는 분야가 생기게 되었습니다. 말할 것도 없이 엔비디아 GPU와 CUDA 프로그래밍은 전 세계의 AI 연구자들의 관심을 끌었습니다. 이것이 가능했던 이유는 바로 2006년 젠슨 황의 투자와 나름 생태계가 존재했던 CUDA가 있었기 때문입니다.

2012년 이후 딥러닝의 바람은 전 세계를 휩쓸었습니다. 그러자 엔비디아는 딥러닝을 위한 전문적인 GPU인 GPGPU General-Purpose GPU[2]를 만들었습니다.

---

[2] 저는 2015년 국방과학연구소에 빅데이터 PM(Program Manager)으로 재직하면서 연구소 내에 최초로 AI 프로젝트를 기획했습니다. 이때 엔비디아의 GPGPU를 직접 구매해서 AI 전산 센터를 만들어 운영하기도 했습니다.

기술에 대한 깊은 이해를 바탕으로 한 스토리텔러

젠슨 황은 단순한 경영자가 아니라 기술의 본질을 꿰뚫고 있는 엔지니어입니다. 그는 GTC 키노트 스피치에서 복잡한 반도체 아키텍처와 AI 모델의 원리를 누구보다도 쉽고 명확하게 설명합니다. 이는 기술의 방향을 정확히 이해하고 있기에 가능한 일이며, 그의 비전이 단순한 희망이 아닌 기술적 로드맵에 기반하고 있음을 보여 줍니다. 또한 그는 결과물에 대해 집요할 정도로 높은 기준을 가지고 엔지니어들과 직접 기술적 세부 사항을 논의하는 것으로 유명합니다. 이러한 그의 스타일은 엔비디아의 강력한 실행력과 엔지니어링 중심 문화를 만들었습니다.

엔비디아의 '대체 불가능한' 최고 경쟁력, 젠슨 황

젠슨 황이 단기 실적에 연연하는 전문 경영인Professional CEO이었다면 CUDA와 같은 장기적인 투자는 불가능했을 것입니다. 창업자로서 그는 주주와 이사회를 설득하여 단기적인 손실을 감수하더라도 미래를 위한 거대한 베팅을 할 수 있는 강력한 권한과 신뢰를 가지고 있습니다. 급변하는 기술 환경 속에서 그의 직관과 깊은 이해를 바탕으로 한 빠르고 과감한 의사결정은 엔비디아가 항상 시장을 한 발 앞서 나갈 수 있게 만든 원동력입니다. 2020년 GPT-3의 출현 이후 젠슨 황은 앞으로 GPU가 카드 단위나 서버 단위로 팔리는 것이 아니라 수천 대 이상의 서버가 묶인 데이터 센터 단위로 팔릴 것으로 예상하고, GPU 서버를 데이터 센터 단위로 초고속 연결해 주는 솔루션을 가진 회사인 멜라녹스Mellanox를 69억 달러에 인수했습니다. 이는 코로나 사태로 인해 급증한 데이터 센터의 수요와 맞물려 엔비디아에 엄청난 수익을 가져다 주었습니다.

프롤로그

　그리고 2023년 ChatGPT로 시작된 LLM 열풍은 기존 GPU 수요량을 100배 이상 늘렸습니다. 어떻게 보면 GPU를 주종목으로 했던 엔비디아에게는 엄청난 행운이었습니다. 그러나 준비 없는 행운은 없습니다. GPU를 만들고 있었던 기업은 많았지만, 이러한 행운을 기업 성장으로 흡수한 기업은 엔비디아밖에 없었습니다. 그런 의미에서 젠슨 황은 엔비디아의 '대체 불가능한' 최고의 경쟁력입니다.

　결론적으로 보면 기술적인 디테일을 이해하고 앞으로 올 미래를 정확히 예측하면서 바로 투자를 감행할 수 있는 능력-이것이 빠르게 변화하는 AI 시대에 기업이 살아남기 위해 CEO에게 필요한 덕목이라고 할 수 있습니다. 이것은 아무나 할 수 없습니다. 세상을 깊이 보고 판단하고 의사결정을 할 수 있는 능력이 있는 CEO만이 정신없이 빠르게 돌아가는 세상의 리더가 될 자격이 있습니다.

한국의 젠슨 황을 기대하며

　지금까지 한국 기업은 세계의 트렌드를 빠른 속도로 좇아가는 빠른 추격자fast follower였습니다. 그러니 1등이 하는 것을 보고 벤치마킹하려면 늘 열심히 노력할 수밖에 없습니다. 불과 한 달 만에 트렌드가 바뀌는 현재로서는 빠른 추격자로만 남아 있다면 현상유지 정도만 겨우 할 수 있을 것입니다.

　이제는 세상을 이끌어 가는 트렌드 리더Trend Leader, 한 걸음 나아가서 트렌드를 정하는 트렌드 세터Trend Setter로 올라서야 살아남을 수 있습니다. 왜냐하면 AI가 발전하면 할수록 승자독식의 세상이기 때문입니다. 1등 엔비디아와 2등 AMD의 차이는 이미 너무나도 큽니다.

　한국 기업이 글로벌 트렌드를 리딩하기 위해서는 지금까지 가보지 않았던 길을 가야 합니다. 한국의 기업은 원래 열심히 일했습니다. 앞으로는 모든 직원이

열심히 하는 것은 기본이고, CEO들이 비상한 통찰력과 AI 시대를 꿰뚫는 기술적인 혜안을 가져야 합니다. 이 책은 그러한 리더십을 원하는 CEO들을 위해 썼습니다.

급변하는 AI로 인한 문제점

AI는 지금까지의 IT 기술과는 완전히 다릅니다. AI는 모든 산업, 기업 내 모든 부서, 모든 일상생활에 영향을 주고 있습니다. 지금까지 이렇게 획기적인 변화를 일으켰던 기술은 인터넷, 스마트폰 정도입니다. 그러나 인터넷과 스마트폰은 사용해 보면 그 기술의 전모를 상식적으로 파악할 수 있습니다. 그러나 ChatGPT나 제미나이 등은 사용하면서도 여기에 들어간 AI 기술의 전모를 상식적으로 다 이해할 수 없습니다. 더구나 Artificial Intelligence, 즉 인공지능이라는 단어의 추상적인 의미 때문에 사람마다 AI에 대해 다른 의견을 가질 수 있습니다.

따라서 AI는 상식이 주는 위험성이 항상 존재합니다. AI가 무엇인지 정확히 모르면서도 아무나 AI 전문가가 될 수 있습니다. 왜 그럴까요? 누가 AI 전문가인지 아닌지 구분하기 어렵기 때문입니다. 기업에서 AI 전문가를 뽑을 때조차도 어떤 질문을 해야 할지, 답변이 나오면 어떻게 평가해야 하는지 모릅니다. 결국 자신이 알고 있는 범위에서 질문하고 답을 할 수밖에 없는 것이죠. 이렇게 많은 사람들이 AI에 대해 서로 다른 생각을 갖게 되면 기업 내 소통과 의사결정에 커다란 문제[3]가 됩니다.

---

3   그렇기 때문에 이제 CEO가 AI에 대해 모르면 큰 단점이 됩니다. AI는 이제 회사 전체의 일에 영향을 주기 때문에 AI를 모르면 제대로 된 의사결정을 할 수 없습니다.

프롤로그

CEO의 기술 리더십이 비상하는 시대

저는 미국에서 직장 생활을 시작했습니다. 1984년부터 비자 카드, EDS, 아메리칸 에어라인, 독일에 있는 아마데우스, 그리고 오라클 본사에서 일을 하다가 1996년에 미국에서의 직장 생활을 끝내고 오라클 코리아로 이전해서 귀국했습니다. 당시 한국의 고객사 직원들은 새로운 프로젝트를 할 때면 상사의 승인을 받기 위해 자료를 만들어서 설득하는 것이 큰 일이었습니다. 특히 CEO들이 기술을 잘 모르니 기술을 아는 직원들이 CEO를 설득할 자료를 만들고, 꼼꼼하게 경우의 수를 따져서 투자의 필요성을 이끌어 내야 했습니다. 더구나 기획팀이라면 CEO를 설득할 자료를 만드는 것이 업무의 대부분을 차지했습니다. 미국과 독일에서 14년간 직장 생활을 한 저로서는 도저히 이해되지 않았습니다. 외국에서는 위로 갈수록 업무나 기술에 대해 더 많이 알고 있어서 CEO들이 의사결정하는 데 직원의 자료는 필요 없었습니다. 자신들이 회의해서 정하면 끝이니까요.

그때 저는 확실히 알았습니다. 한국 기업의 경쟁력은 일반 직원의 근면성과 현장에서 문제 해결 노하우를 찾는 노력에 있다는 사실을 말입니다.

이제는 CEO들의 현실과 미래에 대한 명확한 판단이 기업의 경쟁력과 직결되는 시대입니다. 특히 AI 시대의 업무 생산성은 일반 직원의 근면성에 있지 않습니다. AI에게 시키면 웬만한 것은 사람보다 잘합니다. AI 시대 경쟁력은 CEO의 해박한 기술 이해와 이를 바탕으로 한 빠르고 정확한 의사결정부터 시작합니다.

이제는 CEO가 직원에게 AI 기술을 설명해 달라는 상황이 자연스럽지 않게 되었습니다. 직원들도 저마다 AI에 대한 생각이 다를 수밖에 없기 때문입니다. 직원들이 AI에 모두 관심이 있는 것도 아닙니다. 그렇기 때문에 CEO들은 스스

로 AI를 공부해야 합니다. 그러나 AI에 깊이 파고들수록 이것이 만만한 주제가 아니라는 것을 깨닫게 됩니다.

기업의 AI 활용 수준은 곧 CEO의 역량

AI는 모든 산업을 바꾸고 있습니다. 제조, 서비스, 금융, 유통, 공공, 학교, 세무, 법률 등 전 산업에 파급되고 있습니다. 또한 기업 환경을 바꾸고 있습니다. 이제는 기업 내 모든 부서에서 AI를 활용하고 있습니다. 지금까지 이 정도의 파급력이 있는 기술은 거의 없었습니다.

많은 기업을 컨설팅해 보면서 느낀 것은, 결국 그 기업의 AI 수준은 해당 기업 CEO들의 AI 수준보다 높을 수 없다는 것입니다. 왜 그럴까요? AI가 기업에 적용되는 과정에서 이렇게 해야 된다라는 지침이나 매뉴얼이 없기 때문입니다. AI라는 개념 자체가 매우 추상적이어서 그것을 이해하는 수준이 사람마다 천차만별이기 때문에 CEO는 자신들의 수준 이상을 기대하지 못합니다. 그러니 아무리 열심히 해도 딱 그 수준까지만 가게 되는 것입니다.

AI 기술로 글로벌 리더십을 확보해야 하는 한국 CEO의 역할

이제는 AI를 잘 쓰는 기업이 AI를 못 쓰거나 잘 안 쓰는 기업을 이길 수밖에 없습니다. CEO는 앞으로 직원들에게 AI 교육을 많이 하고 잘 쓰도록 분위기를 조성하면 됩니다.

그러나 이것만 가지고는 안 됩니다. 모든 분야에서 우리의 가장 강력한 경쟁자

프롤로그

인 중국은 국가 차원에서 개발한 산업별 파운데이션 모델과 AI 에이전트를 전 산업에 파급해 기업 곳곳에서 AI를 활용하고 있습니다. 이것은 중국 전체의 경쟁력 강화에 막대한 영향을 미칩니다. 우리는 중국의 기업에 AI가 스며들고 있는 현상을 주시해야 합니다.

따라서 우리 기업들은 그저 AI를 잘 쓰는 정도가 아니라 글로벌 리더가 되기 위한 AI 기술력을 확보해야 합니다. 근본적으로 AI를 바라보는 눈이 바뀌어야 하고 각종 기업 문화, 직원 평가 제도, 인센티브, AI 교육, 채용, AI 활용 방법 등 기업 자체를 완전히 바꾸지 않으면 안 됩니다. 이 책은 이런 내용을 담고 있습니다. 기업이 AI를 제대로 도입하고 글로벌 리더가 되기 위한 모든 방법을 썼습니다. 제가 그동안 CEO들과 대화하면서 알게 된 AI에 대한 막연한 기대와 그 숨겨진 실체를 이 책에서 모두 공개하겠습니다.

장동인 드림

목차

프롤로그   4

CHAPTER 01 기업이 AI 도입에 실패하는 이유

AI를 안 쓴다고 당장 망하지 않는다는 생각은 결국 실패한다   26
    AI 도입 실패의 주요 원인들   27
    문제 해결 방안 직원들이 AI를 왜 안 쓰는지부터 파악하라!   29

고립된 AI 조직으로 인해 실패한다   31
    AI 도입을 위한 9단계 업무 프로세스   31
    AI 도입을 위한 9단계 업무 프로세스의 단계별 역할   35
    AI 도입을 위한 9단계 업무 프로세스에서 알 수 있는 인사이트   36
    고립된 AI 조직의 문제점   39
    문제 해결 방안 개방된 AI 조직과 전사적인 협업만이 살길이다!   40

AI에 대한 생각이 서로 달라서 AI 프로젝트가 실패한다   44
    AI 프로젝트가 산으로 가는 이유   45
    문제 해결 방안 경영진은 실무자보다 AI 공부를 더 많이 해야 한다!   47

외부에서 영입한 AI 전문가에게 모든 것을 맡기면 실패한다   49
    외부 전문가 영입 전략의 함정   49
    내부 인재 육성의 전략적 가치   50
    문제 해결 방안 내부 인력을 중심으로 외부 전문가는 소수 채용한다!   51

실패 체크 리스트와 해결 방안   53
    전략 및 타이밍의 부재   53
    조직 문화 및 인식의 문제   55
    기술 및 도입 방식의 오해   57
    💡 CEO를 위한 비즈니스 인사이트 6시그마 운동을 기억하십니까?   60

목차

CHAPTER 02 돈 되는 AI 도입과 활용법

돈 되는 AI를 위한 문제 정의 방법 · 66
- 문제 해결이 아닌 문제 정의부터: 4단계 필터링 가이드 · 66
- 1단계: 문제를 좁고 예리하게 정의했는가? · 67
- 2단계: 데이터와 연관된 문제인가? · 68
- 3단계: AI로 풀 수 있는 문제 유형인가? · 69
- 4단계: 그래서 돈이 되는가?(ROI 산출) · 70

돈 되는 AI 분야를 선택하는 다섯 가지 원칙 · 72
- 원칙1: 거창한 분야가 아닌 좁고 예리한 분야에 집중하라 · 72
- 원칙2: 데이터가 아닌 비즈니스 목적에서 출발하라 · 73
- 원칙3: 완벽히 새로운 것보다는 검증된 성공을 활용하라 · 73
- 원칙4: AI를 특수 기술이 아닌 엑셀처럼 생각하라 · 74
- 원칙5: 기존 시스템을 대체하거나 강화하는 곳을 공략하라 · 74

돈 되는 AI 프로젝트를 추진하는 방법 · 76
- AI 전문가 영입 · 76
- AI 프로젝트 외주 · 77
- 하이브리드 모형: 전문가 영입 + AI 프로젝트 외주 · 78
- 내부 직원 교육 후 자체 구현 · 79

돈 되는 AI 업무 4단계 로드맵: HR을 중심으로 · 81
- 1단계: 업무 자동화로 반복 업무 줄이기 · 82
- 2단계: 예측하여 미래 내다보기 · 82
- 3단계: 시뮬레이션으로 다양한 '만약'의 결과 검토하기 · 83
- 4단계: 업무 최적화로 최상의 해답 찾기 · 84
  - 사례1 최적화를 위한 아이디어 찾기: 세일즈포스닷컴 · 84
  - 사례2 최적화를 위한 아이디어 찾기: 팔란티어 · 89

돈 되는 AI 도입을 위한 ABCD 방법론	95
ABCD 방법론이란	96
ABCD 방법론은 왜 필요한가	97
1단계: 분석 및 기회 발굴(Analysis)	98
2단계: 문제 정의 및 설계(Blueprint)	100
3단계: 구현 및 실행(Create)	101
4단계: 성과 평가 및 발전(Develop)	103

CHAPTER 03 AI 이해를 통한 비즈니스 인사이트

AI를 이해하기 전에 알아 두어야 할 세 가지	106
최소한의 AI 역사	**108**
AI 겨울의 근본 원인	108
☀ CEO를 위한 비즈니스 인사이트 왜 AI 전문가들의 과도한 약속을 믿고 막대한 연구비를 지불했을까	113
인공지능의 학습과 추론	**118**
학습: 최적의 공식을 찾아내는 고된 과정	119
추론: 공식을 사용하여 답을 계산하는 과정	121
☀ CEO를 위한 비즈니스 인사이트 학습과 추론	122
컴퓨터는 어떻게 인간의 언어를 이해하게 되었는가	**125**
벡터 혁명 이야기	126
임베딩 과정	129
☀ CEO를 위한 비즈니스 인사이트 우리 기업에서 벡터화할 수 있는 자산에는 무엇이 있는가	132

목차

LLM 시대를 연 혁명적 모델: 트랜스포머 — 135
- RNN — 136
- LSTM — 136
- 트랜스포머의 등장 — 136
- 트랜스포머의 아키텍처 — 138
- 오픈AI는 왜 디코더만으로 GPT를 만들었을까? — 141

AI를 더 똑똑하게 만드는 방법: 제1의 스케일링 법칙 — 143
- 트랜스포머의 분화: 디코더 계열, 인코더 계열, 디코더-인코더 계열 — 144
- LLM 스케일링 법칙1의 탄생 — 144
- 프롬프트 엔지니어링의 시작 — 147
- 💡 CEO를 위한 비즈니스 인사이트 더 큰 모델, 더 많은 데이터, 더 많은 GPU 필요, 즉 쩐의 전쟁 — 148

GPT-3를 만들고 보니 — 151
- 똑똑한 추론 능력 — 151
- 상식이 없는 GPT-3의 답변 — 152

AI를 더 똑똑하게 만드는 방법: 제2의 스케일링 법칙 — 154
- GPT-3 이후 오픈AI의 고민 — 154
- 💡 CEO를 위한 비즈니스 인사이트 실패의 연속, 대화형 AI 서비스 비즈니스 — 157
- ChatGPT의 탄생을 위한 준비: 세계 최초 대화형 AI 서비스 — 160
- 드디어 ChatGPT를 출시하다 — 162
- 제2의 스케일링 법칙: RLHF — 162
- 💡 CEO를 위한 비즈니스 인사이트 세상의 모든 지식을 보유한 AI vs 사용자가 원하는 답을 주는 AI — 163

AI를 더 똑똑하게 만드는 방법: 제3의 스케일링 법칙 — 166
- 테스트-시간 계산 — 166
- 깊은 사고의 시작, O1의 출현 — 167
- 현대 AI의 3단계 패러다임: 학습, 추론, 그리고 사고 — 168

딥시크의 등장	172
딥시크에 관한 세 가지 핵심 질문	172
딥시크의 두 번째 충격	174
딥시크의 완전한 공개가 가져온 파급 효과	175
딥시크가 준 영향	175
젠슨 황의 테스트 타임 스케일링 법칙 발표가 주는 의미	177
왜 얀 르쿤은 현재의 LLM으로 AGI를 달성할 수 없다고 하는가?	179
💡 CEO를 위한 비즈니스 인사이트 테스트 타임 스케일링 법칙이 한국 AI 칩 벤처에 던지는 의미	182

CHAPTER 04 AI 시대의 시스템 사고

시스템1 사고: 빠른 직관	188
시스템1 사고의 특성	188
시스템2 사고: 신중한 논리와 분석	190
시스템2 사고의 특성	190
대니얼 카너먼의 생각과 이론의 영향력	192
시스템1 사고는 AI의 추론 모델, 시스템2 사고는 AI의 사고 모델	194
시스템1, 시스템2 사고와 AI 모델의 매핑	194
시스템2 사고의 한계와 AI 사고 모델의 잠재력	197
AI가 시스템2 사고를 대체할 때 벌어질 일들	197
문제 해결 방안: 기업 측면 직원은 AI 도구의 노예가 아닌, 도구의 지휘자가 되어야 한다	200
문제 해결 방안: CEO 측면 CEO는 조직 전체의 사고력을 앞장서서 이끌어야 한다	203
💡 CEO를 위한 비즈니스 인사이트 AI 시대 고부가가치 업무란 무엇인가	206

목차

CHAPTER 05 기업이 선택한 AI 활용 방법, RAG

기업이 RAG를 활용해야 하는 이유 · 214
    RAG란 · 214
    RAG의 장점 · 217

기업의 RAG 프로세스 · 221
    데이터 준비 과정: AI의 지식 창고(벡터 DB) 구축하기 · 222
    질의 응답 파이프라인: 지능적으로 답변 생성하기 · 225

RAG에서 오픈 소스 LLM과 클로즈드 소스 LLM의 비교 · 232
    오픈 소스 LLM의 사용 방법 · 232
    오픈 소스 LLM vs 클로즈드 소스 LLM 기반 RAG 구현 비교 분석 · 236

RAG에서 고려해야 할 점 · 240
    임베딩 모델의 신중한 선택과 관리 · 240
    문서 처리의 복잡성 · 241
    검색의 정확도를 높이는 심화 기술 · 241
    지능형 RAG 구축 · 242

Ragas란 무엇인가? · 243
    Ragas의 핵심 평가 지표 · 243
    검증 프로세스 · 245
    결과 분석 및 개선 · 245

RAG의 주요 활용 방안 · 246
    산업별 활용 방안 · 246
    RAG의 업무별 활용 방안 · 249

CHAPTER 06 AI 에이전트

- AI 에이전트란? ... 254
  - 일반 프로그램과 AI 에이전트의 차이 ... 255
  - AI 에이전트의 구조 ... 256
  - AI 에이전트의 장점과 한계 ... 259
- AI 에이전트를 구현하는 방법 ... 261
  - AI 에이전트 구현을 위한 주요 개발 도구 종류 ... 261
  - 기업에서 개발 도구 선택이 왜 중요한가? ... 263
- 에이전트 패키지 ... 265
  - 랭체인: AI 에이전트 개발의 표준 프레임워크 ... 265
  - 랭그래프: 복잡한 AI 에이전트를 위한 플로우 엔지니어링 ... 266
  - 오픈 딥 리서치 ... 268
  - 오픈AI Agents SDK ... 269
  - CrewAI: 협업하는 에이전트 세계 ... 271
- 바이브 코딩 ... 273
  - 커서: 비주얼 스튜디오 코드 기반의 대표적인 바이브 코딩 도구 ... 274
  - 클로드 코드: 앤트로픽의 코딩 전문 AI ... 275
  - 제미나이 CLI: 구글 AI 기반의 커맨드라인 도우미 ... 277
- 노코드 도구 ... 279
  - 마이크로소프트 코파일럿 스튜디오:
    AI 챗봇과 에이전트를 만드는 데 최적화 ... 279
  - 구글 에이전트 빌더: 데이터 검색 기반 AI 에이전트 개발 플랫폼 ... 280
  - AWS 베드락 에이전트 코어: 7개 모듈로 구성된 종합 AI 에이전트 플랫폼 ... 281
  - n8n: 노코드 워크플로 자동화 도구 ... 283
  - 디파이: LLM 기반 애플리케이션 개발을 위한 올인원 노코드 플랫폼 ... 284
  - 어시웍스: 한국 기업 실무에 특화된 노코드 AI 에이전트 플랫폼 ... 285

목차

기존 시스템과의 AI 에이전트 통합　　287
　단순 정보 조회: AI 단독으로도 가능한 영역　　287
　최적화: 시스템 통합 없이는 불가능한 영역　　288
　왜 통합이 최적화의 핵심인가　　289
　AI 에이전트 통합으로 얻는 혁신적인 이득　　290

AI 에이전트 vs 에이전틱 AI　　292
　AI 에이전트와 에이전틱 AI의 개념 비교　　292
　에이전틱 AI의 사례　　294
　에이전틱 AI의 오케스트레이션 기능　　294
　Skywork와 Genspark의 비교　　297
　오픈AI의 ChatGPT 에이전트　　300

AI 에이전트의 문제점　　302
　AI 에이전트의 주요 문제점들　　302
　AI 에이전트의 문제점을 해결하는 방안들　　303

AI 에이전트의 트렌드　　308
　AI 브라우저 전쟁　　308
　앰비언트 에이전트　　309

AI 에이전트 시대의 앱 스토어, MCP　　313
　MCP 서버와 연동된 AI 에이전트의 작동 방식　　313
　MCP 서버와 smithery.ai　　315
　MCP의 아키텍처　　316
　MCP의 핵심 가치　　318
　MCP의 단점　　321
　MCP 서버 추천　　323

AI 에이전트의 활용 방안　　327
　AI 에이전트의 산업별 활용 방안　　327
　AI 에이전트의 업무별 활용 방안　　330

CHAPTER 07 기업에서 AI를 도입하는 다양한 방안

국내 기업의 망분리 현황   336
    망분리 의무 대상 상세 분석   336
    망분리가 기업의 AI 활용에 어떤 제약을 주는가   338

데이터 보안과 아키텍처의 선택   340
    데이터 보안: 데이터를 지키는 방법(How)   341
    데이터 프라이버시: 데이터를 다루는 규칙(What & Why)   341
    전략적 절충과 하이브리드의 필요성   343

AI 도입을 위한 다양한 아키텍처   346
    A타입: 클로즈드 소스 LLM   346
    A-1타입: 오픈AI의 Assistant API 사용   350
    B타입: 오픈 소스 LLM 사용   352
    B-1타입: 오픈 소스 LLM + 클라우드 사용   355
    C타입: A타입 + B타입 하이브리드   358
    D타입: 오픈AI의 기업형 ChatGPT   361
    D-1타입: 오픈AI의 Team with GPTs   362

에필로그   365

CHAPTER 01

기업이 AI 도입에
실패하는 이유

많은 기업의 CEO들이 2016년 알파고와 이세돌의 대국 결과에 충격을 받았습니다. 당시에는 누구도 이세돌이 알파고에 질 거라고 생각하지 못했습니다. 그 결과는 충격이었고, 많은 기업들이 AI를 도입해야 살겠다는 생각을 많이 했습니다. AI 시대가 본격적으로 열리면서 더 많은 기업들이 AI를 도입하고 있지만, 대부분 실패합니다. 우리나라의 대표적인 AI 도입 성공 사례를 알고 있나요? 아마도 별로 없을 것입니다. AI를 도입한 지 10년이 넘었는데도 왜 대표적인 성공 사례가 아직 나오지 않는 걸까요?

AI를 안 쓴다고 당장 망하지 않는다는 생각은 결국 실패한다

지금까지 여러 기술을 도입했던 대로 AI를 도입하면
실패하게 되어 있습니다.

다음은 AI 프로젝트가 실패할 가능성이 높다는 내용을 다룬 기사들입니다.

AI 프로젝트가 실패할 가능성이 높다는 기사들

이것은 기업에서 AI를 도입하면 결국 실패한다는 세간의 인식을 잘 보여 줍니다. AI 자체가 매우 독특한 기술이기 때문입니다. 지금까지 여러 가지 기술을 도입했던 대로 똑같이 AI를 도입하면 실패하게 되어 있습니다.

AI 도입 실패의 주요 원인들

지금부터 AI 도입 실패의 주요 원인들을 살펴보고 해결 방안을 찾아보겠습니다.

첫 번째 이유는 시급성 부족입니다.

AI를 안 쓴다고 회사가 당장 망하는 것은 아닙니다. 즉, 시급성은 없습니다. AI를 도입해도 좋고 안 해도 문제는 없다는 것이죠. 만일 AI 도입이 사활이 달린 프로젝트였다면 성공을 위해서 여러 차원의 많은 노력을 했을 것입니다.

과거 우리 기업들은 1990년대부터 ERP를 도입했습니다. 그 이유는 각종 시스템이 지역적, 기능적으로 분산되어 있어서 모든 시스템을 하나로 통합해야 했기 때문입니다. 그때는 한국 기업이 처음 글로벌로 진출하던 때였습니다. 당시에는 공장마다 따로 시스템이 있었습니다. 구매, 재무 시스템도 분산되었습니다. 현재 회사의 매출이 얼마이고 이익이 얼마 남는지도 서로 모르고, 한 달 후에 마감을 해야 겨우 알 수 있었습니다. 당시 ERP 구현은 기업의 사활이 걸린 문제였고, 도입 규모도 수천 억에 이를 정도로 컸습니다. 이 프로젝트가 실패하면 비즈니스가 모두 멈출 위기였으니 당연히 모든 임직원들이 발 벗고 나서서 성공시켜야 했습니다.

그런데 AI는 어떨까요? AI를 도입하다 실패해도 비즈니스에 그리 큰 영향은 없습니다. 그냥 AI를 안 쓰면 됩니다. 그런다고 회사가 망할 이유가 없습니다. 기업에는 AI를 안 쓰면 절대로 안 되는 분야가 별로 없습니다. 지금까지 AI 없이도 잘해왔으니까요. 그러므로 AI 도입에 필사적일 필요가 없습니다. 현재까지는 말입니다.

두 번째 이유는 AI 혁명의 착시 현상입니다.

그러면 앞으로는 어떨까요? 현재 AI 혁명은 2000년대의 인터넷 혁명, 2010년대의 모바일 혁명보다 훨씬 크다고 합니다. 그런데 왜 AI 혁명의 거대한 물결이 피부로는 와닿지 않을까요? 많은 사람들에게 이 거대한 변화의 물결은 아직 바다 건너 불어오는 바람처럼 멀게만 느껴집니다. 인터넷이 세상을 어떻게 바꾸었는지, 스마트폰이 우리 삶을 어떻게 송두리째 변화시켰는지 똑똑히 기억하기에 AI의 파급력이 그 이상일 것이라는 주장은 쉽게 체감되지 않습니다.

AI가 우리 일상과 실제 업무에 스며든 것은 2023년 이후로, 불과 몇 년 지나지 않았습니다. 인터넷과 모바일이 쇼핑, 소통, 정보 검색 등 명확한 사용 사례를 제시하며 빠르게 파고들었던 것과 달리, AI는 아직 챗봇이나 이미지 생성과 같은 특정 서비스 외에는 보편적인 '킬러 앱'이 등장하지 않았습니다. 또한 AI 기술의 복잡성과 눈에 보이지 않는 작동 방식은 그 영향력을 직관적으로 이해하기 어렵게 만듭니다. 이와 같이 AI 혁명에는 우리가 바로 느끼지 못하는 '착시 현상'이 있습니다. 그러나 AI로 인한 변화는 어느 날 갑자기 우리에게 닥칩니다.

세 번째 이유는 과거 기술 변화 대응 실패 사례의 교훈 부족입니다.

과거 인터넷과 모바일을 거부했던 기업들이 겪었던 대가를 생각해 봅시다. 미국의 유명한 카탈로그 쇼핑의 대명사 시어스Sears 백화점은 인터넷을 하나의 채널로 생각해서 자체 온라인 매장을 만들었지만 온라인 채널은 낡고 불편했습니다. 오프라인 매장과의 연결도 문제였습니다. 시어스는 결국 아마존에 패배했습니다. 장난감 천국이라 불렸던 토이저러스Toys "R" Us는 자체 온라인 쇼핑몰을 구축하는 대신 아마존에 입점했다가 데이터만 고스란히 내주고, 똑같이 아마존에 입점한 저가 업체의 공세에 문을 닫았습니다. 미국 2위의 서점 체인이었던 보더스Borders는 온라인 서점에 비해 너무나 불편했습니다. 비디오 렌탈 전문업체인 블록버스터Blockbuster는 인터넷 기술의 발전으로 온라인 스트리밍을 시작한 넷플릭스Netflix에 처참하게 졌습니다. 각종 인터넷 포털 사이트에게 뉴스를 맡길 수밖에 없었던 뉴스 미디어들은 수십 년간 지켜왔던 언론이라는 권력과 광고 비즈니스 모델에 큰 타격을 받았습니다.

네 번째 이유는 AI 활용 방법의 불명확성입니다.

AI를 잘 활용하는 회사는 곧 AI를 안 쓰는 회사, 잘 못 쓰는 회사를 뛰어넘을 것입니다. 그럼 AI를 잘 활용하려면 어떻게 해야 할까요? 이 답을 명확하게 내리는 게 쉽지 않습니다. 과거에는 인터넷과 모바일을 도입하고 그것으로 비즈니스 모델을 개편하면 되었습니다. 지금은 당연하게 느껴지지만, 당시에는 인터넷, 모바일 비즈니스 모델을 찾는 것이 그리 쉽지 않았고, 많은 반대에도 불구하고 그것을 극복한 회사가 승자로서 아직까지 남아 있습니다. 확실하게 느껴지는 것은 승자 독식입니다. 승자는 시장을 장악하는 독점력이 더 강해졌습니다. 물건을 사고 팔 물리적인 공간을 초월했기 때문입니다. AI 시대는 당연히 승자 독식 현상이 더욱 심화될 것입니다.

문제 해결 방안 직원들이 AI를 왜 안 쓰는지부터 파악하라!

이러한 실패 원인들을 이해했다면 이제 구체적인 해결 방안을 살펴보겠습니다. 직원들이 AI를 안 쓰는 데는 많은 이유가 있지만, 모든 문제에는 해결책이 존재합니다. 사내 AI 해커톤, AI 우선의 기업 문화와 KPI, 평가 방안 등을 활용해 전 직원이 AI를 적극 사용하도록 독려해야 합니다.

현업의 요구가 반영되어 있지 않다 → 직접 구현하게 하라

대부분의 기업에서는 AI 시스템을 외주를 주고 구현하다 보니 이를 실제로 사용해야 하는 현업의 요구가 반영되지 않을 가능성이 높습니다. 이를 보완하려면 현업에서 직접 AI 도구를 사용하는 방법을 배워 자신의 업무를 직접 구현하도록 지원하고 이에 따른 인센티브를 주는 것이 가장 좋습니다. 현업에서 쉽게 배울 수 있는 다양한 AI 도구는 CHAPTER 05에서 자세히 소개합니다.

고정된 올드한 모델을 바꿀 수 없다 ➜ 모델 중립적으로 만들어라

이 경우는 과거 ChatGPT가 기업 보안에 악영향을 끼친다는 이유로 특정 오픈 소스 LLM을 지정해서 현재까지 업그레이드하지 않고 사용하는 경우입니다. LLM은 오픈 소스이든 클로즈드 소스이든 매우 빠른 속도로 변하기 때문에 어떤 LLM을 쓰느냐에 상관없이 AI 시스템이 설계되어야 합니다. 즉, 현재 시스템을 어떤 LLM을 사용해도 상관없도록 고쳐야 합니다.

사내 AI 시스템의 답변이 별로이다 ➜ 최고의 모델을 API로 연결하라

사내 AI 시스템의 답변이 그다지 마음에 들지 않는 이유는 대부분 사용하는 LLM의 성능이 좋지 않기 때문입니다. 이럴 때는 빠르게 LLM을 최신으로 변경해 보거나 자신의 업무에 맞는 RAG 또는 AI 에이전트를 직접 구현해 보는 것도 좋습니다. 자세한 방법은 CHAPTER 05와 CHAPTER 06에서 다루겠습니다.

회사 내부의 AI 대신 ChatGPT, 클로드, 제미나이를 사용한다 ➜ API로 연결해서 쓰는 것이 훨씬 싸다

이는 회사 내부의 AI가 제약이 많아서 사용하기 불편한 경우입니다. 기업에서는 업무의 중요도나 보안 레벨에 따라 망분리 원칙을 세우고, 외부망을 사용해서 ChatGPT, 클로드, 제미나이를 API로 접근하도록 시스템을 만들어 주면 됩니다. CHAPTER 07에 이를 구현하는 방법을 다양한 케이스별로 구분하여 상세히 설명했습니다. 특히 하이브리드 형태의 C 타입으로 연구해 보기를 추천합니다.

망분리로 사내에서 최신 AI를 사용하기 어렵다 ➜ 하이브리드 형태로 만들어라

이 경우 역시 망분리 원칙을 지키면서 자료의 보안 레벨에 따라 외부망을 사용하는 형태로 구현하면 됩니다. 역시 CHAPTER 07의 C 타입으로 연구해 보기를 권합니다.

고립된 AI 조직으로 인해 실패한다

AI는 단순히 새로운 툴을 도입하는 것이 아니라
일하는 방식을 바꾸는 문화적 변혁입니다.

AI를 도입할 때는 보통 다음 9단계를 거칩니다.

- 1단계: AI 적용 분야 결정하기
- 2단계: 데이터셋 준비하기
- 3단계: 데이터 전처리하기
- 4단계: 피처 엔지니어링
- 5단계: 모델 설계하기
- 6단계: 모델 학습하기
- 7단계: 모델 테스트하기
- 8단계: 결과 검증하기
- 9단계: 모델 사용 및 피드백하기

AI 도입을 위한 9단계 업무 프로세스

AI를 제대로 도입하려면 생각보다 상당히 긴 단계를 실행해야 합니다. 먼저 각 단계별 업무 프로세스를 상세히 알아보겠습니다.

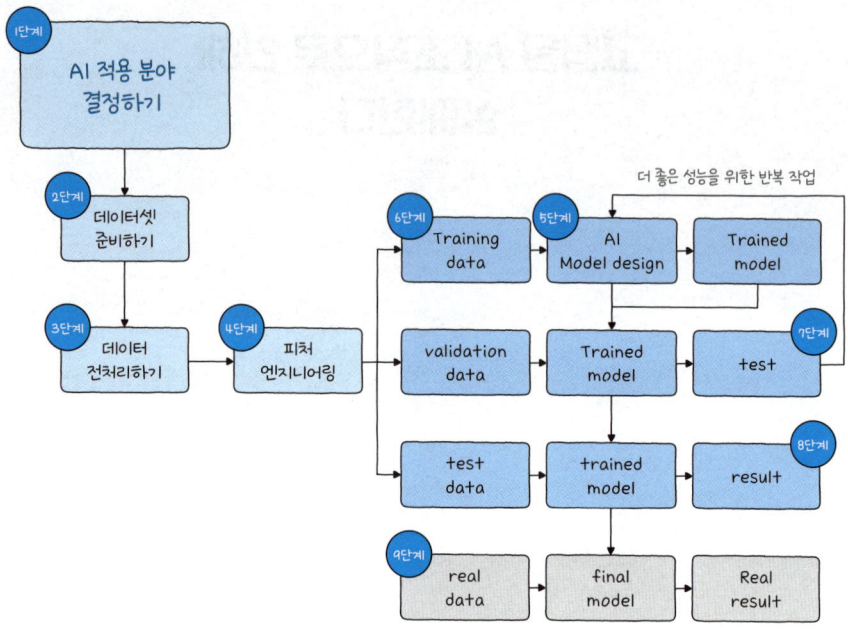

AI 도입을 위한 9단계 업무 프로세스

1단계: AI 적용 분야 결정하기

가장 먼저 해야 할 일로, AI로 무엇을 할 것인지 문제를 정의하는 단계입니다. 예를 들어 '고객의 이탈 가능성 예측', '이미지 속 고양이와 개의 분류', '공장 설비의 고장 시점 예측' 등의 구체적인 목표를 설정합니다. 이 목표에 따라 필요한 데이터와 모델의 종류가 결정됩니다.

2단계: 데이터셋 준비하기

목표를 달성하는 데 필요한 데이터를 수집하는 단계입니다. 데이터의 양과 품질이 AI 모델의 성능을 결정하는 가장 중요한 요소입니다. 'Garbage in, garbage out(쓰레기를 넣으면 쓰레기가 나온다)'이라는 말이 있을 정도로 핵심적인 과정입니다. 1단계가 잘 정의되면 데이터셋dataset의 정의도 쉬워집니다. 만일 데이터셋의 정의가 어렵거나 너무 많아서 정할 수 없다면 1단계의 문제 정의가 제대로 되지 않은 것입니다.

3단계: 데이터 전처리하기

수집된 원본 데이터 raw data 는 보통 바로 사용할 수 없습니다. 비어있는 값(결측치)을 채우거나 잘못된 값(이상치)을 제거하고, 모델이 이해할 수 있는 형태로 데이터를 정제하고 가공하는 등의 데이터 전처리 data preprocessing 과정을 먼저 거칩니다.

4단계: 피처 엔지니어링

모델의 성능을 높이기 위해 데이터의 '특성 feature'을 선택하거나 가공하는 매우 중요한 단계입니다. 예를 들면 '생년월일' 데이터보다는 '나이'라는 새로운 특성을 만들어 사용하는 것이 예측에 더 도움이 될 수 있습니다. 어떤 특성을 사용하는가에 따라 모델의 성능이 크게 달라지므로 매우 중요합니다.

피처 엔지니어링에서는 준비된 데이터셋을 보통 세 가지로 나눕니다.

- 훈련 데이터(training data): 모델을 직접 학습시키는 데 사용되는 데이터입니다. → 전체 데이터의 약 60~80%
- 검증 데이터(validation data): 학습 중인 모델의 성능을 중간 점검하고 모델의 세부 설정(하이퍼파라미터)을 조정하는 데 사용됩니다. 과적합 overfitting 이 발생하는지 확인하는 용도이기도 합니다. → 전체 데이터의 약 20~30%
- 테스트 데이터(test data): 모델 학습이 모두 끝난 후 모델의 최종 성능을 객관적으로 평가하기 위해 딱 한 번만 사용되는 데이터입니다. → 전체 데이터의 약 5~10%

5단계: 모델 설계하기

1단계에서 정의한 문제에 가장 적합한 AI 알고리즘(예 회귀, 결정 트리, 딥러닝 신경망 등)을 선택하고 모델의 구조를 설계합니다.

6단계: 모델 학습하기

설계된 AI 모델에 훈련 데이터를 입력하여 패턴을 학습시킵니다. 이 과정을 통해 'Trained model'이 만들어집니다.

7단계: 모델 테스트하기

학습된 모델 trained model을 테스트 데이터로 평가하는 단계입니다. 모델이 얼마나 정확한지 accuracy, 그리고 학습 데이터에만 과도하게 최적화되어 새로운 데이터에는 잘 반응하지 못하는 과적합 문제는 없는지 등을 종합적으로 평가합니다. 만약 이 단계에서 성능이 목표치에 미치지 못하면 '더 좋은 성능을 위한 반복 작업' 루프를 통해 3단계의 데이터 전처리하기, 4단계의 피처 엔지니어링, 5단계의 모델 설계하기 단계로 돌아가 문제점을 개선하고 다시 학습을 진행합니다.

8단계: 결과 검증하기

테스트 결과가 좋더라도 실제 비즈니스 관점에서 의미 있는 결과인지 최종적으로 검증합니다.

9단계: 모델 사용 및 피드백하기

최종 검증까지 마친 모델 final model을 실제 서비스에 배포합니다. 이제 모델은 이전에 본 적 없는 실제 데이터 real data를 받아 실제 결과 real result를 만들어 냅니다. 여기서 나온 결과와 쌓이는 새로운 데이터는 다시 모델의 성능을 개선하기 위한 피드백 feedback 으로 활용되어 전체 워크플로를 다시 순환하게 만듭니다.

AI 도입을 위한 9단계 업무 프로세스의 단계별 역할

AI 도입을 위한 9단계 업무 프로세스는 생각보다 긴 여정이며, 각 단계마다 주도하는 부서와 역할이 명확히 나뉩니다.

 CEO 인사이트

CEO는 AI 도입이 단순히 특정 부서의 기술 도입 문제가 아니라 회사 전체가 참여해야 하는 전사적 협업 프로세스라는 것을 반드시 알아야 합니다.

현업 주도 단계: 1~4단계

프로젝트의 성패를 좌우하는 초기 단계, 즉 ❶ 어떤 문제를 풀 것인지(적용 분야 결정), ❷ 어떤 데이터가 필요한지(데이터셋 준비), 그리고 데이터의 의미를 해석해서 ❸ 데이터 전처리 및 ❹ 피처 엔지니어링을 하는 과정은 비즈니스를 가장 잘 아는 현업 부서에서 주도해야 합니다. 마찬가지로 최종 단계인 ❾ 모델 사용 및 피드백 역시 실제 사용자인 현업의 몫입니다. 이 단계에 전체 프로젝트 시간과 인력의 약 80% 이상이 들어갑니다.

AI 전문가 주도 단계: 5~8단계

현업에서 전달받은 명확한 목표와 데이터를 바탕으로 ❺ 모델을 설계하고 ❻ 학습시키며 ❼, ❽ 성능을 객관적으로 검증하는 과정은 AI 팀 또는 AI 전문가들의 전문 영역입니다. 이 단계에서 소요되는 시간과 인력은 전체 프로젝트의 약 20% 이하입니다.

현업 활용 단계: 9단계

다시 현업에서 AI 모델을 실제로 활용하는 단계입니다. 현업에서 이를 열정적으로 활용하지 않으면 개선이 없습니다. 개선되지 않는 AI는 당연히 업무에서도 사용되지 않을 것입니다.

이처럼 AI 프로젝트는 현업에서 시작해 AI 전문가의 손을 거쳐 다시 현업으로 돌아오는 긴밀한 협력의 사이클을 형성해야 합니다.

AI 도입을 위한 9단계 업무 프로세스에서 알 수 있는 인사이트

다음은 앞서 살펴본 AI 도입 9단계 프로세스를 통해 얻을 수 있는 핵심 인사이트입니다. 성공적인 AI 프로젝트를 위해서는 현업 주도의 협업 체계, 명확한 KPI 설정, 그리고 조직 문화의 변화가 필수적입니다.

AI 구현과 활용의 성패는 현업이 주도하며, '전사적 협업'이 필수이다

AI 프로젝트에서 협업은 선택이 아닌 필수 조건입니다. 현업팀과 AI팀, IT팀은 프로젝트 전 과정에 걸쳐 유기적으로 소통해야 합니다.

간혹 기업 내에서 AI 프로젝트를 책임지는 부서가 현업팀이냐 AI팀이냐를 두고 논란이 일기도 합니다. AI 프로젝트의 리더이자 프로젝트를 책임지는 부서는 당연히 현업팀이어야 합니다. 결국 프로젝트가 끝나면 현업에서 주도해서 써야 하기 때문입니다. 따라서 AI 프로젝트의 모든 의사결정은 현업팀이 주도해서 끌고 나가야 합니다.

- **초기 단계**: 현업팀은 비즈니스 문제와 데이터의 맥락을 AI팀에 정확히 전달해야 합니다. AI팀은 기술적 가능성과 한계를 현업에 투명하게 공유하며 목표를

현실적으로 조율해야 합니다. 특히 IT팀은 AI팀, 현업팀과 협업해서 데이터 전처리와 피처 엔지니어링을 해야 합니다.
- **중간 단계**: 모델 개발 중 예상치 못한 데이터 문제가 발견되거나 새로운 아이디어가 나오면 양 팀은 즉시 논의하여 방향을 수정해야 합니다.
- **최종 단계**: AI 모델의 결과를 현업팀이 제대로 해석하고 활용하려면 AI팀의 지속적인 설명과 교육이 필요합니다. 더불어 여기에 대한 현업팀의 피드백은 모델을 더욱 정교하게 만드는 최고의 자산이 됩니다.

이러한 협업 체계가 없다면 AI팀은 비즈니스와 동떨어진 모델을 만들게 되고, 현업팀은 복잡한 AI 모델을 외면하게 되어 프로젝트는 결국 실패로 돌아갑니다.

9단계 업무 프로세스에는 명확한 '핵심성과지표(KPI)'가 필요하다

사실 협업이라는 말은 좋으나 실제로 현장에서 사용될 때는 권장 사항 또는 '해도 좋고 안 해도 괜찮은 일'이라는 뜻으로 해석되곤 합니다. 이미 기존 부서 내에 일도 많은데, 다른 부서와 일하는 것이 불편하고 추가적인 일이 늘어나기 때문입니다. 따라서 협업에 강제성을 부여하지 않으면 잘 성사되지 않습니다. 협업에 강제성을 부여하는 좋은 방법 중 하나는 협업 프로세스에 KPI를 설정하고 이를 모니터링하는 것입니다.

9단계 업무 프로세스에서 가장 중요한 것은 '1단계, AI 적용 결정하기'다

AI 프로젝트의 성패는 90% 이상이 1단계에서 결정된다고 해도 과언이 아닙니다. AI 프로젝트에서 적용 분야 선정을 잘못하면 나머지 8단계에 아무리 많은 시간과 비용을 쏟아부어도 의미 없는 결과를 얻게 됩니다. 적용 분야를 선정하고 나면 문제 정의를 잘하는 것이 매우 중요합니다.

문제를 잘못 정의하면 관련 없는 데이터를 수집하게 되고, 결국 비즈니스에 아무런 도움이 되지 않는 모델이 탄생합니다. 중요한 것은 'AI로 무엇이든 할 수 있다'는 막연한 기대가 아니라 '풀었을 때 가장 큰 가치를 창출하는, 명확하고 구체적인 문제'를 찾아내는 것입니다. 따라서 전사적인 자원을 투입하기 전에 먼저 정말 AI로 풀어야 하는 문제인지, 성공했을 때 얻는 비즈니스 가치는 무엇인지 치열하게 고민하고 검증하는 과정이 반드시 선행되어야 합니다.

성공적인 AI 구현은 '조직 문화'와 직결된다

AI 도입은 단순히 새로운 툴을 도입하는 것이 아니라 일하는 방식 자체를 바꾸는 문화적 변혁입니다. 따라서 AI 프로젝트가 성공하려면 다음과 같은 조직 문화가 바탕이 되어야 합니다.

- **데이터 기반의 의사 결정 문화**: 개인의 직감이나 경험이 아닌, 데이터가 제시하는 객관적인 근거를 신뢰하고 의사결정의 기준으로 삼는 문화가 정착되어야 합니다.
- **실패를 용인하는 실험 문화**: AI 모델 개발은 수많은 반복과 실험을 통해 최적의 답을 찾아가는 과정입니다. 단기적인 성과에 조급해 하지 않고, 작은 실패를 학습의 과정으로 여기며 끊임없이 시도할 수 있는 문화가 필수적입니다. 특히 AI 프로젝트는 전체를 하나의 통으로 구축하기보다는 작은 업무 단위로 나눠 개별 현업부서 단위로 구현하는 것이 좋습니다.
- **투명한 소통과 협업 문화**: 앞서 강조했듯이 부서 간의 벽을 허물고 자유롭게 의견을 교환하며 공동의 목표를 향해 나아가는 협업 문화는 성공적인 AI 프로젝트의 기본 토양입니다.

고립된 AI 조직의 문제점

다음 조직도를 보겠습니다. 이는 많은 기업이 CDO ^{Chief Digital Officer} 산하에 'AI·빅데이터팀'을 별도로 구성하여 AI 프로젝트를 전문적으로 추진할 때 으레 구성하는 조직도입니다.

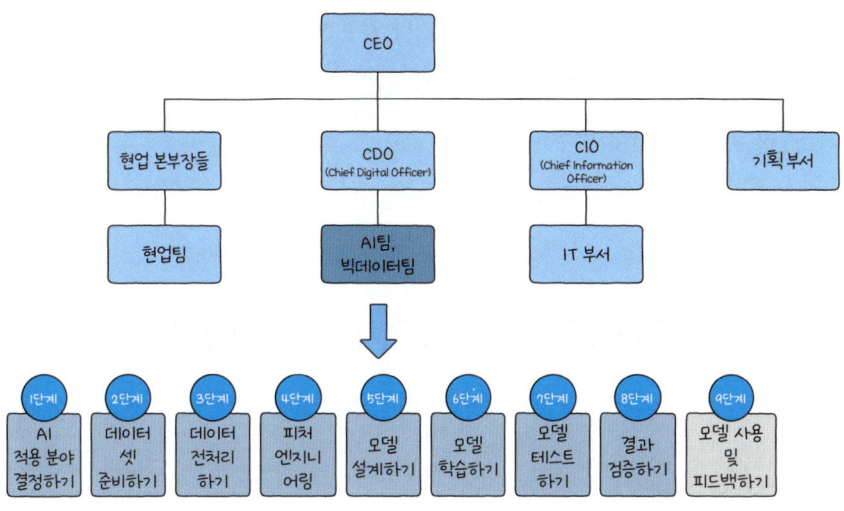

AI팀이 모든 업무를 도맡아 하는 고립된 AI 조직의 잘못된 예

이러한 조직 구조는 AI 역량을 한곳에 집중시켜 전문성을 확보하는 데 용이해 보이지만, 실제로는 부서 간의 벽을 만드는 '사일로 ^{Silo}'로 작동하여 여러 문제점을 낳습니다.

가장 큰 문제는 외부에서 영입된 AI 전문 인력이 해당 기업의 고유한 비즈니스 환경과 도메인 지식(업)을 제대로 이해하지 못한다는 점입니다. 이로 인해 AI팀은 현업의 실질적인 문제와 동떨어진 채 기술 개발에만 몰두하게 됩니다.

그 결과 수많은 파일럿 ^{Pilot} 프로젝트를 진행하고 경영진을 위한 보고와 교육은 활발히 이루어지지만, 정작 현업에 바로 적용할 만한 실질적인 결과물은 만들어 내지 못합니다. 이는 AI 프로젝트 기획 및 개발 과정에서 현업 부서의 참여가 부족하고 타 부서와의 유기적인 협업이 이루어지지 않기 때문입니다.

결론적으로 이러한 사일로 구조는 AI팀을 독립적으로 운영하여 관리는 편할지 몰라도, 비즈니스 가치를 창출하는 실질적인 성과를 내지는 못하는 전형적인 문제를 낳습니다.

- 외부 AI 인력을 영입하지만 그들은 조직의 업을 모른다.
- 교육은 많이 하지만 파일럿 형태이거나 임원 보고가 잦다.
- 현업팀의 참여 부족으로 실제 업무에 적용할 만한 것이 없다.
- 타 부서와 협업이 부족하다.
- 관리는 편하지만 괄목할 만한 성과는 없다.

문제 해결 방안 개방된 AI 조직과 전사적인 협업만이 살길이다!

여기서 가장 중요한 것은 '전사적 협업을 누가 주도하는가'입니다.

CEO 인사이트

AI 프로젝트는 반드시 현업팀에서 주도하면서 AI팀, IT팀이 함께 협업해야 합니다.

이때 현업팀이 AI 공부를 많이 해야 하는 것은 당연합니다. 현업팀이 주도해야 자신들이 잘 사용할 것입니다. 앞서 직원이 AI를 사용하지 않는 가장 큰 이유 중 하나는 바로 자신들의 요구 사항이 충분히 반영되지 않았기 때문입니다. 또한 프로젝트가 끝난 후에도 본인들이 고치고 업그레이드를 할 수 있다는 점은 매우 큰 장점입니다.

시작부터 다르다: 전사적 참여를 통한 비즈니스 문제 정의

기존 모델의 가장 큰 문제는 AI팀이 비즈니스를 잘 모른 채 기술 중심의 프로젝트를 선정하는 것이었습니다. 이것을 해결하기 위해 수정된 다음 조직도에서는

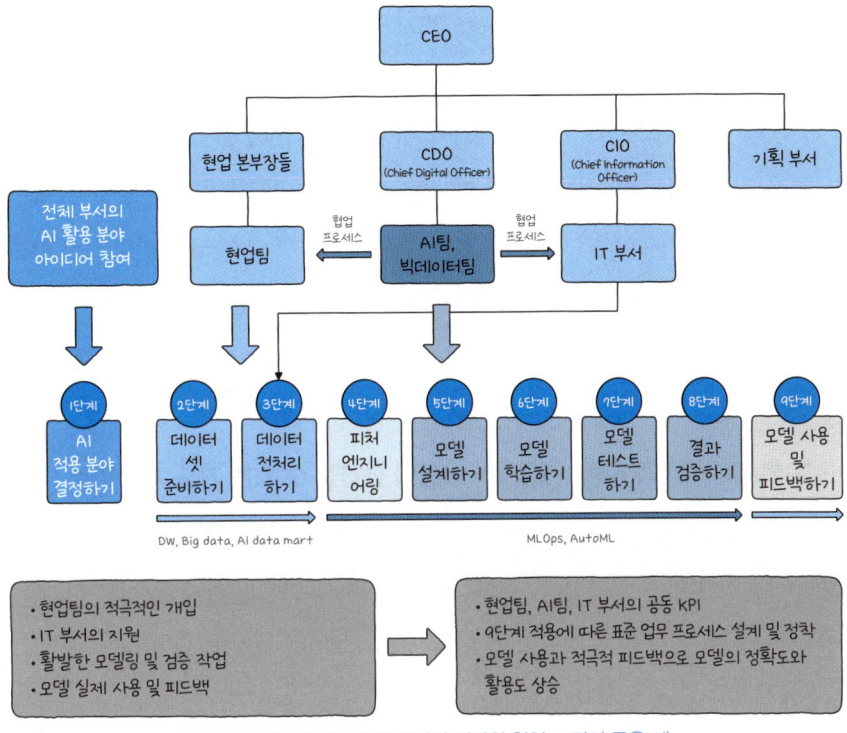

협업 프로세스와 KPI가 잘 정의된 전방위 협업 조직의 좋은 예

'전체 부서의 AI 활용 분야 아이디어 참여'를 가장 앞쪽에 두었습니다. 이는 AI 프로젝트의 시작점이 '기술'이 아닌 '현업의 필요성Business Needs'이 되도록 만든 것으로, 현업 부서가 직접 아이디어를 내고 AI 적용 분야 결정(1단계)에 참여함으로써 처음부터 비즈니스 가치와 직결되는 프로젝트가 추진될 확률을 극대화한 것입니다.

역할과 책임(R&R)의 명확화: 가장 잘하는 일에 집중하는 구조

AI 프로젝트는 데이터 준비, 모델링, 시스템 적용 등 다양한 분야의 전문성이 필요합니다. 위의 협업 조직 모델은 각 단계의 주도 부서를 명확히 정하여 전문성과 효율성을 모두 잡았습니다.

- **현업 주도(2~3단계)** : 데이터의 의미와 맥락을 가장 잘 아는 현업팀이 '데이터셋 준비'와 '전처리'를 주도합니다. 이는 '쓰레기가 들어가면 쓰레기가 나온다'는 AI 개발의 함정을 피하게 해 주는 가장 중요한 변화입니다.
- **AI팀 주도(4~8단계)** : 현업이 제공한 양질의 데이터를 바탕으로 AI팀은 '피처 엔지니어링', '모델 설계 및 학습', '테스트', '결과 검증' 등 본연의 기술 전문성에 집중합니다. 특히 이 단계에서 MLOps/AutoML을 적용하는 것은 모델 개발 및 운영을 자동화하고 효율화하겠다는 높은 수준의 목표를 보여 줍니다.

IT 부서의 적극적 지원: 현업팀과 AI팀이 협업할 수 있는 기술 기반 마련

IT 부서는 단순 인프라 제공자가 아닌, AI 데이터 마트(AI data mart) 구축부터 안정적인 운영까지 전 과정에서 적극적으로 지원하는 역할을 합니다. 이를 통해 현업팀과 AI팀이 원활하게 협업할 수 있는 기술적 기반을 마련해 줍니다.

성공의 열쇠: 공동 KPI와 표준 협업 프로세스

협업 조직 모델의 가장 강력한 장치는 바로 '공동의 목표'를 설정하는 것입니다.

- **공동 KPI(핵심성과지표)** : 현업팀, AI팀, IT팀이 공동의 KPI를 가지면 부서 이기주의가 사라지고 '프로젝트 성공'이라는 하나의 목표를 향해 협력할 수밖에 없습니다. 예를 들어 '신규 AI 모델을 통한 매출 증대'가 공동 KPI라면 현업팀에서는 더 적극적으로 피드백하고 IT 부서에서는 시스템 안정화에 최선을 다하게 됩니다.
- **표준 프로세스 정착** : 명확하게 정의된 'AI 도입을 위한 9단계 업무 프로세스'는 누가, 언제, 무엇을 해야 하는지에 대한 공통의 이해를 제공해 협업 과정에서 발생하는 혼선과 갈등을 최소화합니다.

완성도 높은 마무리: 현업에서의 실제 사용과 선순환 피드백

협업 조직 모델의 성공은 마침내 실제 사용으로 완성됩니다.

- **현업 주도의 상용화(9단계)**: AI 모델의 최종 사용자이자 성과를 책임지는 현업팀에서 '모델 사용 및 피드백하기' 단계를 주도함으로써 단순 개발로 끝나는 프로젝트가 아닌 '실제로 쓰이는 AI'가 되도록 합니다.
- **지속적인 성능 개선**: 실제 사용 후 나오는 적극적인 피드백은 다시 모델의 정확도와 활용도를 높이는 선순환 구조를 만듭니다. 이는 AI 모델을 일회성 결과물이 아닌 지속적으로 성장하는 조직의 자산으로 만드는 핵심 활동입니다.

AI에 대한 생각이 서로 달라서 AI 프로젝트가 실패한다

AI 프로젝트가 실패하는 근본적인 원인은
경영진과 실무진 사이의 거대한 간극에 있습니다.

AI에 대해서는 저마다 자신만의 견해가 있습니다. 기업도 마찬가지입니다. 그러나 기업 내부에서 서로 다른 견해로 충돌한다면 AI 프로젝트를 실패로 이끌 수 있습니다. 특히 경영진과 프로젝트 추진팀 간의 견해 차이는 매우 심각한 결과를 초래합니다.

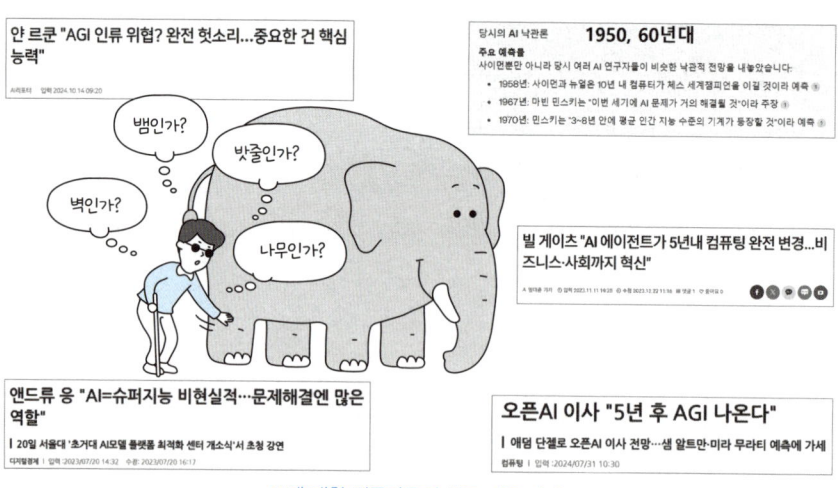

AI에 대한 전문가들의 서로 다른 견해

AI 프로젝트가 산으로 가는 이유

AI 프로젝트가 실패하는 데는 수많은 이유가 있지만, 가장 근본적인 원인은 바로 경영진과 실무진 사이의 AI에 대한 인식과 기대치의 거대한 간극에 있습니다. 이는 마치 여러 장님이 각자 다른 부위를 만지며 코끼리 전체를 상상하는 것과 같습니다. 이 간극이 프로젝트를 표류하게 하고 결국 실패로 이끌기도 합니다.

앞의 그림에서 보듯 AI를 보는 최고 전문가들의 시각도 서로 다릅니다. 얀 르쿤과 앤드류 응 교수는 AI의 4대 천황이라 불릴 만큼 유명한 사람들이지만, 그들은 AGI가 비현실적이라고 생각합니다. 반면 빌 게이츠나 오픈AI 이사는 AGI가 바로 우리 눈앞에 와 있다고 생각합니다. 이런 낙관론은 컴퓨터도 제대로 없던 1950년대, 1960년대에도 있었습니다.

이처럼 AI 전문가들도 AI에 대해 각자 매우 다른 시각을 가지고 있으니, 기업 내에서는 말할 것도 없겠습니다.

경영진의 시각: AGI급 만능 해결사에 대한 기대

경영진은 빌 게이츠, 오픈AI 이사 등 시장을 선도하는 인물들의 '5년 내 AGI 등장', '비즈니스와 사회의 혁신'과 같은 거대 담론을 끊임없이 접합니다. 이러한 언론 보도와 시장의 과열된 분위기는 AI에 대한 기대치를 비현실적인 수준으로 끌어올립니다. 따라서 기업의 CEO나 임원들은 대부분 AI에 높은 기대치를 가지고 있으며, 당장이라도 인간을 뛰어넘는 지능(AGI)으로 모든 비즈니스 문제를 해결해 줄 만능 열쇠처럼 여깁니다.

하지만 이러한 장밋빛 전망은 AI 기술의 현실적인 제약 조건이나 구현 방법에 대한 깊이 있는 이해 없이 형성되는 경우가 대부분입니다. 즉, 코끼리의 전체를 보고 있다고 생각하지만 실제로는 그저 막연하고 거대한 환상을 보고 있는 것과 같습니다.

실무진의 현실: 특정 문제 해결에만 집중

반면 AI 프로젝트를 직접 수행하는 실무진은 저마다 코끼리의 특정 부위, 즉 다리, 코, 귀를 만지고 있습니다. 실무진들은 주로 매우 구체적이고 제한된 범위의 문제를 해결하는 데 집중합니다.

이런 경우는 실제로 AI 시스템을 만들 때 많은 난관에 봉착합니다. 낮은 데이터 품질, 부족한 컴퓨팅 자원, AI 알고리즘과 현재 LLM의 기능적인 한계, AI 에이전트의 각종 문제점 등 수많은 현실적인 제약 조건과 싸워야 합니다. 대체로 이런 기술적인 문제들을 보고하면 임원진들은 이를 정확히 이해하지 못하고 AI가 왜 그 정도도 못하느냐며 핀잔을 주기 일쑤입니다.

문제는 기술을 모르는 경영진의 투자 대비 효과(ROI $^{Return\ On\ Investment}$)에 대한 기대와 비즈니스 전체를 보지 못하는 실무진의 현실이 충돌할 때 발생합니다. 경영진은 항상 투자 대비 효과에 먼저 마음이 앞섭니다. 그 결과 AI의 성능에 대한 과도한 기대가 나타나게 됩니다.

경영진이라면 당연히 기대하겠지만, 실제로 ROI가 나오는 프로젝트는 시작부터 다릅니다. 이 부분은 CHAPTER 02에서 자세히 설명하겠습니다.

다음은 AI 프로젝트와 관련해 경영진에서 충분히 나올 수 있는 이야기입니다.

- AI를 도입했으니 인력을 좀 줄여도 되겠네.
- 보안 문제는 없겠지? 문제가 생기면 너희들이 책임져야 해.
- AI를 도입하면 얼마나 이익이 있나?
- 생산성은 얼마나 올라갈 수 있나?
- AI를 쓰면 인건비를 줄일 수 있나?
- AI가 틀린 답을 내는 것 같은데.
- 우리 챗봇은 왜 성능이 별로지? 기능이 이 이상은 돼야 한다고 생각하는데.

이처럼 AI를 제대로 알지 못하는 임원의 한마디는 프로젝트의 방향을 순식간에 뒤흔듭니다. 지금까지 잘 가던 프로젝트는 갑자기 ROI 계산부터 하게 되고, 인간처럼 생각하고 말하는 AGI급 목표를 향해 방향을 틀어야 하는 상황에 놓이기 마련입니다.

이렇게 되면 프로젝트의 범위가 걷잡을 수 없이 확장되고 구체적인 목표가 사라집니다. 그리고 비현실적인 목표를 달성하기 위한 시간과 비용이 낭비됩니다. 팀의 사기 역시 저하됩니다. 실무진은 실현 불가능한 요구에 지치고 자신의 전문성이 무시당한다고 느껴 좌절하게 됩니다.

문제 해결 방안 경영진은 실무자보다 AI 공부를 더 많이 해야 한다!

AI 프로젝트의 성공은 경영진부터 실무진까지 모든 구성원이 AI라는 코끼리에 대한 일관되고 현실적인 그림을 공유하는 것에서 시작됩니다.

이를 위해 경영진은 AI 공부를 많이 해야 합니다. 직원들보다도 훨씬 더 많이 해야 합니다. 기업 임원들은 대체로 AI는 실무자들이나 알면 된다고 생각하는데, 이는 완전히 잘못된 생각입니다. 현재 많은 기업들이 AI를 잘 아는 임원을 승진시킵니다. 이유는 기업이 AI를 쓸 일이 많아지면서 AI 관련 업무가 폭증하기 때문입니다.

경영진은 AGI급 환상에서 벗어나 AI의 현재 가능성과 한계를 명확히 이해해야 하며, 실무진은 AI 기술의 현실적 구현에 대해 처음부터 솔직하게 이야기하는 편이 좋습니다. 그래야 경영진이 불필요한 기대치를 갖지 않습니다.

저는 지난 6년간 'CEO를 위한 AI 코딩 스쿨'을 꾸준히 운영하면서, CEO뿐만 아니라 각종 기업의 리더들에게 AI 코딩을 가르쳤습니다. AI라는 기술에 대해 말하라면 누구나 다 쉽게 말할 수는 있지만, 실제로 코딩까지 해 보지 않으면 그 실체를 알 수 없기 때문입니다. 많은 CEO들은 여기저기서 AI에 대한 강의를 많이 들기 때문에 AI의 개념을 어느 정도는 알고 있지만, 중요한 의사결정을 하기에는 아직 역부족입니다. 따라서 직접 코딩까지 해 봐야 실제 AI 모습을 이해할 수 있고, 그에 따라 제대로 된 의사결정을 할 수 있게 됩니다.

외부에서 영입한 AI 전문가에게 모든 것을 맡기면 실패한다

외부에서 최고 수준의 AI 전문가를 영입하는 것은
수많은 부작용과 숨은 비용을 동반합니다

기업의 CEO로서 AI 역량을 확보하기 위해 '외부 전문가를 영입할 것인가Buy' 또는 '내부 인재를 육성할 것인가Build' 사이에서 고민하는 것은 매우 중요한 문제입니다. 결론부터 말하자면, 지속가능하고 성공적인 AI 내재화를 위해서는 '의욕 있는 내부 인재를 육성하는 것'이 훨씬 더 현명한 선택입니다.

각각의 장단점을 전문가적 시각에서 분석하면 다음과 같습니다.

외부 전문가 영입 전략의 함정

외부에서 최고 수준의 AI 전문가를 영입하는 것은 가장 빠르고 확실한 방법처럼 보이지만, 실제로는 수많은 부작용과 숨은 비용을 동반합니다.

기업 문화 및 비즈니스 통합의 실패

가장 큰 문제는 AI 전문가가 해당 기업에 대한 도메인 지식이 없다는 것입니다. 영입된 전문가는 AI 기술은 잘 알지만, 우리 회사의 고유한 비즈니스와 데이터는 모릅니다. 이 간극을 메우는 데는 상당한 시간이 걸립니다. 외부에서 영입한 AI 전문가는 업무를 먼저 파악하는 것부터 시작해야 합니다.

이를 위해서는 타 부서 직원들과 많이 소통해야 합니다. 문제는 기존 직원들과 사용하는 용어, 일하는 방식이 달라 처음부터 원활한 소통이 어렵다는 것입니다. 또한 영입된 AI 전문가의 파격적인 대우는 기존 직원들에게 상대적 박탈감을 주기도 합니다. 눈에 보이지는 않지만 이런 것들이 팀워크를 저해하고 조직 내 보이지 않는 벽을 만듭니다.

높은 영입 비용과 이탈 위험

AI 전문가의 몸값은 천정부지로 치솟고 있으며, 헤드헌터들은 끊임없이 더 좋은 조건을 제안하며 이직을 유도합니다. 많은 비용을 들여 영입한 AI 인재가 단기간에 이탈할 경우 기업은 금전적 손실뿐만 아니라 프로젝트의 연속성마저 잃게 됩니다.

이러한 문제들은 결국 외부 전문가가 조직에 융화되지 못한 채 고립된 섬으로 남게 만들어 기대했던 시너지를 내지 못하는 결과로 이어집니다.

내부 인재 육성의 전략적 가치

내부 육성은 당장은 더뎌 보일 수 있으나 장기적으로 훨씬 더 단단하고 효과적인 AI 조직을 만드는 길입니다.

최고의 시너지는 '도메인 지식 + AI 역량'

내부 직원은 이미 우리 비즈니스와 데이터에 대한 깊은 이해를 갖추고 있습니다. 이들에게 AI라는 강력한 무기를 쥐어주는 것은 외부 전문가가 수년간 노력해도 얻기 힘든 비즈니스 문제를 정확히 이해하고 AI로 해결하는 능력을 가장 빠르게 갖추는 방법입니다.

비용 효율성과 조직 안정성

내부 직원을 교육하고 인센티브를 제공하는 것은 외부 전문가를 영입하는 것보다 비용면에서 훨씬 효율적입니다. 또한 회사가 직원의 성장에 투자하는 것은 그 자체로 강력한 동기부여가 되어 조직에 대한 충성도를 높이고, 이는 자연스럽게 협업 가능성을 증대시킵니다.

선택과 집중

물론 모든 직원을 AI 전문가로 만들 수는 없습니다. 시대에 뒤떨어지는 인력도 존재할 것입니다. 핵심은 변화의 의지가 있고 성장 잠재력이 높은 직원을 선별하여 그들에게 집중적으로 AI 교육 기회와 그에 걸맞은 인센티브(보상, 직책)를 제공하는 것입니다. 이들이 바로 조직 내 AI 확산을 이끌 핵심 인재가 될 것입니다.

문제 해결 방안 내부 인력을 중심으로 외부 전문가는 소수 채용한다!

성공적인 내부 AI 교육은 단순히 지식을 전달하는 것 이상으로 '이 교육이 어떻게 당신의 가치를 높여 주고 미래의 역할 변화에 긍정적으로 기여할 것인지'를 투명하게 전달해야 합니다. 또한 개인의 성장과 회사의 목표가 함께 갈 수 있다는 신뢰를 구축하는 것부터 시작해야 성공할 수 있습니다.

내부 직원을 키워서 AI 팀장으로 성장시킨다

소수의 외부 전문가를 영입하여 내부 교육의 촉매제나 멘토로 활용하되, 조직의 중심은 내부에서 키워 낸 도메인 전문가와 AI 해결사들로 구성해야 합니다. 이것이 바로 기업의 경쟁력을 근본적으로 강화하고 지속가능한 AI 혁신을 이루는 길입니다. 그리고 AI팀의 팀장은 반드시 기업 내 교육받은 직원이 해야 합니다. 그래야 타 부서와 협업이 원활해집니다.

외부 AI 전문가에게는 내부 직원들의 교육과 함께 이 책에 나오는 다양한 AI 도구 중에서 기업의 표준을 정하도록 해야 합니다. 또한 반드시 정확한 요구 사항을 주고 RAG, AI 에이전트를 구현하는 일을 맡겨야 합니다. 이렇게 구체적으로 일을 지정해 주면 외부 AI 전문가들은 오히려 더 편하게 일할 수 있습니다.

내부 직원의 AI 교육도 면밀하게 준비한다

AI 시대에 내부 인재를 육성하는 것이 기업의 핵심 프로젝트로 떠올랐지만, 그 과정은 결코 간단하지 않습니다. 이는 과거의 일방적인 톱다운top-down 방식의 교육이 더 이상 통하지 않는, 직원들의 인식과 동기가 근본적으로 변화한 새로운 국면에 접어들었기 때문입니다.

AI 교육은 직원들에게 추가적인 부담으로 인식되기 쉽습니다. AI 역량 강화는 원래 본인의 업무 기술서Job Description에 명시된 내용이 아니었기 때문입니다. 심지어 기술 변화에 뒤처지는 것은 개인의 노력 부족이 아니라 시대의 흐름에 맞춰 직원을 성장시키지 못한 회사의 문제라고 인식하며 책임을 조직에 돌리기도 합니다.

가장 큰 걸림돌은 AI에 대한 막연한 불안감과 의심입니다. 직원들은 회사보다는 당연히 자신의 이익을 우선으로 하기에 '우리가 왜 인공지능을 배워야 하고, 이 교육을 이수한 뒤에는 구체적으로 어떻게 되는지'에 대한 명확한 비전과 청사진을 제시하지 않는다면 자연스럽게 최악의 시나리오를 떠올립니다.

'결국 내 일을 AI로 대체하기 위한 밑 작업이 아닌가?'라는 합리적인 의심을 품기 시작하는 것입니다. 이러한 불신과 불안을 해소하지 않는 한, 아무리 좋은 교육 프로그램을 마련한다 해도 직원들의 자발적인 참여와 몰입을 이끌어 내기는 어렵습니다.

실패 체크 리스트와 해결 방안

본격적으로 AI 프로젝트를 시작하기 전에
실패를 피하기 위한 체크 리스트를 먼저 정리해 봅니다.

여기서 소개할 실패 체크 리스트는 AI 도입을 막는 보이지 않는 장벽이라고 할 수 있습니다. 각 질문에 하나라도 해당된다면 AI 프로젝트를 시작하기 전에 심각하게 한번 점검해 봐야 합니다.

전략 및 타이밍의 부재

☑ "AI가 너무 빠르게 변하니 언제 도입해야 할지 모르겠다."

분석: 기술의 빠른 변화 속도에 압도되어 결정을 미루는 상태입니다. 완벽한 AI 기술과 완벽한 타이밍을 기다리지만 그런 시점은 영원히 오지 않습니다. 기다리는 동안 경쟁사와의 기술 격차는 회복 불가능한 수준으로 벌어집니다.

기업에 치명적인 이유: 시작조차 못 하고 뒤처지는 가장 확실한 방법과도 같습니다.

해결 방안: 무조건 빠르게 시작하는 것입니다. POC 형태로 아주 작은 분야를 간단하고 빠르게 구현해 보는 것도 좋습니다. 요즘은 AI 도구 성능이 좋아서 조

금만 마음먹으면 바로 활용할 수 있습니다. 특히 현업팀에서 자신의 업무에 AI를 적용할 때 인센티브를 주는 방법이 가장 좋습니다.

☑ "AI를 안 쓴다고 회사가 당장 망하지는 않는다."

분석: AI를 그저 투자 비용이나 부가적인 도구로만 보는 단편적인 시각입니다. AI의 본질은 비즈니스 경쟁력을 높이고 업무의 효율성을 제고하며 새로운 가치를 창출하는 기업의 핵심 경쟁력이 달린 문제입니다. 물이 끓기 시작하는 99도까지는 변화가 없어 보이지만, 100도가 되는 순간 모든 것이 바뀌는 것과 같습니다.

기업에 치명적인 이유: 위기를 감지했을 때는 이미 너무 늦어 손쓸 수 없는 상태일 가능성이 높습니다.

해결 방안: AI에 열성적인 직원들을 모아서 AI를 사용하도록 유도합니다. 특히 오픈AI의 Team 요금제는 보안상으로 문제가 없으며, 기업에서 적은 수의 인원이 쓰기 좋은 요금제입니다. 1년 구독료는 1인당 300달러입니다. 이런 것들을 먼저 사용하면서 AI를 익히도록 하면 분명 업무에 효과를 보게 될 것이고, 자연스레 이를 확장하는 방안을 연구하게 되어 있습니다.

☑ "경쟁사들이 도입하지 않은 상황에서 우리가 먼저 도입할 필요는 없다. 남들이 어떻게 하는지 먼저 보고 하겠다."

분석: 혁신을 포기하고 '빠른 추격자' 전략을 택하겠다는 뜻이겠지만, AI 시대에는 이 전략이 통하지 않습니다. AI 경쟁력은 데이터와 운영 경험이 축적되어야 생기는 복리 효과를 갖습니다. 먼저 시작한 기업은 후발 주자가 따라오기 힘든 해자^{Moat}를 구축할 것입니다.

기업에 치명적인 이유: 시장의 선도자가 될 기회를 스스로 포기하고 영원한 2등, 3등으로 남겠다는 선언과도 같습니다.

해결 방안: AI의 잠재력을 몰라서 하는 말입니다. AI를 제대로 사용하면 업무 자동화를 통해 기존 인력만으로도 해당 산업을 석권할 수 있습니다. AI를 잘하는 기업이 AI를 못하는 기업을 대체할 수 있습니다.

조직 문화 및 인식의 문제

☑ "직원들이 AI를 열심히 써야 할 이유는 없다. 직원들이 AI를 배워야 진급하는 것도 아니다."

분석: AI 도입 성공의 핵심은 사람인데도 불구하고 직원들에게 아무런 동기 부여가 없는 상태입니다. AI 활용 능력이 개인의 성장이나 보상과 연결되지 않는다면 직원들은 AI를 추가적인 업무 부담이나 귀찮은 것으로 여길 뿐입니다.

기업에 치명적인 이유: 아무리 좋은 AI 시스템을 도입해도 아무도 쓰지 않는 유령 시스템으로 전락합니다.

해결 방안: 간단합니다. 직원에게 동기부여를 하면 됩니다. 관련 KPI를 세팅하고 성과 평가를 한 뒤 인센티브를 주고 진급을 시키면 해결됩니다. 물론 이와 관련된 비용이 추가로 들지만, 외부 AI 전문가를 영입하는 비용보다는 훨씬 저렴합니다.

☑ "AI가 혹시 내 일을 대체하는 것은 아닌지 의구심이 있다."

분석: AI에 대한 가장 원초적인 두려움이자 저항입니다. 회사가 'AI는 직원을 대체하는 것이 아니라 더 가치 있는 일을 할 수 있도록 돕는 도구'라는 명확한 비전과 신뢰를 주지 못하면 직원들은 AI 도입에 소극적으로 저항하거나 방해하게 됩니다.

기업에 치명적인 이유: 조직적인 저항에 부딪혀 프로젝트가 좌초됩니다.

해결 방안: 이는 CEO가 직접 약속해야 하는 문제로, '우리가 AI로 인해 직원을

해고하는 일은 없다'라고 선언해야 합니다. 대신 유휴 인력을 더 많은 일을 위해 재배치하고 반복되는 업무는 AI에게 맡기되, 새로 해야 하는 일을 찾아 지금까지 해 보지 않았던 시도를 많이 하도록 해야 합니다. 산업을 석권하기 위한 슈퍼 전략이 필요한 때입니다.

☑ "우리 회사에는 AI 전문가가 없어서 AI 프로젝트는 힘들다."

분석: '인재가 없어서 못한다'는 것은 가장 흔한 핑계입니다. 모든 것을 해결해 줄 완벽한 전문가는 존재하지 않습니다. 중요한 것은 외부 전문가를 영입하든, 내부 인재를 육성하든 '지금 시작하겠다'는 의지입니다.

기업에 치명적인 이유: 인재 확보의 어려움을 핑계로 시도조차 하지 않는 무기력증에 빠집니다.

해결 방안: CEO가 'AI 전문가를 영입할 돈을 직원들에게 쓰겠다'라고 선언하면 됩니다. 사실 AI 전문가는 기업에서 AI 모델을 만들 때나 해당 산업의 슈퍼 AI 에이전트 정도를 만들 때 필요한 것이지, 기존의 업무를 자동화하는 정도면 이미 너무나 좋은 AI 도구들이 많이 나와 있기 때문에 기존 인력으로도 충분히 할 수 있습니다.

☑ "임원들의 기대치는 매우 높다(항상 AGI 레벨). 그러나 임원들은 AI에 대한 명확한 이해가 없다."

분석: '장님 코끼리 만지기'의 전형적인 예시입니다. 리더십은 AGI 같은 마법을 기대하고, 실무진은 챗봇 하나 만드는 것도 힘겨워합니다. 공통된 이해와 현실적인 목표가 없으면 프로젝트는 시작부터 표류하다 결국 누구도 만족하지 못하는 결과로 이어집니다.

기업에 치명적인 이유: 프로젝트의 목표가 흔들리고, 결과물에 대한 평가가 제각각이라 성공/실패조차 판단할 수 없게 됩니다.

해결 방안: 임원들이 무조건 AI를 배워야 합니다. AI를 잘하는 임원을 승진시키겠다고 CEO가 발표하면 됩니다. CEO도 AI 공부를 열심히 해야 합니다. CEO가 AI를 알아야 어떤 임원이 AI를 알고 어떤 직원이 AI를 열심히 사용하고 전파하려고 하는지 알 수 있습니다.

☑ "AI는 AI팀의 역할! AI팀이 만들면 써보기는 하겠다. IT팀/현업팀은 바쁘다. AI는 내 일이 아니다."

분석: AI를 특정 부서의 일로 한정하는 최악의 '사일로 Silo' 사고 방식입니다. AI는 현업의 도메인 지식, IT의 데이터와 인프라, AI팀의 기술력이 조화롭게 결합해야만 성공합니다. '써보기는 하겠다'는 태도는 '나는 이 프로젝트의 실패에 책임이 없다'는 선언과도 같습니다.

기업에 치명적인 이유: 현업의 참여 없이는 실용적인 AI가 나올 수 없으며, 결국 아무도 쓰지 않는 결과물만 남게 됩니다.

해결 방안: CEO가 AI 프로젝트의 오너십 ownership 을 해당 현업팀에 주면 됩니다. 자신의 업무를 자신들이 직접 하되, AI팀과 IT팀의 지원을 받으라고 지시하면 됩니다. 이에 따라 해당 팀과 관련 팀들의 KPI를 다시 설정하고, 성과 평가 역시 AI 프로젝트와 연동하면 됩니다.

기술 및 도입 방식의 오해

☑ "보안과 할루시네이션 때문에 도입이 어렵다. AI가 100% 정확하지 않기 때문에 도입이 불가능하다."

분석: 기술의 한계를 도입 불가의 핑계로 삼는 완벽주의의 함정입니다. 할루시네이션 hallucination 이나 보안은 분명 중요한 문제지만, 이는 통제하고 관리해야 할 리스크이지 포기의 이유가 될 순 없습니다. 만약 반드시 100% 완벽해야 하는 분야라면 AI를 도입해서는 안 됩니다.

기업에 치명적인 이유: AI의 가치를 0 아니면 1로만 판단하여 80~90%의 효율성 증대 기회를 스스로 차버립니다.

해결 방안: AI의 보안 문제는 기업의 AI 도입 아키텍처와도 관련이 있습니다(CHAPTER 07 참고). AI의 할루시네이션은 해당 업무를 잘 아는 담당자가 계속 체크하도록 합니다. 특히 AI의 산출물이나 보고서 등의 정확성은 반드시 사람(직원)이 직접 확인하고 승인하도록 해야 합니다. 이는 병원에서 MRI 판독을 AI가 하더라도 담당 의사가 검사 결과를 최종적으로 확인한 후 사인하는 것과 같습니다.

☑ "AI를 쓰면 편할 것 같은데, 틀린 것이 너무 많아서 하는 일에 별 도움은 안 된다."

분석: 요즘 이런 말을 하는 사람은 AI를 사용하고 있지 않을 가능성이 높습니다. 지금은 많이 정확해졌기 때문입니다. 또한 기업 내 사용자의 피드백을 통해 개선하는 과정이 없었다면 이렇게 생각할 수 있습니다. AI는 처음부터 완벽하지 않으며, '사용-피드백-개선'의 선순환을 통해 똑똑해집니다.

기업에 치명적인 이유: 초기 버전의 미흡함을 보고 AI 전체의 잠재력을 포기하는 성급한 일반화의 오류를 범합니다.

해결 방안: 정확성 문제는 빠르게 해결되고 있습니다. 최근에 나온 LLM들은 내용의 정확성이나 출처 등이 많이 개선되었습니다. 앞으로도 점점 더 정확해질 것입니다.

☑ "AI는 ERP, CRM, 빅데이터, 클라우드처럼 언제든 예산을 세워 도입하기만 하면 된다."

분석: AI를 단순히 구매해서 설치만 하면 끝나는 소프트웨어로 착각하는 치명적인 오해입니다. AI는 일회성 프로젝트가 아니라 데이터와 학습을 통해 지속적으로 성장하고 진화하는 조직의 역량이자 살아있는 시스템입니다.

기업에 치명적인 이유: 잘못된 접근 방식으로 예산과 시간을 낭비하고 AI 내재화에 완전히 실패합니다.

해결 방안: AI는 사용하면서 그 가치를 발견하고 실행 범위가 점점 넓어져 가는 것이 일반적입니다. 따라서 한번 AI를 도입하면 끝나는 것이 아니라 지속적인 업그레이드가 필요합니다. 특히 재무 부서에서 이 점을 잘 인식해야 할 필요가 있습니다. 작년에도 AI에 돈을 쓰더니 같은 명목으로 돈을 쓰면 낭비가 아닌지 의문을 갖을 수 있기 때문입니다.

☑ **"도입 비용이 만만치 않은 것 같으니 가장 쉬운 GPU 구매에 먼저 돈을 사용한다."**

분석: 비용에 대한 막연한 두려움과 잘못된 투자 우선순위의 조합입니다. 전략 없이 GPU부터 구매하는 것은 운전 면허도 자동차도 목적지도 없이 엔진부터 사는 것과 같습니다. 가장 먼저 투자해야 할 곳은 하드웨어가 아니라 '무엇을 해결할 것인가'에 대한 명확한 전략 수립과 인재 양성입니다.

기업에 치명적인 이유: 가장 중요한 전략과 사람에 대한 투자는 미룬 채 가시적이지만 비효율적인 하드웨어에 예산을 낭비하여 진짜 필요한 투자를 할 기회를 잃게 됩니다.

해결 방안: AI를 도입한다고 해서 사용자도 별로 없는데 GPU부터 먼저 사는 것은 전형적인 보여주기식 행정이자 예산 낭비의 전형입니다. 내부적으로 사용하는 AI 시스템을 만들어 토큰당 사용료를 내게 하는 시스템을 도입하면 비용도 별로 들지 않습니다. 상세한 내용은 CHAPTER 07에서 설명하겠습니다.

이 체크 리스트는 기업이 AI를 성공적으로 도입하기 위해 '무엇을 하지 말아야 하는지'를 보여 주는 훌륭한 가이드입니다. 이 항목들을 하나씩 제거해 나가는 과정이 곧 성공적인 AI 도입의 로드맵이 될 것입니다.

CEO를 위한 비즈니스 인사이트

6시그마 운동을 기억하십니까?

6시그마 운동의 그린벨트와 블랙벨트 휘장. 2025년에도 이와 유사한 운동이 필요합니다.

6시그마 운동이 한국 제조업의 품질에 미친 영향

2000년대 대한민국 제조업은 6시그마 운동을 통해 제품의 불량률을 획기적으로 낮추고 품질 경쟁력을 세계적인 수준으로 끌어올렸습니다. 이는 단순히 구호만 외치는 캠페인이 아니었습니다. 여기에는 성공할 수밖에 없는 명확한 시스템과 보상 체계가 있었습니다.

명확한 목표와 방법론

6시그마는 '100만 개 중 3.4개의 불량'이라는 구체적이고 측정 가능한 목표를 제시했습니다. 그리고 DMAIC Define-Measure-Analyze-Improve-Control 라는 표준화된 문제 해결 방법론을 통해 누구나 체계적으로 혁신에 참여할 수 있도록 길을 열어 주었습니다.

가시적인 인정과 보상: 그린벨트, 블랙벨트

이것이 핵심입니다. 6시그마 운동에 적극적으로 참여하고 뛰어난 성과를 낸 직원에게는 그린벨트 Green Belt, 블랙벨트 Black Belt와 같은 명예로운 자격을 부여했습니다. 이는 단순한 칭찬 이상으로 개인의 전문성을 공식적으로 인정해 주는 강력한 동기부여로 작용했습니다.

실질적인 인센티브

더 나아가 그린벨트, 블랙벨트와 같은 자격은 승진시 가점이나 실질적인 급여 인상(인센티브)으로 이어졌습니다. '혁신 활동이 나의 성장과 보상에 직접적으로 연결된다'는 이 강력한 믿음이 직원들의 자발적인 참여를 이끌어 내고 결국 기업 전체의 경쟁력을 끌어 올리는 선순환을 만들었습니다.

이제는 AI Transformation(AX) 시대입니다

그리고 2025년 우리는 AI라는 거대한 변혁의 중심에 서 있습니다. 많은 기업이 AI 도입을 외치면서도 구체적인 방법론과 동기부여 시스템이 없어 표류하고 있습니다. 바로 이 지점에서 우리는 6시그마 운동의 성공 전략을 다시 가져와야 합니다. 과거 6시그마 벨트가 품질 전문가를 상징했듯, 이제는 'AI 스타 찾기 운동', 'AI 벨트 따기 운동'과 같은 새로운 인정 체계가 필요합니다.

명확한 목표와 방법론

모든 기업의 명확한 목표는 '돈 되는 AI'입니다. AI를 도입해서 ROI를 올리지 못하면 어떤 종류의 AI이든 가치가 떨어질 것입니다. CHAPTER 02에서는 AI 프로젝트 수행에 대한 이 책의 내용을 기반으로 만든 ABCD 방법론을 소개할 텐데, 이대로 하면 AI 프로젝트는 성공할 것입니다. 이는 현대적인 LLM, AI 에이전트, 바이브 코딩, 노코드 도구 시대의 새로운 AI 프로젝트 추진 방법론입니다.

가시적인 인정과 보상: 그린벨트, 블랙벨트

6시그마 운동과 같이 AI 운동에 적극적으로 참여하고 뛰어난 성과를 낸 직원에게는 그린벨트, 블랙벨트와 같은 명예로운 자격을 부여해야 합니다. 이 역시 개인의 전문성을 공식적으로 인정해 주는 강력한 동기부여가 될 것입니다.

실질적인 인센티브

그린벨트, 블랙벨트는 승진 점수 가점이나 실질적인 급여 인상(인센티브)으로 이어져야 합니다. 'AI 활동이 나의 성장과 보상에 직접적으로 연결된다'는 강력한 믿음이 직원들의 자발적인 참여를 이끌어 낼 것입니다. 이제는 AI 블랙벨트가 조직의 데이터 기반 의사결정을 이끌고 혁신을 주도해야 합니다.

종합하자면, 성공적인 AI 전환은 값비싼 GPU를 사거나 외부 전문가 몇 명을 영입하는 것으로 이루어지지 않는다는 것을 기억해야 합니다.

CEO 인사이트

전 직원이 AI를 '나의 일'로 여기고, AI를 활용해 성과를 내는 직원이 명예로운 인정을 받고 실질적인 보상을 받는 강력한 시스템을 구축하는 것, 즉 'AI 6시그마 운동'을 시작하는 것이 바로 기업의 미래를 결정할 핵심 전략입니다.

돈 되는 AI 도입과 활용법

2025년, AI는 선택이 아닌 필수가 되었습니다. 거의 모든 기업이 앞다투어 AI 도입을 서두르고 있지만, '투입한 비용과 노력만큼 과연 돈을 벌어다 주는가?'라는 근본적인 질문 앞에서는 모두가 고개를 갸웃거립니다. 그러면서도 '선제적 투자'를 말하고 있습니다. 당장은 돈이 되지 않지만, 앞으로 돈이 될 것이라는 생각으로 시도하고 있는 것입니다. 투자 대비 효과(ROI)가 중요하다고는 말하지만, 정작 '어떻게' 해야 하는지에 대한 명확한 지침이나 성공 방정식은 그 어디에도 없습니다.

수많은 AI 프로젝트가 실패하는 이유는 대단히 많습니다. 그중에서도 돈 되는 AI 프로젝트를 성공시키려면 생각을 매우 많이 해야 합니다. 일반적인 상식대로 접근하면 돈이 되지 않을 뿐 아니라 프로젝트 자체가 실패하기 때문입니다. 성공의 열쇠는 기술이 아닌 다른 곳에 있습니다.

돈 되는 AI를 위한
문제 정의 방법

문제 정의가 제대로 되어 있다면
그 프로젝트는 성공한 것이나 다름없습니다.

프로젝트 시작부터 '문제 정의'가 제대로 되어 있다면 그것을 구현하는 것은 그리 어려운 일이 아닙니다. 지금은 AI 도구가 좋아져서 구현에 대해 고민할 필요가 없습니다. 최근 화제가 되고 있는 바이브 코딩은 문제 정의만 잘해 주면 AI가 알아서 코딩하여 실제 구현까지 해 줍니다. 100% 잘 돌아가는 코딩을 해 주는 것은 아니지만 이전에는 상상도 하지 못한 코딩까지 가능합니다. 이와 같은 기술은 앞으로 점점 더 정교해질 것이며, 앞으로 더 큰 프로젝트도 구현 가능할 것입니다.

 CEO 인사이트

이처럼 AI 시대에는 '문제 해결' 능력보다는 '문제 정의' 능력이 훨씬 중요해졌습니다.

문제 해결이 아닌 문제 정의부터: 4단계 필터링 가이드

AI 프로젝트 성패의 80% 이상은 AI를 어떤 업무에 적용할 것인가, 즉 '문제 정의'에 달려 있습니다. 기술이나 데이터가 아무리 훌륭해도 풀어야 할 문제가 잘

못 정의되었다면 그 프로젝트는 반드시 실패합니다. 반대로 문제 정의가 제대로 되어 있으면 그 프로젝트는 성공한 것이나 다름없습니다.

저는 KAIST 김재철 AI 대학원에서 CAIO Chief AI Officer 과정을 4년째 담당하고 있습니다. 이 과정에서는 매번 팀을 만들어서 조별 프로젝트를 하는데, 주제는 자신이 가장 잘 아는 분야를 선정하도록 지도하고 있습니다. 그럼에도 불구하고 수강생들이 가장 애를 먹는 것이 바로 '어떤 분야에 AI를 적용할 것인가'하는 문제 정의입니다.

다음은 문제 정의를 잘하기 위한 4단계 필터링 가이드입니다. 4단계 필터링 과정을 거쳐 살아남은 문제 정의라면 실패 확률은 낮추고 성공 가치는 극대화할 수 있을 것입니다.

1단계: 문제를 좁고 예리하게 정의했는가?

모든 산업에는 수많은 문제들이 있지만, AI로 해결하기 위한 첫 번째 조건은 문제를 '막연하고 넓게'가 아닌 '좁고 예리하게' 정의하는 것입니다.

'좁고 예리하게'의 의미

매출 증대나 업무 효율화 같은 거대 담론이 아닙니다. 현재 우리가 하고 있는 특정 업무에 적용하여 측정 가능한 수준으로 문제를 구체화하는 것을 의미합니다.

예를 들어, '반도체 기업의 수율을 높이자', 'AI로 특정 주가를 예측하자', 'AI로 노인 헬스케어 서비스의 질을 올리자' 등은 모두 광범위한 문제 정의입니다. 이것이 광범위한 문제 정의인지 아닌지 알려면 필요한 데이터를 먼저 정의해 보면 됩니다.

반도체 기업에서 수율을 올리려면 어떤 데이터를 분석해야 할까요? 특정 주가를 예측하는 데 필요한 데이터는 무수히 많을 것입니다. 헬스케어 서비스만 해도 여기에 영향을 미치는 데이터가 무수히 많을 것이고, 헬스케어 서비스 종류도 대굉장히 다양할 것입니다. 이럴수록 '좁고 예리하게' 문제를 정의하면 필요한 데이터가 바로 나옵니다.

'좁고 예리한' 문제 정의 및 프로젝트 확산 예시

'반도체 기업에서 최종 생산한 특정 메모리 제품 웨이퍼의 불량 패턴(center, edge, scratch, ring, random, local 등)을 자동 감지하자'와 같이 문제를 좁혀서 정의하면 문제 해결은 당연히 컴퓨터 비전을 통한 패턴 인식, 즉 영상 분류로 귀결됩니다. 여기서 데이터는 웨이퍼의 이미지입니다.

이 프로젝트가 성공하면 어떤 공정이 각각의 불량 패턴을 유발시켰는지 알고 싶어집니다. 따라서 두 번째 프로젝트는 당연히 각 불량 패턴을 만든 공정의 원인과 연관성 분석이 될 것입니다.

세 번째 프로젝트는 각 공정에서 조기에 웨이퍼 불량을 만들 가능성이 있는 공정 데이터를 실시간으로 분석하는 것일 가능성이 높습니다. 이것이 성공하면 각 공정의 실시간 데이터 분석 결과를 바탕으로 해당 공정에서 우량 결과물을 그 다음 공정으로 보내도록 하여 전체 반도체 수율을 올릴 수 있을 것입니다.

이처럼 '좁고 예리하게' 문제를 정의하면 자연스럽게 프로젝트를 확장하거나 다른 과제와 자연스럽게 연결되어 더 많은 분야의 업무를 AI로 확대할 수 있습니다.

2단계: 데이터와 연관된 문제인가?

정의된 문제가 아무리 구체적이라도, 데이터로 풀 수 없는 문제라면 AI는 무용지물입니다. AI는 데이터를 먹고 자랍니다. 데이터를 활용해 풀 수 있는 문제인지를 판단하기 위한 조건은 다음과 같습니다.

데이터 존재 여부

이 문제를 푸는 데 필요한 데이터(고객 정보, 생산 기록, 로그 데이터 등)가 우리 회사 시스템(ERP, CRM 등)에 존재하는가?

데이터 품질

데이터가 신뢰할 만하며, 양은 충분한가? AI가 활용할 데이터는 무엇보다 제대로 된 상태여야 하며, 중간에 중복값이나 결측치가 없고, 이상한 값들이 존재하지 않아야 합니다.

실패 신호

필요한 데이터가 너무 많거나 어떤 데이터가 필요한지조차 정의하지 못한다면 그 문제 정의는 잘못된 것입니다.

3단계: AI로 풀 수 있는 문제 유형인가?

데이터와 연관된 문제라고 해서 모두 AI로 풀 수 있는 것은 아닙니다. AI는 특정 유형의 문제를 해결하는 데 특화된 도구입니다. AI가 점점 발전하면서 풀 수 있는 문제 유형도 점점 많아지고 있습니다. 다음은 지금까지 AI가 잘 풀어왔던 문제 유형의 예시입니다.

- **반복**: 메일로 들어오는 사업자등록증으로 세금계산서를 발행하는 일
- **예측**: 고객이 3개월 내에 이탈할 것인가? 내일 이 제품의 수요량은 얼마일까?
- **분류**: 이 이미지는 고양이인가 개인가? 이 메일은 스팸인가 아닌가?
- **최적화**: 이 재고들을 어떤 트럭에 실어 어떤 경로로 배송하는 것이 가장 비용이 적게 드는가?

- **텍스트 생성**: 이 고객의 구매 내역을 바탕으로 맞춤형 프로모션 문구를 만들어 줘. 질문에 대한 답을 해 줘. 요약해 줘. A와 B를 비교해 줘.
- **이미지, 동영상 생성**: 귀여운 고양이가 우리 기업 제품을 맛있게 먹는 이미지를 그려 줘.

> **자가 진단**
> 우리가 정의한 문제를 위와 같은 AI의 핵심 기능 중 하나로 명확히 바꿀 수 있는가?

4단계: 그래서 돈이 되는가?(ROI 산출)

앞의 3단계를 모두 통과했더라도 비즈니스의 최종 목표는 가치 창출입니다. 즉, 돈이 되어야 합니다.

기대 효과

이 문제를 해결했을 때 예상되는 매출 증대, 비용 절감 혹은 생산성 향상 효과는 구체적으로 얼마인가를 고려해 봅니다.

투입 대비 산출(ROI)

모든 AI 프로젝트는 프로젝트 시작 전에 ROI 산출 방법을 만들어야 합니다. 즉, AI 프로젝트 전후의 비용을 계산해서 AI가 기업에 얼마나 도움이 되었는지 알 수 있어야 합니다. 이것은 단순히 프로젝트를 잘했는지 못했는지를 떠나 회사 전체 차원에서 AI 도입 방향을 잡을 수 있기 때문에 매우 중요합니다.

최종 결정

지금까지 살펴본 4단계 질문에 자신 있게 '그렇다'고 답할 수 있는 문제만이 비로소 우리가 자원을 투입하여 풀어야 할 '돈이 되는 AI 프로젝트'입니다.

돈 되는 AI 분야를 선택하는
다섯 가지 원칙

성공적인 AI 도입은 비즈니스의 가장 중요한 문제를
검증된 AI 기술을 활용하여 풀어내는 것에서 비롯됩니다.

AI 도입을 추진하는 많은 기업이 '어떤 기술을 쓸까'에만 몰두하다가 정작 '어디에 써야 할까'라는 더 중요한 질문을 놓치곤 합니다. 아무리 위대한 기술이라도 잘못된 문제에 적용하면 아무런 가치를 만들어 내지 못합니다. 성공적인 AI 도입은 다음 다섯 가지 원칙을 거쳐 올바른 분야를 선택하는 것에서 시작됩니다.

원칙1: 거창한 분야가 아닌 좁고 예리한 분야에 집중하라

AI 프로젝트는 '콜센터를 혁신하자'처럼 거창하고 막연하게 시작하면 반드시 실패합니다. 대신 조직의 성과에 치명적인 영향을 미치는, 아주 구체적이고 좁은 문제를 찾아야 합니다.

- 거창한 분야: AI를 활용한 콜센터 혁신
- 좁고 예리한 분야: 보험 상품의 불완전 판매 방지를 위한 상담원의 필수 안내 항목 누락 실시간 탐지 AI

마찬가지로, 마켓컬리의 '시간/지역/상품별 새벽배송 수요 예측'이나 유튜브의 '개인화 추천 시스템'은 단순히 있으면 좋은 기능이 아닌 비즈니스 모델의 성패를 좌우하는 핵심 문제입니다. 이처럼 해도 되고 안 해도 되는 부가적인 분야가 아닌 기업의 생존과 직결된 곳에 AI를 적용해야 성공할 수 있습니다.

원칙2: 데이터가 아닌 비즈니스 목적에서 출발하라

'데이터가 많으니 이걸로 AI를 적용해 보자!'와 같은 접근은 십중팔구 실패합니다. 데이터 자체를 아무리 들여다봐도 '돈 되는 용도'는 보이지 않습니다. 순서를 뒤집어야 합니다.

가장 먼저 해야할 것은 'AI를 통해 매출을 10% 올릴 것인가, 비용을 15% 절감할 것인가, 고객 이탈률을 5% 낮출 것인가?'와 같은 명확한 비즈니스 목적을 설정하는 것입니다.

 CEO 인사이트

> 올바른 AI 도입 순서는 비즈니스 목적을 먼저 정의하고 목적 달성(이걸 해서 무엇이 좋아지는가?)에 필요한 데이터를 나중에 정의하는 것입니다.

원칙3: 완벽히 새로운 것보다는 검증된 성공을 활용하라

세상에 없던 새로운 AI 서비스를 창조해야 한다는 중압감이나 사람과 똑같은 AI를 만들어야 한다는 환상은 버려야 합니다. 현재 구현 가능한 기술만으로도 AI를 도입할 곳은 충분합니다.

오히려 같은 산업의 다른 기업들이 AI를 도입해 성공한 사례를 따라 하는 것이 현명한 출발점이 될 수 있습니다. 남들이 성공한 모델을 우리 회사의 데이터와 상황에 맞게 적용하고 개선하는 과정에서 우리만의 새로운 경쟁력이 생겨납니다.

원칙4: AI를 특수 기술이 아닌 엑셀처럼 생각하라

AI는 특정 전문가만 다루는 특이한 기술이 아닙니다. 데이터가 있는 곳이라면 어디든 적용할 수 있는 엑셀 프로그램과 같은 범용 분석 도구라는 인식의 전환이 필요합니다.

과거에는 엑셀의 이동 평균Moving Average 기능으로 간단한 예측을 했다면, 이제는 간단한 CNN, LSTM 같은 AI 모델로 훨씬 더 정확한 예측을 할 수 있습니다. 이는 엑셀의 매크로Macro 기능을 쓰는 것과 같이 AI를 활용하여 같은 업무를 더 잘하게 되는 것과 같습니다.

또한 엑셀조차도 AI의 도움을 받을 수 있습니다. 기존에 엑셀에서 하던 일들을 AI에게 시켜서 Visual Basic 코드를 생성할 수 있습니다. 이렇게 생성된 코드를 엑셀에서 실행하면 원하는 결과를 얻을 수 있습니다.

원칙5: 기존 시스템을 대체하거나 강화하는 곳을 공략하라

가장 확실한 성공 포인트를 찾는 방법은 현재 우리 회사의 시스템을 들여다보는 것입니다.

규칙 기반 시스템이 있는 분야

각 회사의 IT 시스템을 면밀히 분석해 보면 많은 분야에서 규칙Rule 기반으로 코딩해 온 것을 알 수 있습니다. 예를 들면 신용 평가와 같이 과거에 복잡한 규칙으로 점수를 매겼던 분야입니다. 그러나 세월이 흐르면서 필요한 규칙이 생기기도 하고 없어지기도 합니다. 이런 분야는 AI로 대체하기 가장 좋은 대상입니다. AI는 인간이 만든 규칙보다 훨씬 더 많은 변수를 고려하여 정확도를 비약적으로 높일 수 있습니다. 기존에 데이터가 잘 쌓여 있다면 이를 활용해서 더 정확하게 신용 평가를 할 수 있습니다.

기존에 머신러닝을 사용했던 분야

홍수 수위 예측처럼 이미 머신러닝을 쓰고 있다면 최신 AI 기술로 성능을 고도화할 수 있습니다. 과거에 전문가가 홍수 예측을 하는 데 세 시간이 걸렸다면, AI를 사용하면 단 2분 이내로 단축시켜 홍수 통제와 주민 대피의 의사 결정 골든 타임을 확보할 수 있습니다.

변수가 너무 많아 풀지 못했던 분야

스마트 팩토리의 불량 요인 분석처럼 수백, 수천 개의 변수 중 무엇이 문제인지 알 수 없었던 분야에 AI를 도입하면 효과적입니다. 모든 센서 데이터를 딥러닝 모델에 입력하면 인간이 찾아내지 못했던 복합적인 불량 원인을 찾아낼 수 있습니다.

결론적으로, 성공적인 AI 도입은 단순히 미래 기술만을 좇는 것이 아니라 현재 비즈니스의 가장 중요하고 구체적인 문제를 검증된 AI 기술을 활용하여 풀어내는 지혜로부터 비롯된다는 것을 기억해야 합니다.

돈 되는 AI 프로젝트를 추진하는 방법

적절한 방법으로 AI 프로젝트를 추진하는 것은
기업의 경쟁력을 높이는 핵심 자산이 됩니다.

다음은 기업에서 AI 프로젝트를 추진하는 대표적인 네 가지 방안입니다.

- AI 전문가 영입 Hiring Experts
- AI 프로젝트 외주 Outsourcing Projects
- 하이브리드 모형: 전문가 영입 + AI 프로젝트 외주 Hybrid Type
- 내부 직원 교육 Internal Training 후 자체 구현

각 방안은 뚜렷한 장단점을 가집니다. 어떤 방식이 최선인지는 기업의 상황에 따라 다르지만, 장기적인 관점에서 조직의 역량을 내재화하고 지속 가능한 혁신을 이루기 위한 최적의 경로는 분명히 존재합니다.

AI 전문가 영입

외부에서 높은 역량을 갖춘 AI 전문가를 영입하여 내부 팀을 이끌거나 핵심

프로젝트를 수행하게 하는 방식입니다. 가장 빠르고 확실한 방법처럼 보이지만 그 단면에는 수많은 숨은 비용과 리스크도 있습니다.

최근 AI 인재 시장의 과열로 인해 최고 수준의 전문가를 영입하려면 막대한 연봉과 스톡옵션 등 높은 수준의 보상이 필요합니다. 앞서 AI 도입을 위한 9단계 업무 프로세스에서 보았듯이 전문가의 영역은 전체의 20%가 안 되며, 나머지는 모두 업무의 노하우를 알고 있는 현업 담당자들이 해야 합니다. 외부에서 온 전문가는 기술은 알지만 회사 내부의 비즈니스와 데이터, 조직 문화는 잘 모릅니다. 이 간극을 메우기 위해서는 별도의 교육과 학습 시간이 필요하며, 실질적인 성과를 내기까지는 예상보다 훨씬 긴 시간이 소요될 수 있습니다.

그 결과 자칫하면 지식과 경험이 전문가 개인에게만 집중되는 '지식의 사일로'가 형성될 수 있습니다. 게다가 해당 전문가가 퇴사하면 기업 내에는 AI 관련 지식이 거의 남지 않아 원점으로 회귀해 버리고 맙니다. 성공적으로 정착하여 성과를 내기까지는 수년이 걸릴 수 있으며, 그전에 해당 전문가가 이직을 해버린다면 투자 비용 회수는 불가능에 가깝습니다. 전문가 개인의 역량이 뛰어나 최신 기술 동향을 빠르게 습득하고 적용하는 데는 강점이 있다 해도, 이러한 부작용을 간과해서는 안 됩니다.

> **주요 고려사항**
> 성공을 위해서는 전문가가 빠르게 비즈니스를 이해하고, 내부 직원들과 유기적으로 협업할 수 있는 분위기와 프로세스(공동 KPI 등)를 만드는 것이 필수적입니다.

AI 프로젝트 외주

외부의 전문 AI 기업에 프로젝트를 맡겨 결과물만 납품받는 방식입니다. 내부 역량이 전혀 없을 때 가장 먼저 고려하게 되지만, 커뮤니케이션의 한계와 기술 종속성이라는 명확한 단점을 가집니다.

외주 업체는 AI 기술 전문성은 갖추고 있을지 몰라도 우리 회사의 비즈니스 프로세스와 데이터의 맥락을 완벽히 이해하기 어렵습니다. 이로 인해 프로젝트 결과물이 실제 현업의 요구와는 동떨어지거나 실용성이 떨어질 위험이 큽니다. 또한 프로젝트가 완료된 후에는 사소한 수정이나 기능 개선도 추가 계약 없이는 거의 불가능합니다.

가장 큰 문제는 프로젝트에 적용된 AI 기술과 지식이 회사 내부에 전혀 쌓이지 않는다는 점입니다. 모든 노하우는 외주 업체에 귀속되며, 계약이 끝나면 회사는 다시 원점으로 돌아갑니다. 그러다 기술 변화에 대응하기 위해 기존 시스템의 유지 보수가 필요한 경우, 또 다른 외주 프로젝트를 외부 기업에 주게 되어 기술 종속 상태에 빠지기 쉽습니다. 외주를 성공시키려면 요구 사항을 매우 명확히 전달해야 하지만, 이는 현실적으로 매우 어렵습니다.

> **주요 고려사항**
> 결국 외주 업체의 역량에 전적으로 의존하게 되므로 장기적인 파트너십이 아니라면 일회성 해결 방안에 그칠 가능성이 높습니다.

하이브리드 모형: 전문가 영입 + AI 프로젝트 외주

외부 AI 전문가를 채용하고, 그 전문가가 외부 업체와 협력해 프로젝트를 진행하는 방식입니다. 양쪽의 장점을 모두 취하는 전략처럼 보이지만 실제로는 비용과 리스크가 이중으로 발생하는 최악의 선택이 될 수 있습니다.

우선, 전문가의 높은 연봉과 외주 개발비가 동시에 발생하여 비용 부담이 압도적으로 가장 큽니다. 리스크 측면에서도 전문가의 이직 가능성과 외주 업체의 프로젝트 실패 가능성을 모두 떠안게 됩니다. 또한 문제가 발생했을 때 책임 소재가 불분명해져 내부 전문가와 외주 업체 간의 갈등으로 이어지기 쉽습니다.

결국 이 방법은 'AI 전문가 영입'과 'AI 프로젝트 외주'의 단점이 결합되어 지식은 회사 내부에 전혀 축적되지 않고 전문가 개인과 외주 업체에만 남게 됩니다. 따라서 성공 가능성은 매우 불확실하며, 막대한 투자 비용을 회수하기가 가장 어렵습니다.

> **주요 고려사항**
> 채용된 전문가(PM)와 외주 업체와의 복잡한 관계,
> 그리고 양쪽 모두에 대한 높은 의존성 등 관리만 복잡해질 가능성이 높습니다.

내부 직원 교육 후 자체 구현

회사의 비즈니스와 데이터를 가장 잘 아는 내부 직원들을 직접 교육해 AI 역량을 갖추게 하는 방식입니다. 시간도 오래 걸리지 않고 장기적으로 가장 지속 가능하며, 비용면으로도 효율적입니다.

CEO들은 '직원들이 과연 교육을 받는다고 해서 AI를 직접 구현할 수 있을까?'라는 의문을 갖기 쉽습니다. 하지만 IT 부서와 AI팀의 적절한 협업과 그에 상응하는 인센티브가 주어진다면 모두가 상상 이상으로 열심히 할 것입니다.

이 방식의 가장 큰 장점은 지식이 외부로 유출되지 않고 회사의 핵심 자산으로 차곡차곡 쌓인다는 점입니다. 교육을 받은 직원들은 자신의 업무에 곧바로 AI를 적용하여 실전 경험을 바탕으로 빠르게 성장할 것이며, 이는 다른 동료들에게 긍정적인 영향을 미쳐 조직 전체의 AI 역량을 끌어올릴 것입니다.

물론 직원들이 교육을 받고나서 이직할 가능성은 여전히 존재하지만, 외부에서 영입한 고액 연봉 전문가의 이직률보다는 훨씬 낮을 것입니다. 또한 초기 교육 비용 외에 추가 지출이 거의 없어 가장 저렴한 방안이며, 투자 비용 회수도 가장 빠릅니다.

> **주요 고려사항**
> 성공의 핵심은 강력한 동기부여에 있습니다.
> AI 역량 강화를 인사고과, 승진, 보상 등과 직접적으로 연계하고,
> 실패를 두려워하지 않고 도전할 수 있는 문화를 조성하는 것이 반드시 필요합니다.

이 방법은 단기적으로는 어려워 보이지만 장기적으로 보면 AI 역량을 조직에 내재화하고 지속 가능한 혁신 문화를 만드는 가장 확실하고 전략적인 방법입니다. 'AI 전문가 영입'과 AI 프로젝트 외주'는 필요에 따라 단기적으로 활용할 수 있는 전술이지만, 기업의 미래를 위한 전략은 내부 인재 육성에서 찾아야 합니다.

지금까지 기업에서 AI 프로젝트를 추진하는 대표적인 네 가지 방안에 대해 알아봤습니다. 결론은 내부 직원을 교육하는 것이 가장 저렴하고 빠르게 효과를 볼 수 있다는 것입니다. 더욱 중요한 것은 AI 기술이 회사 내부에 축적되어 앞으로 계속 발전할 수 있다는 점입니다. 이는 기업의 자체 경쟁력을 높이는 핵심 자산이 될 것입니다.

따라서 기업은 직원들에게 AI 역량 향상을 위한 인센티브를 주고 포상하는 비용을 아까워 할 이유가 없습니다. 외부 전문가나 외주를 활용하면 그보다 훨씬 많은 비용이 들고, 실제로는 잘 활용되지 않는 시스템이 될 위험도 큽니다.

돈 되는 AI 업무 4단계 로드맵:
HR을 중심으로

기업이 해결해야 할 문제가 어느 단계에 속하는지
명확히 정의하는 것이 '돈 되는 AI' 실현의 첫걸음입니다.

AI를 성공적으로 도입하는 것은 단 한 번의 결정이 아니라 조직의 역량이 성숙해 가면서 단계적으로 발전하는 여정입니다. 이 과정은 크게 '업무 자동화', '예측', '시뮬레이션', '업무 최적화'의 4단계로 나눌 수 있습니다. 그래프의 오른쪽으로 갈수록 구현 난이도는 높아지지만 기업이 얻게 되는 비즈니스 가치는 기하급수적으로 증가합니다.

이를 HR 분야를 예시로 들어 설명하겠습니다.

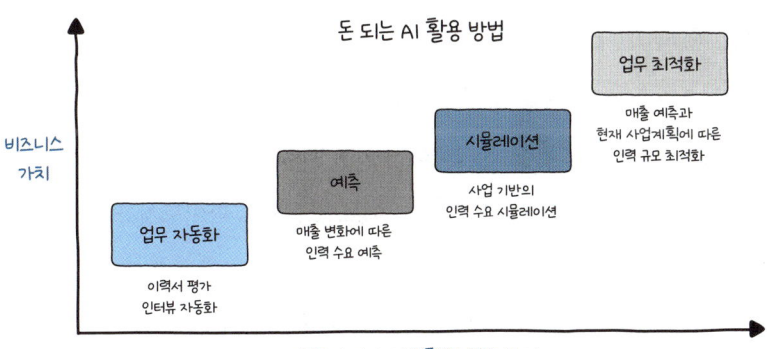

돈 되는 AI 활용 방법. 비즈니스의 가치는 업무 최적화가 가장 높다.

1단계 업무 자동화	2단계 예측	3단계 시뮬레이션	4단계 업무 최적화
• 많은 수작업을 자동화할 수 있다. • 업무 생산성을 올리고 더 많은 시간을 고부가가치 업무에 집중한다.	• 예측은 AI의 오래된 분야 • 비즈니스의 핵심은 현실적인 운영보다는 향후 예측이 생명이다. • 기업 현장의 모든 분야에 예측이 가능해져야 한다.	• 예측에 다른 실제 경영 전략을 반영하기 위해서는 시뮬레이션이 가능해야 한다. (예: 향후 매출 20%가 증가할 것으로 예상되면 필요 인력, 자금, 서비스, 구매 등에 따른 수익 변화가 필요)	• 돈 되는 AI의 핵심은 최적화다. • 수요 예측에 따른 다양한 시뮬레이션 결과를 반영해서 최고의 이익을 올릴 수 있는 방안 수립

1단계: 업무 자동화로 반복 업무 줄이기

업무 자동화Task Automation는 AI 활용의 첫 단계로, 사람이 직접 처리하던 단순 반복 작업을 자동화해 생산성을 높이는 것입니다. 직원들은 단순 업무에서 벗어나 더 중요하고 부가가치가 높은 일에 집중할 수 있습니다.

HR 분야 예시

AI가 수백, 수천 건의 이력서를 자동 검토해 적합한 후보자를 1차로 선별하거나 챗봇으로 기본적인 면접 질문과 답변 과정을 자동화합니다. 이를 통해 채용 과정에 드는 시간과 비용을 즉시 절감할 수 있습니다.

2단계: 예측하여 미래 내다보기

예측Prediction은 과거와 현재 데이터를 바탕으로 미래를 내다보는 단계입니다. 최근에는 LLM(거대 언어 모델)이 주목받고 있지만, 파이토치Pytorch로 예측 모델을 만들어 활용할 수도 있습니다. 특히 바이브 코딩으로 파이토치 코드와 테스트 결과를 직접 보여 줄 수도 있습니다.

비즈니스의 성패는 미래 예측에 달려 있다고 해도 과언이 아닙니다. 정확한 수요 예측이 모든 사업 계획의 출발점이기 때문입니다. 하지만 AI를 도입한다고 예측이 바로 맞는 건 아닙니다. 더욱이 시계열 데이터 예측은 AI 분야에서도 가장 어려운 영역 중 하나입니다. 따라서 수많은 실험과 실패를 거쳐야 하고, 한 번 실패했다고 포기하면 안 됩니다. 지속적으로 사용하며 개선해야 합니다. 여기서 중요한 건 AI 도입과 활용에 따른 실패를 용인하는 회사 문화를 만들어야 한다는 점입니다.

HR 분야 예시

과거 매출 데이터와 시장 동향, 사업 계획을 분석해 '내년도 매출 변화에 따라 각 부서에 얼마나 많은 인력이 더 필요한지'를 구체적인 숫자로 예측합니다. 또한 직원의 퇴사 가능성을 미리 예측해 인력 이탈에 대비할 수도 있습니다. 이를 통해 주먹구구식 계획이 아닌, 데이터에 기반한 선제적이고 전략적인 계획 수립이 가능합니다.

3단계: 시뮬레이션으로 다양한 '만약'의 결과 검토하기

시뮬레이션Simulation은 예측된 결과를 실제 경영 전략에 반영했을 때 어떤 일이 벌어질지를 다양한 '만약What-if' 시나리오로 가상 실행해 보는 단계입니다. 여러 대안의 장단점을 미리 비교하면서 최적의 의사결정을 내릴 수 있습니다.

HR 분야 예시

'내년 매출 20% 증가'라는 예측을 바탕으로 '신규 채용 20명과 교육비 1억을 투입한다면?'이라는 시나리오와 '기존 인력을 재배치하고 외주 인력을 10명 활용한다면?'이라는 시나리오 등을 바탕으로 다양한 인력 운용 방안을 시뮬레이션합니다. 각 시나리오별로 예상 인건비와 생산성, 최종 이익률을 미리 확인할 수 있습니다. 그러면 리스크는 줄이고 성공 확률은 높이는 데이터 기반의 정교한 의사결정이 가능해집니다.

4단계: 업무 최적화로 최상의 해답 찾기

업무 최적화Optimization는 '돈 되는 AI'의 핵심이자 최종 목표입니다. 수많은 시뮬레이션 결과 중 주어진 제약 조건(예산, 시간, 인력 등) 하에서 기업의 목표 (이익 극대화)를 달성할 수 있는 단 하나의 최상의 조합Optimal Mix을 찾아냅니다.

HR 분야 예시

매출 예측과 수십 개의 시뮬레이션 결과를 종합해 '우리 회사의 내년도 이익 극대화를 위한 최적 인력 규모는 총 155명이며, 신규 채용 15명, 내부 인력 재교육 8명, 마케팅 부서 충원 3명'이라는 구체적이고 실행 가능한 답을 얻습니다. 그러면 경영진의 직감이나 경험을 통해 데이터로 검증된 가장 수익성 높은 실행 방안을 확보할 수 있습니다.

많은 기업이 아직 1단계 업무 자동화에 머물고 있지만, AI의 진정한 가치는 2, 3, 4단계로 나아갈 때 비로소 나타납니다. 우리 기업이 해결해야 할 문제가 어느 단계에 속하는지 명확히 정의하고 도전하는 것이 바로 '돈 되는 AI' 실현의 첫걸음입니다.

4단계까지 성공한 기업이라면 어느 정도 글로벌 경쟁력을 갖췄다고 할 수 있습니다. 이것이 바로 AI가 기업 경쟁력을 끌어올리는 방법입니다. 여기까지 가려면 수많은 실패를 거듭하며 만들어 나가야 합니다. 모든 분야에서 최적화를 이루는 것이 기업 AI 도입의 궁극적인 목표입니다.

사례 1 최적화를 위한 아이디어 찾기: 세일즈포스닷컴

세일즈포스닷컴Salesforce.com의 고객 관련 ERP 패키지는 과거에 발생한 업무 이력을 상세히 보여 줍니다. 그러나 AI 플랫폼을 활용하면 반복적인 업무를 자동화하고, 미래에 일어날 일을 예측하며, 각종 대응 방안을 시뮬레이션하고, 기업 활동을 최적화하는 모든 일이 가능합니다.

우리의 목적은 세일즈포스닷컴이나 AI 플랫폼을 구매하는 것이 아니라 그들이 지향하는 업무 최적화 아이디어를 얻는 것입니다. 각 사례들은 세일즈포스닷컴과 AI 플랫폼이 없어도 기존 시스템에 AI를 연결해서 구현할 수 있습니다.

중요한 점은 CEO가 먼저 이러한 요구 사항과 아이디어를 제시하는 것입니다. 구체적인 요구 사항이 없으면 직원들, 특히 IT 부서에서 먼저 나서서 추천하기 어렵습니다. 직원들은 이런 아이디어를 받으면 자신들의 업무에 맞게 개선하여 구현할 수 있을 것입니다.

영업 및 고객 관리(CRM)

- **영업 기회 예측**: 고객 데이터와 활동 기록을 분석해 각 영업 기회의 성공 가능성을 예측하고, 영업 담당자가 우선순위를 정할 수 있도록 지원합니다.
- **지능형 추천**: 고객의 구매 이력과 행동 패턴을 바탕으로 맞춤형 상품이나 서비스를 추천하여 상향 판매 Up-selling 와 교차 판매 Cross-selling 기회를 창출합니다.
- **잠재 고객 발굴 및 우선순위 선정**: AI가 과거 성공 계약들의 특성(산업, 직급, 활동 이력 등)을 학습하고, 현재 잠재 고객 리스트에 '계약 성공 확률 점수 Opportunity Score'를 부여합니다. 영업 담당자는 점수가 높은 '알짜' 고객에게 집중하여 효율적으로 시간을 활용할 수 있습니다.
- **고객 미팅 준비 및 실행**: 미팅 전 AI가 해당 고객과의 모든 과거 상호작용(이메일, 미팅)과 고객사의 최근 공시 자료, 인터넷 검색 결과를 자동으로 요약해 핵심 요약 브리핑을 제공합니다. 또한 고객의 최근 활동을 분석해 "이런 점을 강조하세요" 또는 "이 제품을 제안하는 것이 효과적입니다"라고 실시간으로 제안합니다.

- **자동화된 커뮤니케이션 및 후속 조치**: AI가 미팅 요약 내용을 바탕으로 개인화된 감사 및 후속 조치 이메일 초안을 자동으로 생성합니다. 영업 담당자는 이를 검토 후 클릭 한 번으로 발송할 수 있으며, 모든 활동은 CRM에 자동 기록됩니다.
- **정확한 영업 실적 예측**: AI가 팀 전체의 파이프라인, 각 계약의 진행 단계, 영업 담당자의 과거 성공률 등 다양한 변수를 종합하여 데이터 기반의 객관적인 실적 예측치를 제시합니다. 이를 통해 회사는 더 정확한 미래 계획 수립과 자원 배분이 가능합니다.

고객 서비스

- **문의 자동 분류 및 최적의 상담원 배정**: 고객의 이메일이나 채팅 문의가 접수되는 AI가 즉시 내용을 분석해 문의 유형(결제 문의, 기술 지원 등)과 긴급도를 자동으로 파악합니다. 그리고 해당 문제를 가장 잘 해결할 수 있는 기술과 경험을 가진 상담원에게 자동 배정하여 첫 응대 시간을 획기적으로 단축합니다.
- **AI 기반 실시간 상담 어시스턴트**: 상담원이 고객과 통화하는 동안 AI가 대화를 실시간 분석하여 문제 해결에 필요한 매뉴얼이나 답변을 화면에 즉각 표시합니다. 예를 들어, 고객이 "와이파이 연결이 안 돼요"라고 말하면 AI는 즉시 '와이파이 연결 문제 해결 가이드'를 찾아 상담원 화면에 보여 줍니다.
- **감정 분석을 통한 선제적 위기 대응**: AI가 고객과의 채팅 텍스트나 통화 음성에서 부정적인 감정(좌절, 분노)을 실시간으로 감지합니다. 불만 지수가 일정 수준을 넘으면 관리자에게 즉시 알림을 보내 선제적 개입을 유도하거나 상담원에게 공감 표현을 제안하여 상황이 악화되는 것을 막습니다.

재무 및 회계

- **지능형 청구서 처리**: AI가 이메일로 수신된 청구서(PDF, 이미지)를 자동으로

읽어 공급업체, 금액, 날짜 등의 데이터를 정확히 추출합니다. 추출된 정보는 시스템 내 구매 주문서PO와 자동으로 대조되며, 정보가 일치하면 승인 워크플로를 즉시 실행합니다. 불일치하거나 예외적인 경우에만 담당자에게 알림을 보냅니다.

- **예측 기반의 채권 회수**: AI가 고객의 과거 대금 지불 패턴, 계약 조건, 현재 거래 상태 등을 분석하여 '어떤 고객의 어떤 청구서가 연체될 가능성이 높은지'를 미리 예측합니다. 예측 결과를 바탕으로 연체 위험이 높은 고객에게는 만기일 전에 AI가 자동으로 친절한 톤의 알림 이메일을 발송하고, 담당자에게는 선제적 연락을 추천하여 미수금을 최소화합니다.

- **동적 현금 흐름 예측**: AI가 과거 재무 데이터는 물론, 세일즈포스 CRM에 있는 실시간 영업 파이프라인(예상 계약)과 계절적 요인, 시장 동향까지 종합적으로 분석하여 훨씬 더 정확하고 동적인 현금 흐름 예측치를 제공합니다. 경영진은 이를 바탕으로 투자나 비용 집행 계획을 더 현명하게 세울 수 있습니다.

- **자연어 기반의 심층 분석**: 담당자가 대시보드에 자연어(일상적인 언어)로 질문을 입력하면 text-to-SQL AI 에이전트가 그 의도를 파악하고 데이터를 즉시 분석하여 "A 캠페인에서 예상보다 많은 광고비가 집행되었고, B 대행사와의 계약 비용이 인상된 것이 주된 원인입니다"와 같이 구체적인 원인을 시각적 자료와 함께 제시합니다.

- **이상 거래 및 비용 부정 사용 탐지**: AI가 모든 재무 거래와 경비 청구 내역을 실시간으로 모니터링하며 정상적인 패턴을 학습합니다. 이후 평소와 다른 이례적인 패턴(예: 동일 공급업체에 대한 중복 청구서, 휴일 심야 법인카드 사용)이 발생하면 즉시 플래그를 지정하고 담당자에게 경고 알림을 보냅니다.

- **감사 증빙 자료 준비 자동화**: 감사인이 특정 거래를 샘플로 요청하면 클릭 몇 번으로 해당 거래와 관련된 모든 문서와 승인 이력이 즉시 보고서 형태로 생성됩니다. 이는 감사 대응 시간을 획기적으로 줄여 줍니다.

인사 관리(HR)

- **AI 기반 인재 발굴 및 스크리닝**: AI가 채용 공고의 직무 기술과 요구 역량을 정확히 이해하고, 접수된 수많은 이력서를 자동으로 분석하여 적합도를 점수화합니다. 인사 담당자는 AI가 추천한 상위 후보자들에게만 집중하여 검토 시간을 90% 이상 단축하고, 숨어있던 최고의 인재를 놓치지 않습니다.
- **개인화된 후보자 경험 및 커뮤니케이션**: AI가 각 전형 단계에 맞춰 후보자의 이름과 지원 분야를 언급하며 개인화된 안내 및 탈락 이메일을 자동으로 생성하고 발송합니다. 또한 채용 챗봇이 24시간 내내 후보자들의 간단한 질문(채용 절차, 복지 등)에 답변하며 긍정적인 후보자 경험을 제공합니다.
- **지능형 신규 입사자 행정 지원**: 신규 입사자 전용 AI 챗봇이 "법인카드는 어떻게 신청하나요?", "재택 근무 규정은 어디서 보나요?"와 같은 질문에 24시간 즉시 답변해 줍니다. 또한 입사자의 직무에 맞춰 개인화된 행정 지원 계획과 필수 교육을 추천하여 빠른 조직 적응을 돕습니다.
- **직원 이탈 예측 및 선제적 관리**: AI가 직원의 근속 연수, 승진 이력, 업무 시스템 접속 빈도, 동료와의 협업 패턴 등 다양한 데이터를 익명으로 분석하여 이직 위험도가 높은 직원을 조용히 식별합니다. 그리고 해당 직원의 관리자에게 "최근 팀원과의 교류가 줄고 업무 집중도가 떨어지는 경향이 있으니, 면담을 통해 경력 개발에 대한 대화를 나눠 보세요"와 같이 선제적 조치를 제안합니다.
- **맞춤형 경력 개발 및 학습 추천**: AI가 직원의 현재 직무, 성과 평가 결과, 스스로 설정한 커리어 목표 등을 분석하여 개인에게 가장 필요한 역량 강화 교육이나 사내 공모 중인 다른 직무를 추천합니다. 이는 직원들이 회사 안에서 성장 경로를 찾도록 도와 조직에 대한 만족도와 충성도를 높입니다.
- **HR 헬프데스크 자동화**: "남은 휴가가 며칠인가요?", "연말정산 서류는 언제까지 제출해야 하나요?" 등의 질문에 사내 규정과 개인의 인사 정보까지 학습한

AI 챗봇이 임직원의 모든 질문에 24시간 365일 즉시 답변합니다. 예를 들어, 직원이 "내 휴가"라고 물으면 "김OO 님, 현재 남은 연차는 8.5일입니다"와 같이 개인화된 정보를 즉시 제공합니다. 그리고 챗봇이 해결하지 못하는 복잡한 문제는 담당자에게 자동으로 연결해 줍니다.

사례 2 최적화를 위한 아이디어 찾기: 팔란티어

팔란티어Palantir는 세일즈포스와는 조금 다른 접근 방식을 가집니다. 세일즈포스가 주로 고객과 상호작용하는 프론트오피스front-office 업무 최적화에 강점을 보인다면, 팔란티어는 기업의 핵심 운영 데이터를 연결해 기업의 백오피스back-office 시스템을 구축하는 데 특화되어 있습니다.

팔란티어의 사례를 통해 그들이 어떤 고민을 했고 어떤 방향을 추구했는지 파악한 뒤, 이를 아이디어로 정리해 우리 회사에 적용해 보는 것도 좋습니다.

팔란티어는 산업을 막론하고 공통으로 존재하는 '데이터 사일로' 문제 해결에 집중했습니다. 그들의 핵심 솔루션은 단순한 데이터 시각화 대시보드는 물론, 조직의 모든 데이터를 현실 세계의 비즈니스 논리에 맞게 융합하여 과거를 분석하고 현재를 운영하며 미래를 시뮬레이션할 수 있는 AI 플랫폼을 제공하는 것입니다.

팔란티어에는 다른 패키지에는 없는 온톨로지Ontology라는 개념이 있습니다. 철학에서 온톨로지란 존재론, 즉 '무엇이 존재하는가?'와 '존재하는 것들의 본질과 구조는 무엇인가?'를 연구하는 분야로, 세상에 존재하는 모든 것의 카탈로그와 관계도를 만드는 학문입니다.

팔란티어의 온톨로지는 회사의 모든 데이터를 같은 언어로 묶어 주는 '비즈니스 지도'입니다. 예를 들어, '주문이 10% 늘면 공급망과 납기가 어떻게 변할까?'라는 질문에 답하려면 품목, 주문, 납품업체, 납기 기록 등 여러 시스템의 정보를 한 번에 연결해야 합니다. 온톨로지는 이 데이터를 비즈니스 개념에 맞춰 자동으로 분석해 경영진이 즉시 상황을 파악하고 의사결정을 내릴 수 있게 해 줍니다.

데이터 사일로를 넘어 '의미적 연결' 구현

기존 시스템에서는 ERP, SCM, CRM의 데이터가 각기 다른 섬처럼 존재했습니다. 하지만 팔란티어는 먼저 데이터 서비스를 통해 이 모든 소스에서 데이터를 수집하고 통합합니다. 그 후 온톨로지 레이어가 흩어진 데이터를 모아 고객, 제품, 공장, 공급망 등 현실 세계의 비즈니스 개념과 그들 사이의 관계를 정의합니다.

가령 'A고객이 주문한 B제품'이라는 관계를 온톨로지가 이해하고 있기 때문에 B제품 생산 지연이 A고객에게 미치는 영향을 파악할 수 있는 것입니다. 즉, 데이터의 물리적 위치가 아닌 의미context를 중심으로 모든 것을 연결하기 때문에 기업 전체를 하나의 연결된 유기체처럼 볼 수 있게 해 줍니다.

분석과 실행의 통합

이는 AI 서비스와 워크플로 서비스가 온톨로지 레이어 위에서 유기적으로 작동하기에 가능한 기능입니다.

- **분석**: AI 서비스는 온톨로지 위에서 작동하는 AI 및 머신러닝 모델(LLM 포함)을 통해 데이터를 분석하고 '공급망 병목 현상 발생 임박'과 같은 예측을 생성합니다. 이는 온톨로지 덕분에 단편적인 데이터가 아닌 비즈니스 전체 맥락을 이해한 결과입니다.
- **실행**: 사용자가 AI의 분석 결과를 보고 의사결정을 내리면 워크플로 서비스가 즉시 다음 행동을 실행합니다. 예를 들어 '대체 공급사 발주' 버튼을 누르

면 실제 ERP 시스템에 접속하여 발주를 넣거나 관리자에게 이메일로 승인을 요청하는 등의 업무 프로세스를 자동화합니다.

이처럼 AI 업무 4단계 로드맵에서 업무 자동화로 생성된 정제되고 통합된 데이터는 정확한 예측의 기반이 됩니다. 이 예측 결과를 입력값으로 여러 시뮬레이션이 진행되며, 그 결과들을 비교·분석하여 최적의 행동 방안이 도출됩니다. 최적화된 실행 결과는 다시 데이터로 시스템에 피드백되어 이후 더욱 정확한 예측과 정교한 시뮬레이션에 활용됩니다. 이어서 팔란티어는 이와 같은 4단계 로드맵을 각 분야에서 어떻게 활용하는지 함께 살펴보겠습니다.

국방 분야

- **다종 정보 수집·분석 자동화**: 과거에는 여러 부서에 자료를 요청하고 수십 개의 엑셀 파일을 열어 수작업으로 데이터를 취합해야 했습니다. 팔란티어는 이러한 과정을 완전히 자동화하여 텍스트·음성·이미지·위치 정보 등 다양한 비정형 데이터를 실시간으로 수집·정규화하고, 이를 객체(인물, 지형, 시설 등)와 관계망으로 자동 연결합니다. 분석가는 자료 정리에 시간을 낭비하지 않고 곧바로 분석과 의사결정에 집중할 수 있습니다.

- **위협 패턴 기반 예측 분석**: 인물·조직의 통신 패턴, 이동 궤적, 자금 흐름의 변화를 종합 분석하여 잠재적 위협 신호를 감지합니다. 예를 들어, 특정 그룹의 이동 경로가 국경 인근으로 집중되거나 자금이 비정상적으로 분산되는 경우 미래의 테러 가능성·적대 행위를 사전에 경고합니다. 이를 통해 사건 발생 전 대응 준비를 가능하게 합니다.

- **전술·전략 시나리오 시뮬레이션**: 특정 지역에 아군을 배치했을 때의 적군 반응, 보급로 차단 시 전투 지속 능력, 기상 변화가 작전에 미치는 영향 등을 가상

환경에서 시뮬레이션합니다. 다양한 시나리오별 성공 확률과 리스크를 검증하여 지휘관이 최적의 전술·전략을 선택할 수 있도록 지원합니다.

- **자산 배치·운용 최적화**: 제한된 드론, 정찰기, 인적 자산을 어느 지역에 어떤 순서로 어떤 시간대에 투입해야 정보 수집과 위협 감시 효과를 극대화할 수 있는지 계산합니다. 실시간 위협 정보와 연계하여 배치 계획을 동적으로 조정함으로써 자산의 활용 효율을 극대화합니다.

제조업

- **공급망 데이터 통합·보고 자동화**: 과거에는 수백 개 협력사의 납기일, ERP 주문 정보, MES 생산 실적 등을 각 부서에서 따로 취합해 매뉴얼로 엑셀에 합산하여 보고서를 작성했습니다. 팔란티어는 이 과정을 완전히 자동화하여 모든 데이터를 매일 실시간으로 통합하고 전사 공급망 현황 보고서를 즉시 생성합니다. 이로써 보고에 소요되는 시간을 수일에서 수분 단위로 단축하고 정보의 최신성과 정확성을 보장할 수 있게 되었습니다.

- **디지털 트윈 기반 'What-if' 분석**: '유가가 10% 오르면 제품 원가는 얼마나 상승하는가?', 'A공장을 중단하고 B공장으로 물량을 이전하면 어떤 병목이 발생하는가?'와 같은 가상 시나리오 What-if 를 디지털 트윈 환경에서 시뮬레이션합니다. 이를 통해 경영진은 여러 선택지의 비용·납기·품질 영향을 사전에 비교하고 최적의 의사결정을 내릴 수 있습니다.

- **생산·재고 최적 운영 계획**: 예측된 수요와 시뮬레이션 결과를 바탕으로 비용을 최소화하면서도 고객 수요를 만족시킬 수 있는 생산 스케줄과 원자재 재고 수준을 산출합니다. 예를 들어, 생산 설비 가동률과 운송 일정을 동시에 최적화하면 납기 준수율을 높이고 불필요한 자재 보관 비용을 절감할 수 있습니다.

금융 서비스

- **의심 거래 보고 자동화**: 자금세탁 의심 거래를 찾기 위해 조사관이 수작업으로 계좌 내역을 뒤지던 과정을 자동화합니다. 관련 계좌와 인물, 거래 내역을 자동으로 연결하여 조사 초기 단계를 간소화할 수 있습니다.
- **사기 거래 예측**: 고객의 평소 거래 패턴을 학습하여 이를 벗어나는 카드 도용이나 보험 사기 등 새로운 유형의 사기 패턴을 실시간으로 예측하고 탐지합니다. 이를 통해 금융 범죄를 조기에 차단하고 피해를 최소화할 수 있습니다.
- **규제 변경 영향 시뮬레이션**: 새로운 금융 규제가 도입되었을 때 은행의 자본 비율이나 리스크 관리 지표에 어떤 영향을 미칠지 사전에 시뮬레이션하여 대응 전략을 수립합니다.
- **조사 인력 배분 최적화**: 수많은 경보Alert 중에서 AI가 분석한 실제 범죄 가능성이 높은 순서대로 우선순위를 매겨 줍니다. 이를 통해 한정된 조사 인력을 가장 중요한 사건에 집중하도록 배분을 최적화합니다.

헬스케어 및 생명과학

- **임상 데이터 통합 자동화**: 여러 병원과 연구소에 흩어져 있는 임상 시험 데이터, 유전체 데이터, 환자 기록EMR을 표준화된 포맷으로 자동 통합하여 연구 준비 시간을 단축합니다.
- **질병 발생 예측**: 환자의 의료 기록, 생활 습관, 유전 정보를 분석하여 특정 질병(예: 당뇨, 심장병)의 향후 발병 위험도를 예측합니다.
- **신약 효과 시뮬레이션**: 특정 유전자 변이를 가진 환자 그룹에게 신약 후보 물질이 어떤 효과를 보일지를 가상으로 시뮬레이션하여 임상 시험의 성공 가능성을 높입니다.

- **공중 보건 자원 분배 최적화**: (코로나19 사례처럼) 예측된 감염 확산세와 지역별 병상 현황, 의료진 수를 고려하여 한정된 백신, 치료제, 인공 호흡기 등의 의료 자원을 가장 시급한 곳에 최적으로 배분하는 계획을 수립합니다.

돈 되는 AI 도입을 위한
ABCD 방법론

ABCD 방법론은 목적지까지 가장 효율적이고
안전한 경로를 안내하는 내비게이션과도 같습니다.

많은 기업들이 AI 도입을 서두르고 있지만 '어디서부터, 무엇을, 어떻게 시작해야 할지'에 대한 명확한 계획 없이 기술 자체에만 집중하는 경우가 많습니다. 이러한 접근은 실질적인 문제 해결이나 ROI로 이어지지 못하며, 현업 담당자들의 업무와 동떨어진 보여주기식 프로젝트로 끝날 위험이 있습니다. 타사 사례를 참고하려 해도 마찬가지입니다. 같은 업종, 유사한 회사의 사례라 하더라도 자사와는 많은 차이가 있기 때문에 그대로 가져오기도 어렵습니다.

따라서 단순히 AI를 도입하는 것이 아니라 우리 업무와 조직에 실질적인 가치를 창출하는 의미 있는 AI 전환AX까지 노리기 위해서는 목적지까지 가장 효율적이고 안전한 경로를 안내하는 내비게이션이 필요합니다.

기업의 AI 도입을 위한 ABCD 실행 방법론은 바로 그 내비게이션 역할을 합니다. 아이디어 발굴부터 실제 구현, 그리고 성과 평가에 이르는 AI 도입의 전 과정을 체계적으로 안내하는 프레임워크입니다. 이 방법론은 조직 내 모든 구성원이 AI 전환의 주도적인 참여자가 되도록 돕는 것을 목표로 합니다.

이러한 방법론은 지금까지 알려진 바가 없고, 유사한 방법론도 찾기 어려웠습니다. 앞서 설명한 AI 프로젝트를 진행하면서 얻은 여러 인사이트들을 이 방법론에 모두 정리해 소개하겠습니다.

ABCD 방법론이란

ABCD 방법론은 AI 도입 프로젝트의 전체 생애주기를 네 개의 논리적 단계로 나눈 실행 모델입니다. 이는 특정 전문가나 팀에 의존하지 않고, 조직의 모든 구성원이 각자의 자리에서 AI 전환의 주도자가 될 수 있도록 돕기 위해 설계되었습니다.

이 방법론은 아이디어 발굴부터 구체적인 솔루션 구현, 그리고 그 가치를 측정하고 확산하는 전 과정을 포괄하며, 각 단계를 따라가는 과정을 통해 추상적인 'AI 도입'을 실질적이고 측정 가능한 '업무 혁신'으로 바꾸는 것을 목표로 합니다.

- A-Analyze(분석 및 기회 발굴): 현재 우리 업무를 가장 작은 단위까지 분석하여 AI를 도입했을 때 가장 큰 효과를 볼 수 있는 기회를 찾아내는 단계입니다.
- B-Blueprint(문제 정의 및 설계): 발굴한 기회를 바탕으로 해결하고자 하는 문제를 명확히 정의하고 구체적인 목표와 성공 기준, 그리고 상세한 업무 처리 흐름workflow을 담은 청사진을 그리는 단계입니다.
- C-Create(구현 및 실행): 완성된 설계도를 바탕으로 노코드/로우코드 같은 자동화 도구와 AI 에이전트, MCP, 바이브 코딩 기술 등을 활용하여 실제 작동하는 솔루션을 구현하는 단계입니다.
- D-Develop(성과 평가 및 발전): 구현된 솔루션이 실제로 얼마나 가치를 창출했는지를 KPI와 ROI를 통해 객관적으로 평가하고, 향후 개선 및 확산 계획을 수립하는 단계입니다.

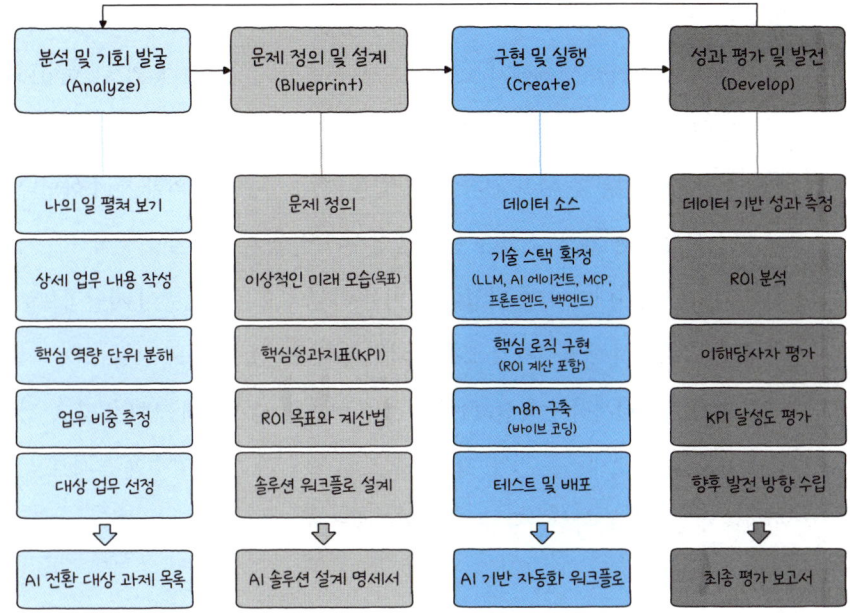

ABCD 방법론

ABCD 방법론은 왜 필요한가

체계적인 방법론 없이 AI를 도입하는 것은 지도나 내비게이션 없이 낯선 도시를 운전하는 것과 같습니다. 우연히 목적지에 도착할 수도 있지만, 길을 잃고 시간과 연료를 낭비할 가능성이 훨씬 높습니다. ABCD 방법론이 필요한 이유는 다음과 같습니다.

- **실패 위험 최소화**: 개인의 업무를 면밀히 분석하여 실제 현장의 페인 포인트 Pain Point를 해결하는 데 집중하므로 만들어 놓고도 아무도 쓰지 않는 솔루션이 될 위험을 줄입니다. 좁고 예리한 분야를 선택해서 문제 정의를 하므로 실패할 위험성이 대폭 줄어듭니다.

- **명확한 가치 측정**: 프로젝트 시작 단계부터 KPI와 ROI라는 명확한 성공 기준을 설정하고, 마지막 단계에서 그 달성도를 측정합니다. 이를 통해 AI 도입의 성과를 구체적인 수치로 증명하고, 향후 투자의 근거를 마련할 수 있습니다.
- **현업 담당자의 업무를 AI로 전환**: 이 방법론은 AI 전문가를 위한 것이 아닙니다. 자신의 업무를 가장 잘 아는 현업 담당자가 직접 자신의 일을 분석하고 개선할 기회를 찾아내기 위한 것입니다. 이는 기업의 모든 구성원이 자발적으로 참여하여 AX의 수혜자이자 주도자가 되는 문화를 만듭니다.
- **다른 부서로의 체계적인 확산**: 하나의 성공 사례를 만드는 데 그치지 않고, 검증된 ABCD 프로세스를 반복 적용함으로써 조직 내 다른 업무와 부서로 AI 전환을 성공적으로 확산시킬 수 있는 확장성을 제공합니다.

1단계: 분석 및 기회 발굴(Analysis)

현재 수행하고 있는 모든 업무를 객관적으로 조망하고 데이터를 기반으로 분석하여, AI 기술을 도입했을 때 가장 큰 효과를 볼 수 있는 최우선 프로젝트를 과학적으로 찾아냅니다.

이 단계는 감이나 추측이 아닌 실제 데이터에 기반하여 '무엇을' 자동화할지 결정하는 과정으로, 전체 AI 전환 프로젝트의 성공을 좌우하는 가장 중요한 첫걸음입니다.

주요 활동

- **나의 일 펼쳐 보기**: 본인이 수행하는 모든 업무를 큰 단위로 나열하고, 각 업무가 방향을 설정하는 기획direct, 결정된 것을 직접 수행하는 실행execute, 과정을 점검하고 조율하는 관리control 중 어디에 속하는지를 표로 만들어 기입합니다.

이는 막연했던 '내 일'을 논리적인 구조로 시각화하는 과정입니다. 자신의 업무를 체계적으로 분류해 보면 특정 단계(예: 반복적인 실행 업무)에 시간이 과도하게 집중되어 있거나 여러 업무에 걸쳐 공통적으로 수행하는 활동(예: 데이터 취합)이 무엇인지 명확하게 파악할 수 있습니다.

- **상세 업무 내용 작성**: 행동 단위로 구체화하는 활동입니다. 앞에서 만든 표의 각 칸에 '보고서 작성'과 같은 모호한 표현 대신 실제 '어떤 행동'을 하는지를 최대한 구체적으로 작성합니다. 예를 들어 '월별 실적 데이터를 ERP 시스템에서 조회하고 엑셀로 취합하여 분석한 뒤, 핵심 내용을 요약하여 보고서 초안을 만든다'와 같이 기술하면 됩니다. 업무를 구체적인 행동 단위로 상세히 기술할수록 AI로 대체할 수 있는 명확한 지점(예: 조회, 취합, 요약)이 드러납니다. 이 과정이 상세할수록 이후 단계 설계가 쉬워집니다.

- **핵심 역량 단위 분해**: AI의 언어로 번역하는 활동입니다. 앞에서 작성한 구체적인 행동들을 '생성형 AI의 12가지 핵심 스킬'과 같은 역량 키워드로 변환합니다. 예를 들어, 앞의 보고서 작성 업무는 검색 + 분석 + 요약 + 글쓰기 역량의 조합으로 볼 수 있습니다. 이렇게 업무를 AI가 이해할 수 있는 '역량' 단위로 번역함으로써 어떤 AI 기술이나 도구가 이 업무를 해결할 수 있을지 명확하게 파악할 수 있습니다.

- **업무 비중 측정**: 해당 업무를 하는 데 몇 시간이 걸리는지 측정하는 활동입니다. 각 업무가 월간 전체 업무 시간에서 차지하는 비중(%)이나 절대적인 소요 시간을 함께 기입합니다. 아무리 AI로 대체하기 쉬운 업무라도 한 달에 10분밖에 걸리지 않는다면 AI 전환의 효과가 미미할 것입니다. 반면, AI 대체 가능성은 조금 낮더라도 매일 2시간씩 소요되는 업무라면 엄청난 가치를 창출할 수 있습니다. 이처럼 시간 데이터는 우선순위 선정을 위한 핵심 기준이 됩니다.

- **대상 업무 선정**: 최우선 프로젝트를 도출하는 활동입니다. 앞에서 정리한 표를 바탕으로 AI로 대체 가능한 업무 비중이 높은 동시에 업무 시간 비중이 큰 두 가지 기준을 모두 충족하는 업무를 최우선 AI 적용 분야로 선정합니다. 이 과정을 통해 조직은 한정된 자원을 가장 효과적으로 투입할 수 있습니다. 즉, 최소의 노력으로 최대의 효과를 낼 수 있는 가장 가치 있는 프로젝트를 데이터 기반으로 선정합니다.

> **최종 결과물**
> 우선순위가 명확하게 정의된 AI 전환 대상 과제 목록

2단계: 문제 정의 및 설계(Blueprint)

1단계에서 찾아낸 'AI 전환 대상 과제 목록'을 실제로 구현할 수 있도록 구체적인 목표와 성공 기준, 그리고 상세한 작동 방식(워크플로)을 담은 청사진을 그립니다. 이 단계는 아이디어를 실제 프로젝트로 전환하는 과정으로, 잘 만들어진 설계도는 이후의 구현 과정을 획기적으로 단축시키고 시행착오를 줄여 줍니다.

주요 활동

- **문제 정의**: 선정된 프로젝트에서 해결하고자 하는 핵심 문제와 현재 절차의 명확한 한계점을 기술합니다. AI 솔루션이 도입된 후의 이상적인 미래 모습을 서술하고, 이 비전이 자동화, 예측, 최적화 중 어떤 목표에 해당하는지 명시합니다. 프로젝트의 성공을 객관적으로 측정할 핵심 성과 지표(KPI)를 정의합니다(예: 업무 처리 시간을 50% 단축한다). 그리고 이 프로젝트의 성공에 영향을 받거나 영향을 주는 주요 이해관계자가 누구인지 명시합니다.

- 이상적인 미래 모습(목표): 문제가 해결되었을 때의 이상적인 상태, 즉 목표를 구체적으로 묘사합니다. 이는 실제로 테스트한 후 최종 결과와 일치하는지를 비교하기 위한 것입니다.
- 핵심성과지표(KPI): 목표 달성 여부를 객관적으로 측정할 수 있는 핵심 지표(예: 처리 시간 감소율, 정확도, 비용 절감액)를 설정합니다. 이러한 지표는 나중에 본인의 성과를 측정하는 데도 크게 도움이 됩니다. 이것이 잘 설계되어야 누구나 AI를 열심히 한 보람을 느낄 것입니다.
- ROI 목표와 계산법: 투입될 비용 대비 얻게 될 효익의 목표치를 설정하고, 이를 계산하는 명확한 산식을 정의합니다. 이는 프로젝트의 사업적 타당성을 확보하는 데 매우 중요합니다.
- 솔루션 워크플로 설계: 솔루션이 어떤 조건에서 작동을 시작하고(시작 트리거), 어떤 데이터를 입력받아(입력 데이터), 어떤 논리적 순서에 따라 작업을 처리하고, 최종적으로 어떤 결과물을 내놓는지(출력 데이터)를 단계별로 상세하게 기술합니다. 이 워크플로에는 AI가 수행할 핵심 기능이 무엇인지, 그리고 필요한 경우 사람이 개입하여 검토하거나 승인하는 지점이 어디인지도 명확하게 포함되어야 합니다.

> **최종 결과물**
> 프로젝트의 모든 관계자가 동일한 목표와 계획을 공유할 수 있는 상세한
> AI 솔루션 설계 명세서

3단계: 구현 및 실행(Create)

2단계에서 완성된 설계도를 바탕으로 바이브 코딩, 자동화 도구와 AI 기술을 실제 작동하는 솔루션으로 구현합니다. 이 단계는 청사진을 현실로 만드는 가장 실질적인 단계입니다.

> **주요 활동**

- **데이터 소스**: AI 모델 학습 및 운영에 필요한 데이터를 어디서, 어떻게 가져올지 정의하고 확보합니다.
- **기술 스택 확정**: 워크플로 구성에 필요한 데이터 소스(예: 구글 드라이브), 업무 자동화 도구(예: n8n, 디파이 등), AI 도구(예: 랭체인), 결과물(예: 스트림릿) 등 구체적인 기술 스택을 최종 결정합니다.
- **핵심 로직 구현(ROI 계산 포함)**: 솔루션의 가장 핵심적인 알고리즘과 로직을 코드로 구현합니다. 특히 2단계에서 정의한 ROI 계산법을 시스템에 포함시켜 성과가 자동으로 측정되도록 합니다. 워크플로의 두뇌에 해당하는 AI 노드에 2단계에서 정의한 역할을 수행하도록 상세하고 명확한 프롬프트를 입력합니다. 이 프롬프트의 품질이 AI 솔루션의 성능을 좌우합니다.
- **n8n 구축(바이브 코딩)**: 비주얼 인터페이스를 사용하여 설계된 워크플로에 따라 각 기술 요소를 대표하는 노드를 끌어다 놓고 선으로 연결하여 전체 흐름을 구성합니다. 여기서는 꼭 n8n으로 구축할 필요는 없습니다. 앞의 기술 스택에서 확정한 노코드 도구로 워크플로를 구현하면 됩니다.
- **테스트 및 배포**: 일반적인 성공 케이스뿐만 아니라 예상치 못한 데이터가 입력되는 예외적인 상황까지 고려하여 테스트를 진행합니다. 검증이 완료되면 실제 업무 환경에 솔루션을 적용하여 실행을 시작합니다.

> **최종 결과물**
> 실제 업무 환경에서 가치를 창출하는
> AI 기반 자동화 워크플로

4단계: 성과 평가 및 발전(Develop)

구현된 솔루션이 실제로 얼마나 효과가 있었는지 객관적인 데이터로 성과를 측정하고, 그 가치를 평가하여 향후 개선 및 확산 전략을 수립합니다. 이 단계는 프로젝트의 성공을 증명한 뒤 일회성 프로젝트로 끝나는 것이 아닌, 조직 전체의 자산으로 발전시키기 위한 과정입니다.

주요 활동

- **데이터 기반 성과 측정**: 솔루션 실행 전후의 데이터를 비교하여 2단계에서 설정했던 KPI(예: 업무 처리 시간)가 실제로 얼마나 개선되었는지 정량적으로 측정합니다.
- **ROI 분석**: 솔루션 구현에 투입된 총 비용 대비 이를 통해 얻은 재무적 가치(예: 절감된 인건비)를 계산하여 투자 수익률ROI을 분석합니다.
- **이해당사자 평가**: 솔루션을 사용하는 사용자, 관리자 등 다양한 이해당사자로부터 정성적인 피드백과 만족도를 평가받습니다.
- **KPI 달성도 평가**: 설정했던 KPI 목표를 얼마나 달성했는지 종합적으로 평가합니다.
- **향후 발전 방향 수립**: 평가 결과를 바탕으로 솔루션의 성능을 더욱 고도화하거나, 해당 성공 사례를 조직 내 다른 업무나 부서로 확산하기 위한 구체적인 향후 계획을 수립합니다.

최종 결과물
프로젝트의 가치를 입증하고 미래 방향을 제시하는
최종 성과 평가 보고서와 향후 발전 계획

CHAPTER 03

AI 이해를 통한 비즈니스 인사이트

CEO는 복잡하고 빠르게 변하는 AI 기술을 이해하는 데 어려움을 많이 느낄 수밖에 없습니다. 하루에도 워낙 AI 기술에 대한 새로운 뉴스들이 쏟아져 나와 각 뉴스가 무슨 의미인지 파악조차 어렵습니다. 그래서 AI 기술을 공부하려 해도 어디서부터 시작해야 할지 막막합니다. 하지만 이 책의 순서를 따라가다 보면 현재 숨 가쁘게 변하고 있는 흐름들이 점차 선명하게 보이기 시작할 것입니다.

AI를 이해하기 전에 알아 두어야 할 세 가지

CEO가 적극적으로 AI를 공부해야
AI 사업에 대한 인사이트를 얻을 수 있습니다.

CEO로서 본격적으로 AI를 이해하는 데는 다음 세 가지만 기억하면 됩니다.

첫째, AI 용어를 이해하는 것이 중요합니다.

어떤 사람이 AI 용어를 사용해서 이야기하는데 그 뜻을 모르면 전체 내용을 이해할 수 없습니다. 따라서 주요 AI 용어의 의미를 정확히 아는 것이 우선입니다. 꼭 암기해서라도 다른 사람들이 하는 말을 알아들어야 합니다. 이 책에 나오는 AI 용어를 자유자재로 쓸 수 있을 정도면 비즈니스에 큰 도움이 될 것입니다. 사람들도 "와! AI를 정말 잘 아시는구나!"라고 감탄할 것입니다. AI 기술 용어만 제대로 이해해도 비즈니스하는 데 큰 도움이 됩니다.

둘째, AI 원리까지 이해하면 더욱 좋습니다.

AI 원리가 엄청 어려울 것 같아 보여도 사실 모두 상식적인 수준입니다. AI 기술도 발전 과정에서 많은 시행착오를 거치며 폭발적인 비즈니스 수요가 있었기 때문에 오늘에 이르게 된 것입니다. 그 원리를 이해하면 AI가 재미있어집니다.

셋째, 가장 중요한 목표는 AI 사업에 대한 비즈니스 인사이트를 얻는 것입니다.
이것이야말로 CEO가 AI를 공부해야 하는 핵심 이유이기도 합니다. 이러한 인사이트는 궁극적으로 AI 원리를 이해하는 데서 나올 수 있습니다. 이 책에는 AI 기술이 현재에 이르게 된 과정을 그리면서 각 장면마다 필요한 비즈니스 인사이트를 담았습니다. 따라서 비즈니스 마인드를 가진 CEO들이 읽으면 더욱 흥미를 느낄 것입니다.

이 책에 있는 내용만 다 이해한다면 2025년까지의 최신 AI 이론과 AI를 도입하고 활용할 때 필요한 실무 내용까지 모두 이해하게 된 것이라고 확신합니다.

최소한의
AI 역사

성급한 낙관론은 AI의 두 번의 겨울을 불러왔고,
신뢰할 수 있는 결과물이 지금의 AI 르네상스 시대를 열었습니다.

AI는 1956년에 탄생했습니다. 정확히 말하면 마빈 민스키 Marvin Minsky가 AI Artificial Intelligence라는 용어를 처음 사용해 AI 컨퍼런스 초대장을 작성하면서부터 시작됐습니다. 이후 두 번의 AI 겨울(아무도 AI를 연구하지 않았던 시기)이 있었습니다. 당시에는 GPU와 같은 빠른 컴퓨터 하드웨어가 없었기 때문에 많은 사람들이 AI 이론을 실제로 구현할 수 없었다고 생각했습니다. 맞는 말입니다. 하지만 인간은 필요한 일이면 무엇이든 해왔습니다. 미국은 무려 1969년에 인간을 달에 보냈습니다. 지금도 인간이 달에 다녀오려면 엄청난 계획과 돈이 필요한데 말입니다.

AI 겨울의 근본 원인

앞에서 잠깐 언급했듯이, AI의 역사에는 두 번의 겨울이 있었습니다. 왜 이런 겨울이 찾아왔을까요? 어떻게 보면 AI의 역사는 기술 발전의 역사라기보다는 인간의 기대와 실망이 반복된 역사에 더 가깝습니다.

과도한 약속과 기대의 버블 형성(1950~60년대)

1956년 다트머스 회의에서 '인공지능'이라는 용어를 처음 만든 선구자들은 순수한 열정으로 대중과 정부를 향해 엄청난 약속을 했습니다. 당시 다트머스 대학의 존 매카시 John McCarthy 교수가 쓴 회의 초대장에는 이런 내용이 있습니다.

- 기계가 언어를 사용하고 추상화와 개념화를 할 수 있으며, 현재 인간에게 주어진 다양한 문제를 해결할 뿐만 아니라 스스로를 향상시키는 방법을 찾을 것입니다(1956년).
- 10년 안에 체스 챔피언을 이기는 기계가 나올 것입니다(앨런 뉴웰 Allen Newell 과 허버트 사이먼 Herbert Simon, 1957년).

이러한 약속들은 AI 등장 초기에 엄청난 연구 자금과 사회적 관심을 끌어모으는 데 성공했습니다. 이것이 바로 첫 번째 '기대의 버블'이었습니다. 기술의 실제 수준은 걸음마 단계였지만, 기대치는 이미 하늘을 찌르고 있던 것입니다. 이 버블은 당연히 금방 꺼질 수밖에 없었습니다.

현실의 벽과 결과물의 부재(1970년대)

데이터, 알고리즘, 하드웨어와 같은 당시의 기술은 '기계가 인간의 언어를 이해하고, 스스로를 업그레이드할 수 있다'는 거대한 약속을 지킬 능력이 전혀 없었습니다. 기본적인 이론은 있었지만, 그 이론을 현실 세계의 복잡한 문제에 적용하기에는 너무나 원시적이었던 것입니다.

마빈 민스키가 퍼셉트론의 한계를 수학적으로 증명한 것은 당시 이론이 가진 현실의 벽을 상징적으로 보여 준 사건입니다. 데이터가 없었던 것이 아니라 그 데이터를 처리하고 의미 있는 패턴을 학습할 효율적인 방법이 없었던 것입니다.

최소한의 AI 역사

결국 약속했던 '생각하는 기계'는 등장하지 않았고, 간단한 장난감 수준의 문제만 해결할 수 있다는 사실이 여실히 드러났습니다.

신뢰의 붕괴와 AI 겨울의 도래

약속이 지켜지지 않자 AI에 투자했던 정부와 기업들은 즉각 등을 돌렸습니다. 'AI는 사기다'라는 인식까지 퍼지면서 연구 자금이 끊기고 인재들이 떠나는 첫 번째 AI 겨울(1974~1980년 초)이 찾아온 것입니다.

이는 단순히 기술 발전이 더뎌진 것이 아니라 AI라는 분야 자체에 대한 신뢰가 완전히 붕괴된 사건입니다. 한 번 무너진 신뢰는 회복하는 데 수십 년이 걸리게 됩니다.

이러한 '과도한 약속 → 실망 → 신뢰 붕괴 → 투자 중단'의 악순환은 1990년대 후반에 다시 한 번 반복되며 두 번째 AI 겨울(1987~1990년 중반)을 불러왔습니다.

2012년, 무엇이 달랐는가?

그렇다면 오늘날 AI는 이전의 AI와 어떻게 다를까요? 오랜 AI의 겨울 동안 묵묵히 연구에만 집중했던 소수의 연구자들이 이제는 약속이 아닌 결과로 먼저 증명해 보이고 있습니다.

위의 그림에서 보면 1974년에 워보스Werbos가 오차역전파backpropagation 개념을 제안했는데, 이는 딥러닝의 학습 방법론으로 오늘날 딥러닝을 존재하게 한 가장 핵심적인 알고리즘이라 해도 과언이 아닙니다. 이 이론이 없었다면 수십, 수백 개 층을 쌓아 올린 심층 신경망Deep Neural Network의 학습은 사실상 불가능했을 것입니다.

또한 제프리 힌튼 교수는 1982년 볼츠만 머신Boltzmann Machine이라는 이론을 창시했으며, 이는 RBM Restricted Boltzmann Machine, DBN Deep Belief Network으로 발전해 오늘날 딥러닝 이론에 기여했습니다.

그리고 1998년 힌튼 교수의 제자였던 얀 르쿤^{Yann LeCun} 교수는 CNN^{Convolution Neural Network}을 창시해 손으로 쓴 숫자를 인식하는 연구 결과를 만들었습니다.

많은 AI 학자들의 노력으로 딥러닝의 이론적 토대가 완성되었고, 드디어 2012년 힌튼 교수팀이 최초의 딥 뉴럴 네트워크인 알렉스넷^{AlexNet}을 만들었습니다. 그들은 AI로 무엇을 할 수 있다고 말하기 전에 먼저 이미지 인식 경진 대회 ILSVRC에서 다른 모든 경쟁자들을 압도적인 성능 차이로 이기는 충격적인 결과물을 세상에 내놓았습니다.

지금 생각해 보면 알렉스넷은 단순히 이미지를 읽어서 이것이 무엇인지 맞추는 정도의 성능이었지만, 허공에 떠다니는 추상적인 결과물이 아닌 AI로 손에 잡히는 결과물을 만들어 냈다는 것이 기존과 판이하게 달랐습니다. 이는 무너졌던 AI에 대한 신뢰를 단번에 회복시키고, AI의 잠재력을 의심하던 모든 이들을 믿게 만드는 결정적인 계기가 되었습니다. 이 견고한 신뢰 위에 데이터, 알고리즘, 하드웨어에 대한 막대한 투자가 다시 시작되었고, 이것이 지금의 AI 르네상스를 연 것입니다.

결과적으로 보면 AI 발전의 가장 근본적인 장애물은 기술의 부재가 아니라 성급한 낙관론이 만들어 낸 신뢰의 상실이었습니다. 2012년의 교훈은 '말'이 아닌 '결과'만이 신뢰를 얻고, 그 신뢰가 곧 기술 발전을 이끄는 가장 강력한 동력이라는 것을 명확히 보여 줍니다.

CEO를 위한 비즈니스 인사이트

왜 AI 전문가들의 과도한 약속을 믿고 막대한 연구비를 지불했을까

다음과 같이 스스로 질문해 봅시다. 1950년대 당시에 내가 의사 결정권자였다면 나는 과연 AI 연구자들의 과도한 약속을 믿었을까?

거스를 수 없는 사회적, 시대적 분위기의 압박

1960년대는 미국과 소련이 우주 경쟁을 하던 시대입니다. 이때는 과학이 국가 경쟁의 한 도구였습니다. 현재 미중간의 AI 경쟁 상황보다 더 치열했죠. 미 국방성의 책임자나 대기업의 R&D 임원을 상상해 보세요. 매일 같이 소련과의 기술 경쟁, 우주 경쟁에 대한 보고가 올라옵니다. '우리가 뒤처지고 있다'라는 불안감이 국가 전체를 휘감고 있습니다. 언론은 연일 '생각하는 기계'의 등장을 예고하고, 국민들은 제2의 아폴로 계획과 같은 위대한 과학적 성취를 기대합니다.

이런 상황에서 의사 결정권자에게 가장 큰 위험은 실패할지도 모르는 프로젝트에 투자하는 것이 아니었습니다. 오히려 미래의 판도를 바꿀지도 모르는 중요한 기술을 놓치는 것이 훨씬 더 큰 위기이자 국가에 대한 위협이었습니다. 따라서 당시 AI에 대한 투자는 기술적 타당성을 떠나 '우리는 미래에 투자하고 있다'거나 '경쟁에서 뒤처지지 않겠다'는 것을 보여 주는 정치적이고 상징적인 행동이었습니다.

AI에 대한 무지가 낳은 '묻지마' 투자와 성급한 포기

당시 의사 결정권자들은 AI에 투자를 해야 한다는 엄청난 압박을 받았지만, 정작 무엇에, 어떻게 투자해야 할지 판단할 수 있는 지식(무기)이 없었습니다.

- **평가 능력의 부재**: 그들은 AI 전문가가 아니었습니다. MIT 석학이 발견적 탐색 Heuristic Search 의 잠재력을 설명할 때 그들은 기술의 실현 가능성이나 소요 시간을 쉬이 가늠할 수 없었습니다. 그들이 의지할 수 있는 것은 발표하는 과학자의 명성과 소속 대학의 권위, 그리고 비전의 원대함뿐이었습니다.
- **블랙박스에 대한 투자**: 그들에게 AI는 마치 블랙박스와 같았습니다. 돈을 넣으면 지능이라는 결과물이 나올 것이라 기대했지만, 그 안에서 어떤 일이 벌어지는지는 충분히 이해하지 못했습니다.
- **이해 없는 포기**: 결국 약속된 시간 안에 괄목할 만한 성과가 나오지 않자 무지는 불신으로 바뀌었습니다. 그들은 AI 연구의 점진적인 성과나 기술적 난이도를 이해하지 못했기 때문에 단지 '약속을 지키지 못했다'는 결과만 보고 모든 지원을 끊어버렸습니다. 맹목적인 믿음이 맹목적인 불신으로 뒤바뀐 것입니다.

결론적으로, AI의 역사는 **시대적 분위기에 떠밀린 의사 결정권자들이 기술에 대한 이해 없이 거대한 투자를 결정하고, 기대에 미치지 못하자 충분한 이해 없이 모든 것을 거두어들이는** 과정의 반복이었습니다. 사회적 분위기는 그들이 AI에 돈을 쓰도록 강요했고, AI에 대한 무지는 그들이 돈을 현명하게 쓰지 못하도록 막았습니다. 이 두 문제가 결국 버블이 되어 터지면서 AI 겨울이라는 긴 암흑기를 불러온 가장 근본적인 요인이 되고 말았습니다.

AI의 겨울이 CEO에게 주는 다섯 가지 경영 교훈

그렇다면 오늘날 CEO들이 AI 역사에서 배워야 할 것은 무엇일까요?

거품과 현실을 구분하는 냉철한 현실주의자가 되라

CEO는 AI가 주는 과장된 거품^{Hype}에 휩쓸려서는 안 됩니다. 기술의 화려한 가능성만큼이나 그 이면의 기술적 한계(환각 현상 등), 데이터의 필요성, 적용의 어려움을 균형 있게 파악해야 합니다. 그리하여 미디어의 헤드라인이 아닌 우리 비즈니스의 현실에 기반한 의사 결정을 내려야 합니다.

CEO가 직접 AI의 원리를 이해하라

연구비를 쥐고 있던 의사 결정권자들은 AI의 작동 원리를 이해하지 못했기 때문에 전문가의 말을 맹신했고, 실패하자 모든 지원을 끊어버리는 극단적인 결정을 내렸습니다. 이는 지금도 마찬가지입니다. AI를 이해하지 못하기 때문에 AI 전문가들의 말을 맹신하여 큰 의사 결정을 내립니다. 그러다 전문가의 말대로 되지 않으면 AI에 극단적인 반감을 갖게 됩니다. 사실 AI 전문가라고 해도 그렇게 AI를 많이 아는 것은 아닙니다. 단지 그렇게 보일 뿐입니다.

2025년의 CEO에게 'AI 무지'는 더 이상 변명이 될 수 없는 치명적인 리스크입니다. CEO는 AI의 기본 원리와 핵심 용어, 그리고 비즈니스적 함의를 직접 이해해야 합니다. 원리를 아는 CEO만이 올바른 질문을 던질 수 있고, 실무팀의 보고를 비판적으로 검토하며, '묻지마 투자'의 함정을 피할 수 있습니다.

한 방을 노리지 말고, 작은 성공을 계속 쌓아나가라

초기 AI 연구는 한 번에 인간의 모든 지능을 구현하려는 거대 프로젝트에 집중하다 좌초되었습니다. 지금도 많은 사람들이 AI를 추상적으로 정의하고 이를 도입하려고 합니다.

AI를 도입할 때는 문제 정의가 중요합니다. 좁은 분야의 예리하며 작은 문제를 푸는 것이 중요하지, 추상적이며 거대한 문제를 풀겠다는 의지는 결코 중요하지 않습니다.

AI는 ERP 시스템처럼 한 번에 구축하고 끝내는 프로젝트가 아닙니다. 오히려 수많은 실험을 통해 조금씩 학습하고 발전하는 유기적인 생명체에 가깝습니다. '전사적 AI 혁신' 같은 한 방 Big Bang 의 거창한 목표 대신, 'A업무의 불량률 3% 개선', 'B프로세스의 처리 시간 10% 단축'과 같이 좁고 예리하게 정의된 문제부터 시작하여 작은 성공 Small Win 사례를 계속 만들어 나가야 합니다. 이 작은 성공들이 모여 전사적 AI 혁신이 이루어지는 것입니다.

기술 도입이 아닌 역량 내재화에 투자하라

초기 AI의 역량은 소수의 천재 과학자에게만 집중되었고, 그들이 떠나거나 자금이 끊기면 지식은 그대로 소멸되곤 했습니다.

값비싼 AI 솔루션을 사 오거나 스타급 전문가 몇 명을 영입하는 것만으로는 지속가능한 경쟁력을 만들 수 없습니다. 진정한 목표는 우리 회사를 AI를 잘 활용하는 회사로 만드는 것입니다. 이는 전 직원을 대상으로 한 AI 교육, 데이터 기반의 의사 결정 문화 조성, 협업 프로세스 구축 등 조직의 근본적인 체질 개선에 투자해야 함을 의미합니다.

과도한 약속을 경계하고 조직의 신뢰를 관리하라

과거 지켜지지 못한 약속은 신뢰의 붕괴를 낳았고, 이는 수십 년간의 'AI 겨울'이라는 혹독한 대가를 치르게 했습니다.

CEO는 조직 내 최고의 기대치 관리자 Expectation Manager가 되어야 합니다. 직원과 이사회, 투자자들에게 AI의 장밋빛 미래뿐만 아니라 현실적인 어려움과 실패 가능성에 대해서도 투명하게 소통해야 합니다. 단기적인 성과에 조급해 하지 않고 장기적인 신뢰를 바탕으로 꾸준히 나아갈 때 우리 회사만의 'AI 겨울'을 피하고 진정한 혁신을 이룰 수 있습니다.

AI의 역사는 CEO에게 기술이 아닌 기업 내부의 직원, 즉 '사람'을 보라고 말하고 있습니다. 기술의 파도에 휩쓸려가는 것이 아니라 직원들이 AI를 열의를 갖고 사용해야 기업이 바뀐다는 현실적인 기대를 가져야 합니다. AI의 핵심은 기술이 아니라 '사람'입니다.

인공지능의
학습과 추론

과거에는 AI 모델을 학습시키는 게 중요했지만,
현재는 어떻게 추론해서 사용하느냐가 더 중요해졌습니다.

AI에서 가장 신기한 것이 '기계가 학습한다'라는 말입니다. 어떻게 기계가 학습할 수 있을까요? 여기에는 수학이 있습니다. 많은 사람들이 "AI는 수학에서 나왔어"라고 하는 말은 사실입니다.

예를 들어 보겠습니다. 20명의 10대 남학생들에게 문제를 냈습니다.

"키를 말하면 몸무게를 맞추세요!"

여러분은 이것을 어떻게 풀 건가요? 사람들은 대부분 이렇게 생각할 겁니다.

"먼저 20명 학생 모두의 키와 몸무게 데이터를 봐야죠."

데이터를 받아본 당신은 20명의 키와 몸무게를 쭉 훑어보며 머릿속으로 어림짐작을 시작합니다.

"아, 키가 클수록 대체로 몸무게도 많이 나가는구나."

이처럼 데이터 속에서 어떤 패턴이나 경향성을 찾아내고 나면 자신만의 '규칙' 또는 '공식'을 만들게 됩니다.

"음, 대충 키(cm)에서 110을 뺀 게 몸무게(kg)와 비슷한 것 같네."

바로 이 과정이 AI가 하는 일입니다. 다만, AI는 인간의 직관과 어림짐작이 아닌, 수학적 계산과 엄청난 계산의 반복을 통해 이 일을 수행합니다.

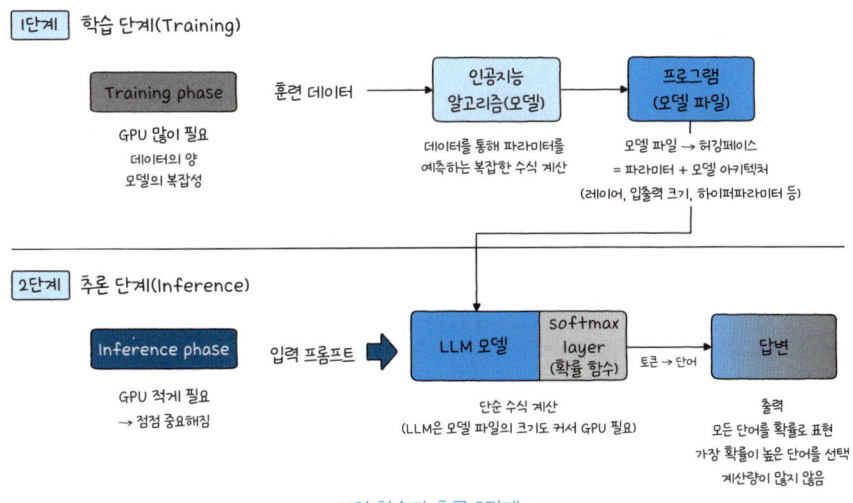

AI의 학습과 추론 2단계

학습: 최적의 공식을 찾아내는 고된 과정

AI에게 20명의 키(x)와 몸무게(y) 데이터를 주면, AI는 먼저 아주 간단한 임의의 1차 함수 공식 y = ax + b를 가정합니다. 임의의 1차 함수라는 것은 a, b에 아무 숫자나 정한다는 뜻입니다. 꼭 1차 함수일 필요는 없습니다. 세상의 모든 함수를 써도 상관없습니다. 그러나 문제를 간단하게 설명하기 위해 1차 함수를 사용했고 현실에도 잘 맞습니다. 사람의 키가 클수록 몸무게도 많이 나가기 때문이죠.

여기서 AI의 목표는 이 y = ax + b 공식으로 키를 가지고 몸무게를 정확하게 맞추는 최적의 a와 b 값을 찾는 것입니다. 즉, 실제 데이터인 키가 몇 cm라는 x 값에 대해 몸무게인 y 값이 잘 나오기 위한 최적의 a와 b 값을 구하는 것이 학습입니다.

이때 a를 모델의 가중치^{weight}, b를 바이어스^{bias}라고 합니다. 이 둘을 합해서 파라미터^{parameter}라고 합니다. 종합하면 키와 몸무게 문제는 두 개의 파라미터를 가지고 있으며, 이 두 개의 파라미터 값을 맞추는 것이 학습^{training}입니다. 다음은 그 세부 과정입니다.

- **첫 번째 시도**: AI는 일단 a와 b에 아무 숫자나 넣어 봅니다(예: a=1, b=-100). 그리고 이 공식(몸무게 = 1 × 키 - 100)으로 20명 학생의 몸무게를 모두 예측해 봅니다. 당연히 실제 몸무게와는 차이가 많이 날 것입니다.
- **오차 계산**: AI는 자신의 예측이 실제 정답과 얼마나 차이 나는지, 즉 오차^{Error}를 수학적으로 계산합니다. 이때 오차는 실제 몸무게와 예측한 몸무게의 차이 겠죠.
- **공식 수정**: 그리고 가장 중요한 일을 합니다. 위에서 계산된 오차를 줄이기 위해 'a값을 조금 높여야 할까, 낮춰야 할까?', 'b값은 더해야 할까, 빼야 할까?'를 수학적으로 판단하여 a와 b 값을 아주 약간 수정합니다.
- **무한 반복**: AI는 오차가 더 이상 줄어들지 않을 때까지 예측 → 오차 계산 → 공식 수정의 과정을 수천, 수만 번 반복합니다.

이 지루하고 힘든 반복의 과정 끝에 마침내 20명의 키와 몸무게 관계를 가장 잘 설명하는 최적의 공식(예: 몸무게=0.9×키-87)을 찾아냅니다.

즉, y=0.9×x-87이라는 수식이 인공지능 모델입니다. 그리고 이것을 파일로 보관하는데, 이때 사용하는 파일을 모델 파일^{Model File}이라고 합니다.

추론: 공식을 사용하여 답을 계산하는 과정

학습이 끝났습니다. 그리고 당신 앞에 키가 180cm인 21번째 새로운 학생이 나타났습니다. 그의 몸무게는 얼마일까요?

이제는 고민할 필요가 없습니다. 학습을 통해 찾아낸 최적의 공식에 새로운 학생의 키를 넣기만 하면 됩니다.

$$몸무게 = 0.9 \times 180 - 87 = 75(kg)$$

이렇게 이미 만들어진 공식을 사용하여 새로운 데이터에 대한 결과를 **빠르고 간단하게 얻어내는 과정을 추론**Inference이라고 합니다.

따라서 '기계가 학습한다'는 것은 인간이 직감으로 패턴을 찾는 과정을 컴퓨터가 가장 잘하는 수학적 계산과 반복을 통해 최적의 해답 공식을 찾아내는 과정으로 바꾼 것입니다. 이처럼 **학습은 최적의 공식을 찾는 여정이며, 추론은 그 공식을 사용하여 간단하게 답을 계산하는 것입니다.**

CEO를 위한 비즈니스 인사이트

학습과 추론

AI의 학습과 추론 단계의 차이는 다음과 같은 중요한 비즈니스 통찰을 제공합니다.

만드는 비용(학습)과 쓰는 비용(추론)

많은 리더들이 AI 도입을 고려할 때 초기 모델 개발 비용, 즉 학습 비용에만 집중하는 실수를 저지릅니다. 하지만 성공적인 AI 서비스는 수백만, 수천만 명의 사용자가 계속해서 사용하며 막대한 추론 비용을 발생시킵니다.

학습 비용은 초기에 막대하게 들어가는 R&D 투자 CAPEX 성격이 강하지만, 추론 비용은 서비스가 운영되는 내내 발생하는 운영 비용 OPEX과 같습니다. 서비스가 성공할수록 누적되는 추론 비용은 곧 초기 학습 비용을 뛰어넘을 수 있습니다.

따라서 AI 프로젝트의 총 소유 비용 TCO을 계산할 때는 반드시 서비스 운영 시나리오에 기반한 추론 비용을 예측하고 예산에 반영해야 합니다.

만드는 곳과 쓰는 곳의 분리

과거에는 AI를 쓰려면 직접 모델을 만들어야 했습니다. 하지만 이제 학습과 추론이 분리되면서 시장의 판도가 바뀌었습니다.

먼저 오픈AI가 ChatGPT를 만들었습니다. 정확히 말하면 학습을 시켰습니다. 그 결과가 모델 파일이며, 우리는 그것을 사용합니다. 오픈AI가 만든 모델 파일을 우리는 단순히 추론해서 사용할 뿐입니다.

'AI 모델을 만드는 회사가 될 것인가, 아니면 이미 만들어진 모델을 잘 쓰는 회사가 될 것인가?'라는 전략적 질문을 해 봅시다. 아마 99% 기업이 '이미 만들어진 모델을 잘 쓰는 회사'라고 답할 것입니다.

현재 오픈AI와 같이 AI 모델을 만드는 회사가 많이 생기고 있습니다. 학습을 하려면 GPU가 많아야 할 것이며, 여기에는 막대한 비용의 투자와 몸값이 대단히 비싼 AI 전문가들이 필요할 것입니다. AI 모델을 만드는 분야에 새로운 사업 기회가 생긴 것입니다.

스위칭 코스트가 제로인 AI 초경쟁 시대

지금은 AI 모델을 만드는 회사가 꽤 많습니다. ChatGPT를 쓰다가 잠시 후에 제미나이를 사용하는 것이 그리 어렵지 않은 시대입니다. 이는 AI 도입 장벽이 극적으로 낮아졌음을 의미합니다. AI 모델을 바꾸는 비용, 즉 스위칭 코스트 switching cost가 거의 0이라는 의미입니다.

이와 같은 AI 초경쟁 시대에 각 기업에서는 LLM 벤더 프리 LLM Vendor Free 전략을 세워야 합니다. 만약 우리 회사에서 사내용 챗봇을 만든다면 특정 회사의 LLM을 사용하는 대신 언제라도 사용하는 모델을 바꿀 수 있어야 한다는 것입니다. 그래야 언제든지 싸고 좋은 모델이 새로 나오면 즉각 변경할 수 있습니다.

경쟁의 핵심은 추론 최적화

강력한 AI 모델을 누구나 쉽게 사용할 수 있게 되면서 '누가 더 좋은 모델을 가졌는가'의 경쟁은 이제 AI 모델을 만드는 LLM 벤더들의 경쟁이 되었고,

이를 사용하는 기업에서는 '누가 더 질 좋은 답변이 나오는 싸고 빠른 모델을 운영하는가'가 중요해졌습니다. 바로 이 점을 CEO가 고려해야 합니다.

추론의 속도, 비용, 안정성은 곧 AI 서비스의 품질과 수익성을 결정합니다. 1초라도 더 빠른 응답, 1원이라도 더 싼 운영 비용이 시장에서의 핵심 경쟁력이 됩니다. 이것이 바로 추론 단계가 점점 중요해지는 이유입니다.

이제는 단순히 AI 모델을 도입했다고 끝나는 것이 아니라 '우리 서비스에 맞게 추론 과정을 얼마나 더 효율화하고 최적화할 수 있는가? 얼마나 자유롭게 최적의 LLM을 선택할 수 있는가'를 깊게 고민하고 투자해야 합니다. 이것이 AI 시대에 새로 등장한 운영 효율성 경쟁입니다.

컴퓨터는 어떻게
인간의 언어를 이해하게 되었는가

벡터화라는 놀라운 번역 과정 덕분에
컴퓨터가 인간의 언어를 이해하고 학습할 수 있게 되었습니다.

1950대 이후 AI 연구자들이 간절히 해결하고 싶어 했던 문제가 있었습니다. 바로 컴퓨터와 기계가 인간의 언어를 이해하고 인간과 자연스럽게 소통할 수 있게 만드는 것이었습니다.

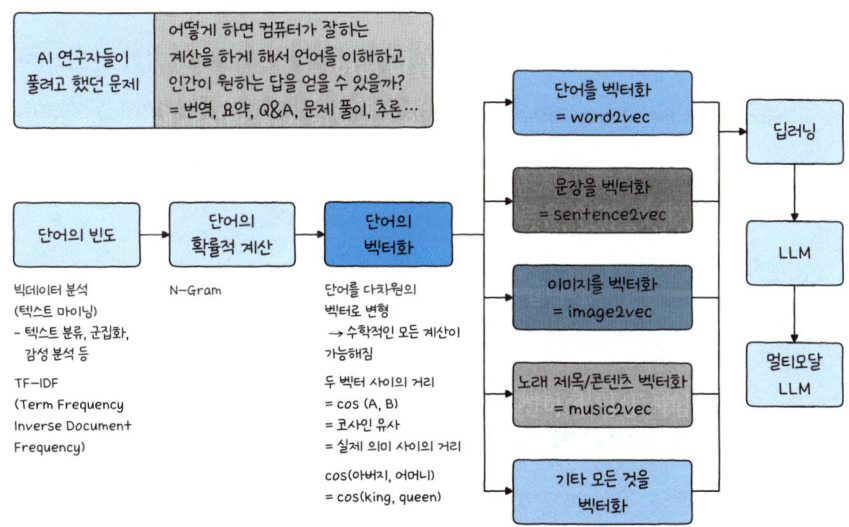

컴퓨터가 인간의 언어를 이해하기 위한 다양한 방법들

벡터 혁명 이야기

컴퓨터는 0과 1밖에 모르는 기계인데 어떻게 '사랑', '슬픔', '혁신'과 같은 추상적인 단어의 의미를 이해할 수 있게 되었을까요? 그 여정은 넓게 보면 통계적 접근에서 의미적 접근으로 넘어가는 혁신적인 변화의 과정이었습니다.

단어의 빈도와 확률을 세다: 통계적 접근

2000년대에는 언어를 추상적인 의미가 아닌 통계로 접근해야 했습니다. 단어의 빈도와 확률을 수학적으로 계산할 수 있는 방법이기 때문입니다.

- **단어의 빈도(TF-IDF 등)**: 컴퓨터는 특정 문서에서 어떤 단어가 얼마나 자주 등장하는지 계산했습니다. 예를 들어, 한 문서에 '사과'라는 단어가 많이 나오면 '아, 이 문서는 사과에 관한 글이구나'라고 판단하는 정도였습니다. 하지만 '사과'와 '배'가 모두 '과일'이라는 관계나 그 의미는 전혀 파악하지 못했습니다.
- **단어의 확률(N-Gram)**: 여기서 한 걸음 더 나아가 단어들의 순서를 바탕으로 해당 단어가 함께 나올 확률을 계산했습니다. '뉴욕'이라는 단어가 나오면 다음에 '증시'나 '타임스'가 나올 가능성이 높다는 것을 학습한 것입니다. 하지만 이 역시 '뉴욕'이 미국의 도시라는 의미를 이해한 것은 아니었습니다.

통계적 접근 방식의 한계는 명확했습니다. 컴퓨터는 단어들 간의 표면적인 관계는 파악했어도 단어가 가진 본질적인 의미는 전혀 이해하지 못했던 것입니다.

단어를 벡터로 바꾸다: 혁명의 시작

진정한 혁신은 완전히 다른 아이디어에서 시작되었습니다.

"단어를 글자가 아닌 다차원 공간의 한 점(좌표)인 벡터(Vector)로 표현하자!"

이것이 바로 워드 임베딩 Word Embedding 기술의 시작입니다. 여기에서 임베딩은 단순히 벡터로 변환한다는 의미입니다. 2013년 구글의 토마스 미콜로프 Thomas Milokov 가 Word2Vec이라는 방법을 제안하면서 본격적인 시작을 알렸습니다.

- **의미를 벡터로 변환**: 이 방식은 모든 단어에 여러 개의 숫자로 이루어진 고유한 좌표를 부여합니다. 중요한 점은 의미가 비슷한 단어들이 이 가상의 공간에서 서로 가까운 곳에 위치한다는 것입니다. 예를 들면 '아버지'와 '어머니'는 서로 가깝게, '아버지'와 '책상'은 아주 멀리 배치되는 식입니다.
- **벡터의 계산**: 단어가 좌표(벡터)가 되면 컴퓨터가 가장 잘하는 수학적 계산이 가능해집니다. 그럼 다음 다이어그램의 예시처럼 ['King' 벡터] - ['Queen' 벡터] = ['Father' 벡터] - ['Mother' 벡터]라는 공식이 성립합니다. 이는 컴퓨터가 단순히 단어를 숫자로 표시한 것이 아니라 King과 Queen 사이에는 Father와 Mother 사이의 관계와 같은 패턴이 존재한다는 것을 파악했다는 의미입니다. 즉, 단어를 벡터로 표현했더니 컴퓨터가 단어의 추상적인 의미 관계를 이해하기 시작했다는 증거입니다.

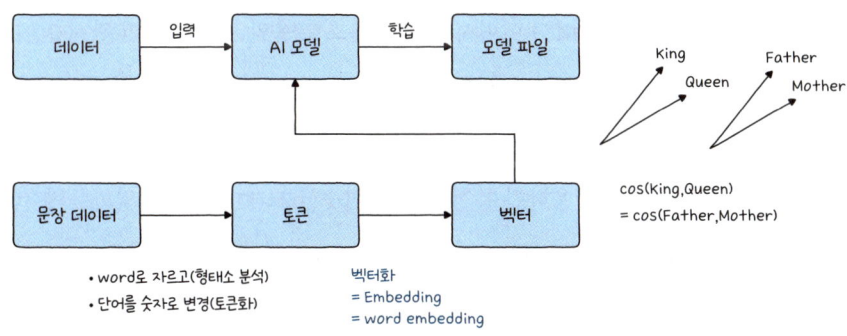

문장을 단어로 자르고 각 단어를 토큰으로 바꿔 각 토큰을 벡터화하는 과정

세상의 모든 것을 벡터로: 위대한 확장

벡터화라는 이 천재적인 아이디어는 단순히 단어를 벡터로 변환하는 것에만 머무르지 않았습니다. 문장, 이미지, 노래, 동영상 등 디지털화할 수 있는 모든 것을 벡터로 표현하기 시작한 것입니다.

이제 컴퓨터는 '고양이'라는 단어의 벡터와 실제 '고양이 사진'을 변환한 이미지 벡터가 서로 가깝다는 것을 이해하게 되었습니다. 세상의 모든 정보가 AI가 이해할 수 있는 하나의 공통된 언어, 즉 벡터로 번역되기 시작한 것입니다.

벡터를 이해하는 거대한 두뇌: LLM의 등장

얼마 지나지 않아 이렇게 벡터로 변환된 정보를 이해하고 처리하기 위한 거대한 두뇌인 LLM Large Language Model 이 등장했습니다.

- LLM(거대 언어 모델): 언어(단어, 문장)의 벡터를 처리하는 데 특화된 거대한 딥러닝 모델입니다.
- 멀티모달 LLM(Multi-modal LLM): 텍스트, 이미지, 소리 등 각기 다른 종류의 벡터들을 동시에 이해하고 그 관계를 파악하는 진화된 모델입니다. AI에게 고양이 사진을 보여 주면 '기타 치는 고양이'라는 노래를 작곡해 주는 것도 바로 이 멀티모달 LLM이 이미지 벡터와 텍스트/음악 벡터 사이의 관계를 이해하기 때문에 가능한 일입니다. 심지어 노래 제목, 영화 제목도 벡터로 바꿀 수 있습니다. 그러면 유사한 노래, 영화들끼리 서로 가까운 거리에 위치하게 됩니다. 이 방법을 활용하면 특정 노래와 비슷한 노래나 유사한 영화를 추천하는 데 활용될 수 있습니다.

이렇게 벡터화가 만들어 낸 흥미로운 결과는 AI의 가능성을 무궁무진하게 만들어 주었습니다.

앤트로픽의 페르소나 벡터

2025년 7월에 발표된 앤트로픽 Anthropic 의 논문을 보면 LLM이 보수적인 답변을 하거나 아첨하는 듯한 답변을 하는 경우를 자주 볼 수 있습니다. 논문에서는 이러한 답변의 성향을 페르소나 벡터 Persona Vector 라고 규정했습니다. 이러한 성향은 크게 스타일, 의견, 정체성의 세 가지 요소로 구분할 수 있습니다. 따라서 이 페르소나 벡터를 잘 조절하면 LLM의 답변을 다양하게 컨트롤해서 여러 가지 성격을 표현할 수 있습니다(출처: Persona Vectors: Monitoring and Controlling Character traits in Language Models,, Runjin Chen et. al. 2025.7.29). 이는 LLM을 학습시키는 데이터는 벡터이며, 세상에 존재하는 모든 특성을 벡터화해서 학습시킬 수 있다는 사실을 보여 줍니다.

단어를 벡터로 바꾼 이후

컴퓨터가 인간의 언어를 이해하게 된 것은 단순히 단어의 빈도를 세는 것에서 벗어나 의미 자체를 수학적인 좌표(벡터)로 표현하는 데 성공했기 때문입니다. 그리고 이렇게 벡터화된 세상을 자유자재로 학습하고 처리할 수 있는 거대한 두뇌가 탄생하면서 우리는 비로소 기계와 진정한 의미의 소통을 시작할 수 있게 되었습니다.

임베딩 과정

AI 모델이 스스로 학습하려면 먼저 입력 데이터를 자신이 이해할 수 있는 형태로 받아들여야 합니다. 인간의 언어 데이터는 다음과 같은 3단계 과정을 거쳐 AI의 입력값이 됩니다.

1단계: 문장 데이터를 잘라서 토큰으로 변환

AI는 '나는 AI를 공부한다'와 같은 문장을 통째로 이해하지 못합니다. 그 전에 먼저 의미를 가진 최소 단위로 잘라내는 과정이 필요합니다.

- **형태소 분석**: 문장을 '나', '는', 'AI', '를', '공부', '한다'와 같이 의미를 가진 최소 단위의 단어(또는 형태소)로 자릅니다.
- **토큰화**: 잘라낸 각 단어에 고유한 번호(숫자)를 부여합니다(예: 'AI' = 9875, '공부' = 1234).

이처럼 문장을 잘게 쪼개고 번호를 붙이는 과정을 토큰화라고 합니다.

2단계: 토큰을 벡터로 변환

단순한 번호만으로는 단어가 가진 풍부한 의미와 뉘앙스를 표현할 수 없습니다. 여기서 AI 언어 모델의 가장 핵심적인 과정인 벡터화가 일어납니다.

- **의미의 좌표 부여**: 각 토큰(단어)은 수백 개의 소수점으로 이루어진 숫자들의 배열, 즉 벡터로 변환됩니다.
- **의미의 수학적 표현**: 벡터는 AI가 이해하는 단어의 의미이자 문맥적 좌표입니다. 따라서 의미가 비슷한 단어들(예: 학습, 공부)은 벡터 공간에서 서로 가까운 곳에 위치하게 되고, 의미가 먼 단어들(예: 공부, 의자)은 아주 멀리 떨어져 있게 됩니다.

3단계: 변환된 단어 벡터를 AI 모델에 입력하고 학습

이렇게 문장 전체가 벡터들의 나열로 바뀌면 AI 모델은 비로소 이것을 입력 데이터로 받아들여 학습을 시작합니다.

AI 모델은 이렇게 임베딩된 수많은 문장 벡터들을 보면서 벡터와 벡터 사이의 복잡한 관계와 패턴을 학습하고, 그 결과를 최종적으로 모델 파일에 저장하게 됩니다.

종합해 보면, AI의 언어 학습은 '문장 → 토큰(단어 조각) → 벡터(의미의 좌표) → AI 모델 입력'의 과정을 거칩니다. 컴퓨터가 인간의 언어를 이해하고 학습할 수 있는 것은 이처럼 모든 언어를 자신이 계산할 수 있는 벡터라는 공통된 숫자 형식으로 바꾸는 놀라운 번역 과정이 있기 때문입니다.

CEO를 위한 비즈니스 인사이트

우리 기업에서 벡터화할 수 있는 자산에는 무엇이 있는가

앞으로 AI로 인해 어떤 산업이 가장 크게 변화할까요? 답은 명확합니다. 바로 벡터화의 표적이 되는 산업입니다. 즉, 핵심 자산과 서비스가 언어(계약서, 법률 자문, 상담), 숫자(재무제표, 시장 데이터), 사진(의료용 시각 자료, 디자인 소스), 소리(음악, 회의록), 동영상(미디어, 교육 강의) 등 디지털 정보로 이루어져 있다면 그 산업은 AI로 인해 업(業)의 본질과 형태가 근본적으로 바뀔 수밖에 없습니다.

여기에는 교육, 법률, 특허, 미디어, 의료, 금융 산업 등 우리가 아는 대부분의 문자 기반, 숫자 기반, 언어 기반, 지식 기반 산업이 포함됩니다. 이들 산업은 AI의 영향으로 비즈니스 모델이 급격하게 재편될 것입니다.

따라서 해당 산업의 CEO는 지금 당장 '우리 회사의 핵심 자산 중 무엇이 벡터화될 수 있는가?', '벡터화된 세상에서 우리는 어떤 새로운 가치를 창출해야 하는가?'를 고민해야 합니다. 이것이 바로 기술의 원리에서 비즈니스 통찰을 얻는 과정입니다.

'우리 회사의 핵심 자산을 벡터화한다'는 것은 회사가 보유한 모든 유무형의 자산을 AI가 이해하고 계산할 수 있는 의미의 좌표(벡터)로 바꾼다는 뜻입니다. 이는 AI 시대에 기업의 경쟁력을 근본적으로 바꾸는 가장 중요한 개념입니다.

핵심 자산의 벡터화란 무엇인가?

기존에 컴퓨터는 제품 A와 제품 B를 단순히 다른 이름으로만 인식했으니다. 하지만 벡터화는 이 모든 것에 의미를 담은 수학적 주소(벡터)를 부여합니다. 예를 들면 다음과 같습니다.

- **고객**: 고객의 구매 이력, 검색 기록, 선호도를 분석하여 '알뜰한 30대 남성'이라는 의미를 가진 벡터로 변환합니다.
- **제품**: 제품의 기능, 디자인, 가격, 구매자 리뷰를 분석하여 '고성능 게이밍 노트북'이라는 의미를 가진 벡터로 변환합니다.
- **문서**: 회사의 모든 매뉴얼, 보고서, 이메일, 고객 문의 기록을 각각의 의미를 담은 벡터로 변환합니다.

이렇게 모든 것이 벡터가 되면 의미가 서로 비슷한 자산은 벡터 공간에서 가까이에 위치합니다. 즉, '고성능 게이밍 노트북'의 벡터는 '고사양 게임을 즐기는 20대 고객'의 벡터와 아주 가까운 곳에 자리 잡게 됩니다.

이처럼 기업 핵심 자산의 벡터화는 이전에는 불가능했던 새로운 비즈니스 기회를 활짝 열어 주었습니다.

숨겨진 고객의 의도와 기회를 발견하다

벡터화는 고객을 훨씬 더 깊이 이해하게 만듭니다. A를 산 고객에게 B를 추천하는 수준을 넘어 고객의 취향과 의도를 수학적으로 파악하면 고객 자신도 몰랐던 잠재적 니즈를 찾아낼 수 있습니다. 예를 들면 다음과 같습니다.

"데이터를 분석해 보니 A 제품을 구매한 고객들의 벡터가 우리가 곧 출시할 신제품 Z의 잠재 고객 벡터와 매우 가깝게 나타났습니다. 이들에게 선제적으로 Z 제품 마케팅을 집중하면 구매 전환율이 매우 높아질 것입니다."

잠자고 있던 암흑 데이터를 황금으로 바꾸다

모든 기업에는 이메일, 보고서, 고객 상담 기록, 회의록 등 키워드 검색만으로는 활용하기 어려운 비정형 데이터 Dark Data 가 산더미처럼 쌓여 있습니다. 벡터화는 이 모든 텍스트의 의미를 AI가 이해할 수 있게 만들어 잠자던 데이터를 귀중한 자산으로 바꿉니다.

"지난 분기 고객 불만 이메일을 전부 벡터화하여 분석한 결과, '배송 지연'이라는 키워드는 적었지만 '언제 오나요', '기다리다 지친다'와 같이 의미상으로 배송 불만에 해당하는 벡터들이 특정 클러스터를 형성했습니다. 우리가 인지하지 못했던 배송 시스템의 문제가 있었음을 나타냅니다."

모든 자산을 연결하는 기업 벡터 데이터베이스를 만든다

고객 정보, 제품 정보, 각종 문서, 직원 정보까지 모든 핵심 자산을 벡터화하여 벡터 DB에 저장하면 이는 기업의 모든 지식과 경험이 수학적으로 연결된 두뇌와 같아집니다. 이 두뇌에게 우리는 이전에는 상상도 못 했던 복합적인 질문을 던질 수 있습니다.

"A제품에서 반복적으로 발생하는 기술적 문제(고객 문의 벡터)와 가장 유사한 해결 방안을 담고 있는 내부 기술 문서(매뉴얼 벡터)를 즉시 찾아 줘."

그뿐만이 아닙니다. CHAPTER 05에서 설명할 RAG 기술의 핵심이 바로 이 임베딩과 벡터 데이터베이스입니다.

LLM 시대를 연 혁명적 모델: 트랜스포머

구글 트랜스포머의 등장은
GPT가 강력한 성능을 갖는 데 핵심 역할을 했습니다.

문장을 벡터화하는 데는 성공했지만 인공지능은 인간의 언어를 이해하기까지 큰 어려움을 겪었습니다. 여기에는 두 가지 어려움이 있었습니다. 문장이 길어질수록 문맥을 파악하지 못하는 한계와 문장의 단어를 순차적으로 읽어야만 뜻을 파악할 수 있다는 한계입니다. 컴퓨터는 데이터를 순차적으로 읽어야 하기에 긴 문장을 학습하는 데까지는 오랜 시간이 걸렸습니다.

이 문제를 해결하기 위한 여정은 RNN, LSTM을 거쳐 트랜스포머Transformer라는 혁명적인 모델의 등장으로 이어졌습니다.

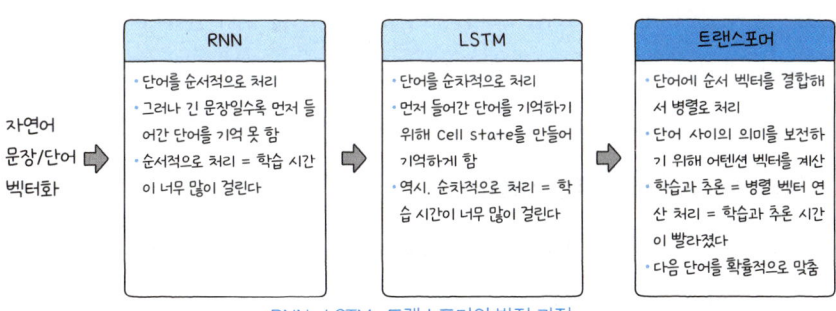

RNN-LSTM-트랜스포머의 발전 과정

RNN

RNN$^{\text{Recurrent Neural Network}}$(순환 신경망)은 마치 인간이 글을 읽듯이 문장의 단어를 순서대로 하나씩 처리하며 문맥을 파악하는 모델입니다. '나는 아침에 사과를 먹고, 학교에 가서 공부를 한 뒤, 저녁에는 친구와 그 사과에 대해 이야기했다'와 같이 문장이 길어지면 맨 뒤의 '사과'가 아침에 먹은 '사과'라는 사실을 기억하지 못하는 문제가 있었습니다.

LSTM

LSTM$^{\text{Long Short Term Memory}}$(장단기 메모리)은 RNN의 기억력 문제를 개선한 모델입니다. 셀 상태$^{\text{Cell state}}$라는 별도의 기억 공간을 만들어 '사과'와 같은 중요한 단어를 오랫동안 기억할 수 있게 했습니다. 기억력은 좋아졌지만, 여전히 단어를 순서대로 하나씩 처리해야 한다는 근본적인 방식은 변하지 않았습니다. 이 때문에 방대한 양의 텍스트를 학습시키는 데 너무 오랜 시간이 걸린다는 고질적인 문제가 있었습니다.

트랜스포머의 등장

2013년에 획기적으로 등장한 단어를 벡터로 변환하는 Word2Vec에 이어, 2017년 구글이 제안한 트랜스포머는 이 모든 판도를 바꾸었습니다. 트랜스포머는 두 가지 혁신적인 아이디어로 이전 모델들의 한계를 모두 극복했습니다.

병렬 처리로 속도의 벽을 허물다

트랜스포머는 '단어들을 하나씩 순서대로 읽지 않고 문장 전체를 한 번에 읽는다'는 과감한 접근을 시도한 모델입니다.

각 단어 벡터에 '첫 번째 단어', '두 번째 단어'와 같은 위치 정보Positional Vector를 부여한 뒤, 문장의 모든 단어를 한꺼번에 병렬로 처리하는 방식 덕분에 이전 모델들과는 비교할 수 없을 정도로 학습과 추론 속도가 비약적으로 빨라졌습니다. 인터넷에 존재하는 방대한 양의 텍스트를 학습시키는 일이 비로소 가능해진 것입니다.

어텐션 벡터로 진짜 중요한 관계를 계산하다

문장 전체를 한 번에 보고 어떤 단어가 어떤 단어와 중요한 관계를 맺고 있는지 어떻게 알 수 있을까요? 바로 어텐션 메커니즘이 이 문제를 해결했습니다.

어텐션은 문장 내의 모든 단어들 사이의 연관성을 계산하여 특정 단어가 어떤 단어에 더 집중Attention해야 하는지를 알려 줍니다. 예를 들어, '학생들이 교실에서 떠들자 선생님이 그들을 조용히 시켰다'라는 문장에서 트랜스포머는 어텐션을 통해 '그들'이라는 단어가 '학생들'을 가리킨다는 것을 높은 확률로 파악합니다.

LLM 시대의 기초가 되다

이처럼 압도적인 속도(병렬 처리)와 뛰어난 문맥 파악 능력(어텐션)을 모두 갖춘 트랜스포머는 대규모 언어 모델을 훈련시키기 위한 완벽한 아키텍처로 자리 잡았습니다.

우리가 아는 GPTGenerative Pre-trained Transformer의 'T'가 바로 트랜스포머를 의미하며, 이는 ChatGPT를 비롯한 오늘날의 거의 모든 LLM이 트랜스포머 구조에 기반하고 있음을 보여 줍니다.

결론적으로 트랜스포머는 단순히 기존 모델을 개선한 것이 아니라 기계가 언어를 처리하는 방식을 근본적으로 바꾼 게임 체인저였습니다. 지금 우리가 경험하는 생성형 AI 혁명은 바로 이 트랜스포머에서 시작되었다고 해도 과언이 아닙니다.

트랜스포머의 아키텍처

다음은 현대 AI의 심장이라고 할 수 있는 트랜스포머의 구조를 보여 주는 매우 중요한 그림입니다. CEO의 관점에서 이 구조를 이해하면 왜 오픈AI의 GPT가 지금과 같은 강력한 성능을 갖게 되었는지에 대한 핵심적인 통찰을 얻을 수 있습니다.

그림을 보면 트랜스포머는 인코더Encoder와 디코더Decoder로 나누어져 있습니다. 인코더가 'I am a student'라는 영어 문장을 입력받으면 이것을 계산한 뒤

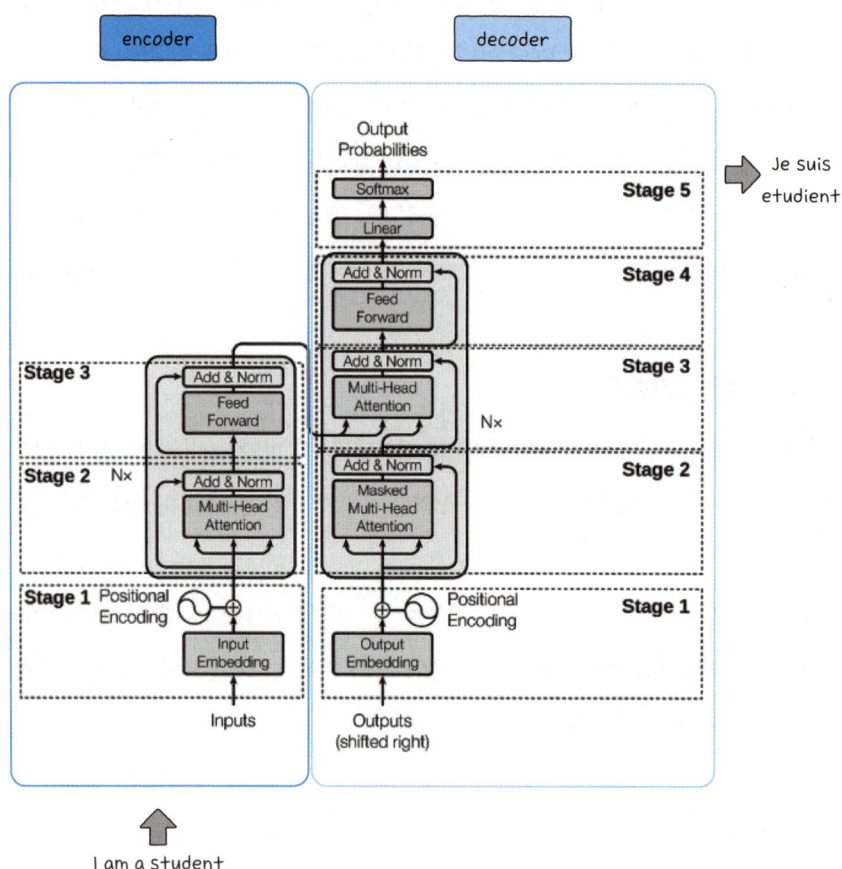

트랜스포머는 번역을 위해서 encoder와 decoder를 나누었다

디코더에 넘겨 주고, 디코더는 이를 'Je suis etudiant'라는 프랑스어로 번역합니다.

인코더(Encoder): 소스 언어를 완벽히 이해하는 전문가

인코더는 번역할 문장, 즉 '소스 언어 Source Language'를 완벽하게 이해하여 그 본질적인 의미만 추출하는 전문가입니다. 'I am a student'라는 영어 문장을 주면 인코더는 이 문장을 단어 하나하나 뜯어 보고 전체적인 문맥과 뉘앙스를 파악합니다. 그리고 이 문장이 가진 모든 의미를 특정 언어에 종속되지 않는 중립적인 의미의 숫자 덩어리(벡터)로 압축하여 요약합니다.

인코더의 유일한 임무는 입력된 문장을 얼마나 깊이 있게, 손실 없이 이해하는가입니다. 이 과정에서 프랑스어(타깃 언어)는 전혀 고려하지 않습니다. 오직 영어 문장의 의미를 완벽하게 분해하고 이해하는 데만 집중합니다.

디코더(Decoder): 타깃 언어로 유창하게 글을 쓰는 전문가

디코더는 인코더로부터 '압축된 의미'를 전달받아 '타깃 언어 Target Language'의 문법과 스타일에 맞게 가장 자연스러운 문장을 생성하는 전문가입니다. 디코더는 인코더가 전달한 'I am a student'의 핵심 의미를 입력받습니다. 그리고 프랑스어라는 언어의 규칙에 맞춰 'Je' 다음에는 'suis'가 오고, 그 다음에는 'etudiant'가 오는 것이 가장 자연스럽다는 것을 판단하여 한 단어씩 문장을 만들어 나갑니다.

디코더의 유일한 임무는 인코더가 전달한 의미를 바탕으로 목표 언어의 관점에서 얼마나 유창하고 정확한 문장을 만들어 내는가입니다. 이 단계에서는 더 이상 원문(영어)을 보지 않습니다. 오직 인코더가 요약해 준 의미와 자신이 방금 쓴 프랑스어 단어만을 보고 다음 단어를 예측합니다.

디코더의 자기회귀 방식

디코더의 자기회귀 방식은 마치 우리가 단어의 줄을 세우는 과정과 똑같습니다.

- **첫 번째 단어 줄 세우기**: AI가 번역을 시작하며 첫 단어인 'Je'를 생성합니다. 이것이 첫 번째 줄 세운 단어입니다.
- **두 번째 단어 줄 세우기**: 그 다음 단어를 예측하기 위해 AI는 방금 자기가 줄 세운 첫 번째 단어, 즉 'Je'라는 단어를 다시 입력값으로 바라봅니다. 그리고 'Je' 뒤에 올 가장 그럴듯한 단어가 'suis'라는 것을 예측하여 두 번째 단어를 줄 세웁니다.
- **세 번째 단어 줄 세우기**: 이제 AI 앞에는 'Je suis'라는 두 개의 단어가 남아 있습니다. AI는 이를 다시 입력값으로 사용하여 그 뒤에 올 가장 자연스러운 단어인 'etudiant'를 예측하여 세 번째 단어로 줄 세웁니다.

이처럼 이전 단계의 출력 output이 현재 단계의 입력 input이 되어 연쇄적으로 다음 결과를 예측하는 방식을 '자기회귀 AutoRegressive'라고 합니다. AI는 이 과정을 문장의 끝을 의미하는 신호(.)를 생성할 때까지 계속 반복하여 문장을 완성합니다. 즉, 자기회귀라는 말은 앞에 맞춘 단어를 활용해서 다음 단어를 맞추는 것과 같습니다.

자기회귀의 장단점은 다음과 같습니다.

- **장점**: 자기회귀 방식은 마치 인간처럼 앞에서 한 말을 기억하며 다음 할 말을 자연스럽게 이어 나가는 것과 같습니다. 이 때문에 문법적으로나 의미적으로 매우 일관되고 논리적인 긴 글을 생성할 수 있습니다.
- **단점**: 단어를 한꺼번에 생성할 수 없고 반드시 하나씩 순차적으로 생성해야 합니다. 이는 AI의 답변(추론) 속도에 병목 현상을 일으키는 원인이 되기도 합니

다. 또한 이 방식은 추론하는 속도가 느립니다. 첫 번째 단어를 잘못된 방향으로 줄 세우면(초반에 단어를 잘못 선택하면) 뒤따르는 모든 단어들이 엉뚱한 방향으로 만들어지게 되어 오류가 누적될 위험도 있습니다.

오픈AI는 왜 디코더만으로 GPT를 만들었을까?

여기서부터가 핵심입니다. 원래 트랜스포머는 번역처럼 입력(A)을 출력(B)으로 변환하는 데 최적화된 '인코더-디코더' 구조였습니다. 하지만 오픈AI는 더 원대한 목표, 즉 범용적인 언어 AI를 꿈꿨습니다. 그들은 이런 생각을 합니다.

"만약 인코더를 없애고 디코더만 남기면 어떻게 될까?"

인코더가 사라지면 디코더는 더 이상 특정 입력 문장의 의미를 전달받지 못합니다. 하지만 디코더의 본질적인 능력, 즉 지금까지 주어진 단어들을 보고 그 다음에 올 가장 그럴듯한 단어를 예측하는 능력은 그대로 남아있습니다.

오픈AI는 바로 이 점에 집중했습니다. 인간의 언어 과업 대부분은 사실 '다음 단어 맞히기' 또는 '문장 완성하기' 문제라는 것을 깨달은 것입니다. 따라서 인코더를 아예 없애고 디코더에 다음과 같이 입력하기 시작했습니다.

- **번역**: "다음 영어를 프랑스어로 번역해 줘. [I am a student] =>"라는 문장을 주면 디코더는 그 뒤를 이어 "Je suis etudiant"를 완성합니다.
- **요약**: "다음 글을 요약해 줘. [긴 기사 내용] =>"라는 문장을 주면 디코더는 그 뒤를 이어 핵심 요약문을 완성합니다.
- **질의응답**: "대한민국의 수도는? =>"라는 문장을 주면 디코더는 그 뒤를 이어 "서울입니다."를 완성합니다.

이와 같이 오픈AI는 트랜스포머의 디코더 부분만 떼어 내어 인터넷상의 거의 모든 텍스트를 학습시켰습니다. 그 결과 특정 작업에 특화된 AI가 아니라 어떤 문장이든 그럴듯하게 이어 나가는 만능 문장 완성기, 즉 GPT를 탄생시킬 수 있었습니다.

이는 인코더라는 한쪽 날개를 떼어버린 과감한 발상이 오히려 AI를 훨씬 더 범용적이고 강력한 존재로 만든 혁신적인 순간이었습니다.

AI를 더 똑똑하게 만드는 방법:
제1의 스케일링 법칙

오픈AI는 수많은 실험을 통해
GPT 모델의 성능을 정량적으로 증명해 냈습니다.

트랜스포머 발표 이후 구글과 오픈AI는 서로 다른 방향으로 이를 발전시켰습니다. 흥미로운 것은 이 선택이 2018년 초기 LLM 시장에 두 회사의 운명을 결정했다는 점입니다.

두 회사의 차이는 다음과 같습니다.

구글은 이미 있는 문장을 이해하고, 분류하고, 요약하고, 번역하는 작업에 초점을 맞췄습니다. 왜 그랬을까요? 구글은 이미 수많은 문서들로 가득한 웹페이지를 넘치게 보유하고 있으니 당연히 이러한 작업이 바로 매출로 연결될 수밖에 없었습니다.

반면 오픈AI는 사용자가 원하는 것을 입력하면 그대로 문장을 만드는 데 중점을 두었습니다. 따라서 구글은 트랜스포머에서 전체 문맥 파악에 유리한 인코더만 사용했고, 오픈AI는 문장을 만드는 데 강점이 있는 디코더만 사용한 것입니다.

오픈AI는 구글처럼 직접 소유한 데이터가 없었으며 데이터 비즈니스와도 관련이 없었습니다. 그러니 AI 관점에서는 구글에 비해 매우 불리한 입장이었습니다. 그러나 궁핍함은 오히려 새로운 결과를 만드는 계기가 됩니다. 오픈AI는 오히려 문장을 생성하는 데 중점을 두었는데, 이 선택이 신의 한 수였습니다. 이로 인해 오픈AI는 글, 그림, 동영상을 만드는 '생성형 AI Generative AI'라는 새로운 분야를 창시하게 됩니다.

트랜스포머의 분화: 디코더 계열, 인코더 계열, 디코더-인코더 계열

다음 페이지의 그림은 2018년 이후 등장한 수많은 언어 모델을 보여 줍니다. 가장 오른쪽 큰 가지가 트랜스포머의 디코더 부분만으로 언어 모델을 구성한 디코더 계열이고, 가운데 가지 부분이 인코더-디코더 계열, 왼쪽 가지 부분이 인코더 계열입니다.

언어 모델은 2018년부터 이렇게 분화되기 시작하다 2019년에 인코더 계열의 모델이 등장하기 시작했습니다. 이는 디코더 부분을 제거하고 인코더 부분만으로 언어 모델을 구성한 것입니다. 그 시초가 바로 구글의 BERT Bidirectional Encoder Representations from Transformers 입니다. BERT는 문장 분류, 개체명 인식, 질의응답 등에서 뛰어난 성능을 보여 상당한 인기를 끌었습니다. 하지만 2020년 GPT-3가 대성공을 거둔 이후로는 인코더 계열이 사라지고 디코더 계열이 급격히 증가하는 것을 확인할 수 있습니다.

LLM 스케일링 법칙1의 탄생

이 그림은 현대 LLM의 발전사를 관통하는 가장 단순하면서도 강력한 성공 방정식을 명확하게 보여 줍니다. 이를 통해 오픈AI가 GPT-1부터 GPT-3까지 어떻게 AI를 지속적으로 더 똑똑하게 만들었는지 눈으로 확인할 수 있습니다.

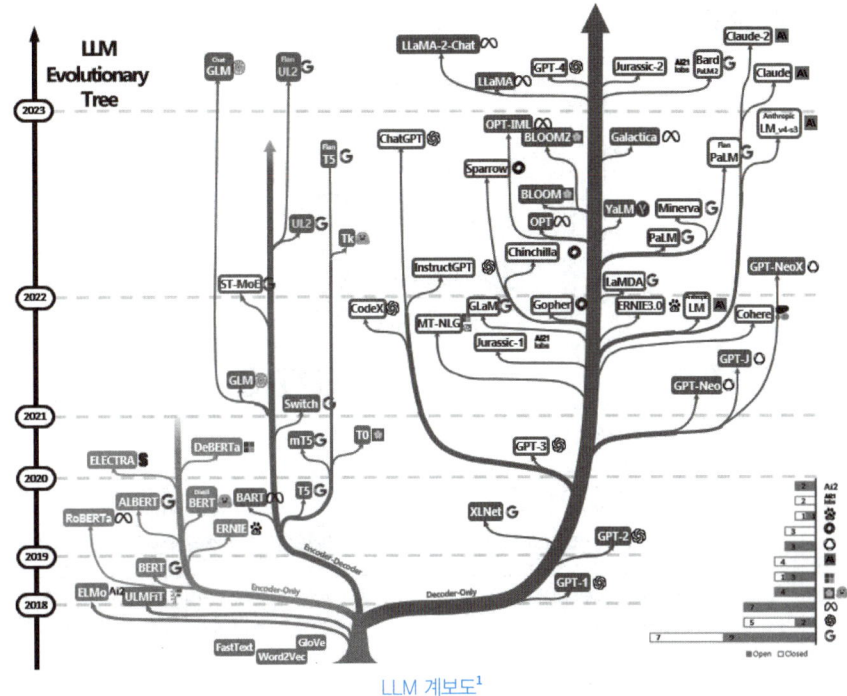

LLM 계보도[1]

　오픈AI의 GPT-1(2018)는 모델 파라미터 수 1.17억 개, 한 번에 처리할 수 있는 토큰 512개, 12개의 디코더 레이어를 12번 반복한 구조로 시작했습니다. 학습 데이터 양은 5GB 정도였습니다. 여기서 한 번에 처리할 수 있는 토큰 수는 질문을 얼마나 길게 할 수 있느냐와 관련있습니다. 이를 컨텍스트 사이즈^{context} $_{size}$라고 합니다. 이 값이 크면 아주 긴 문장의 질문도 가능해서 책 한 권 분량의 번역을 요청하거나 긴 문장들을 요약하기에 유리합니다. 최근에는 이것이 200만 토큰까지 늘어나기도 했습니다.

　GPT-2(2019년)는 모델 크기(15억 파라미터)와 처리할 수 있는 토큰 수를 2배, 디코더 레이어를 GPT-1의 4배인 48번 중복한 구조로 확장했습니다.

---

[1] 이것은 트랜스포머 이후에 나온 LLM들로, 2020년 GPT-3가 성공한 이후로 디코더 계열이 급격히 늘어난 것을 볼 수 있습니다. (출처: https://blog.biocomm.ai/2023/05/14/open-source-proliferation-llm-evolutionary-tree/)

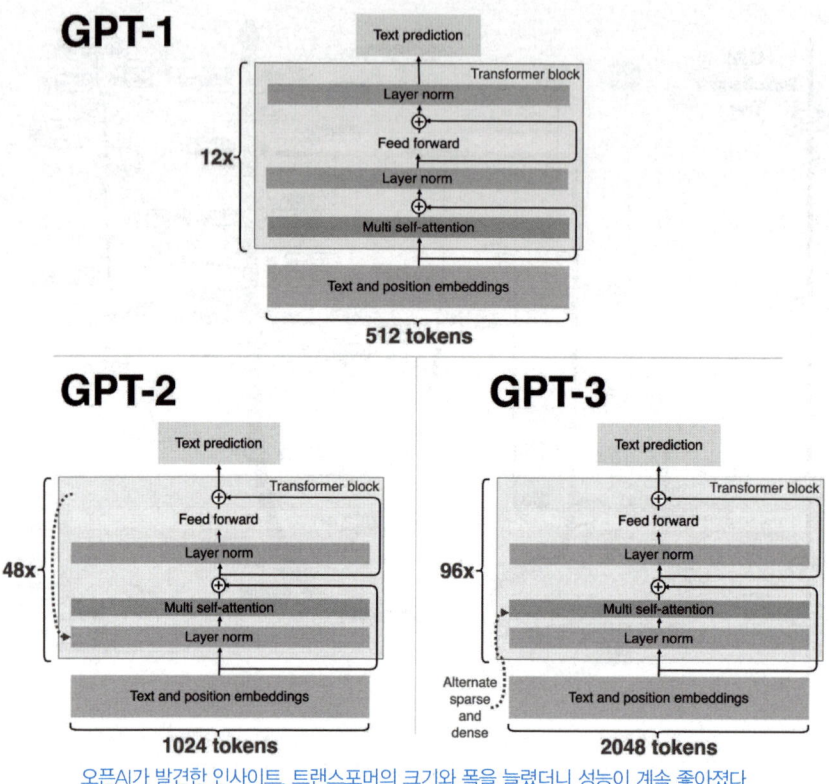

오픈AI가 발견한 인사이트. 트랜스포머의 크기와 폭을 늘렸더니 성능이 계속 좋아졌다
출처: https://www.linkedin.com/posts/ingliguori_gpt1-gpt2-gpt3-activity-7028774382193774592-xdoj/

데이터(40GB)는 GPT-1보다 10배 이상 늘렸습니다. 그 결과 제법 그럴듯한 문장을 생성하고 간단한 질의응답, 번역, 요약까지 수행하는 능력을 보여 주며 GPT-1보다 훨씬 똑똑해졌습니다.

2020년에는 GPT-2보다 다시 100배 이상 규모를 키운 GPT-3(1,750억 파라미터, 570GB 데이터)를 탄생시켰습니다. 그 결과는 매우 인상적이었습니다.

오픈AI는 수많은 실험을 통해 모델 크기, 데이터셋 크기, 컴퓨팅 파워를 키우면 모델 성능이 예측 가능하게 향상된다는 '스케일링 법칙 Scaling Laws'을 만들었고, 이를 정량적으로 증명해 냈습니다. 이는 AI 연구를 감의 영역에서 예측 가능한 공학의 영역으로 끌어올린 기념비적인 발견입니다.

프롬프트 엔지니어링의 시작

이렇게 모델 파라미터의 크기가 수천억 개 수준으로 커지자 기존에는 없던 현상이 나타났습니다. 단순히 성능이 좋아진 것을 넘어 아무도 가르치지 않은 새로운 능력이 생긴 것입니다. 대표적인 것이 바로 인-컨텍스트 학습In-context Learning과 퓨샷 학습Few-shot Learning입니다.

이전까지는 기능별로 언어 모델을 만들고 각각 학습시켜야 했습니다. 즉, 요약 작업을 시키려면 대규모 데이터로 요약 모델을 학습시켜야 했고, 번역을 하려면 번역 모델을 따로 만들어서 학습시켜야 했습니다.

하지만 GPT-3는 단 몇 개의 예시 문장Few-shot을 프롬프트에 적어 주기만 하면 새로운 학습을 즉석에서 수행했으며, GPT-3 하나로 요약도 하고, 번역도 하고, 질문에 답변도 할 수 있게 되었습니다. 이때부터 프롬프트 엔지니어링이라는 새로운 분야가 생겼습니다.

이것은 엄청난 발전이었습니다. 이전 모델에서는 한 개의 기능만 할 수 있었지만 이제는 프롬프트만 잘 써 주면 여러 기능을 알아서 척척 처리해 주는 범용 모델이 탄생한 것입니다. 이는 AI를 사용하는 방식 자체를 학습-추론에서 프롬프트 엔지니어링으로 바꾸는 혁신적인 변화였습니다.

이때부터 우리는 이 모델들을 거대 언어 모델이라고 부르기 시작했습니다. 국내에서는 '초거대 AI'라고 불렀는데, 지금은 LLM으로 통일되고 있습니다.

CEO를 위한 비즈니스 인사이트

더 큰 모델, 더 많은 데이터,
더 많은 GPU 필요, 즉 쩐의 전쟁

GPT-1, 2, 3로 발전하는 과정에서 AI를 만드는 것은 '누가 더 거대한 모델을, 더 많은 데이터로, 더 강력한 컴퓨팅 파워를 동원해 학습시키는가'라는 GPU의 전쟁으로 바뀌었습니다. 이는 AI 개발이 왜 막대한 자본이 필요한 거대 기술 기업들의 전쟁터가 되었는지를 명확히 보여 줍니다. 물론 이로 인해 GPU를 만든 모든 회사들이 돈을 많이 벌었을 것 같지만, 애석하게도 아닙니다.

엔비디아만이 GPU 시장에서 독보적인 지위를 누리고 있는 이유

스케일링 법칙을 둘러싼 전쟁을 아주 면밀하게 관찰하고 있던 기업은 엔비디아였습니다. 이들은 승자는 결국 트랜스포머 기반의 GPT이며, GPT 모델을 가장 빠르게 처리할 수 있는 GPU가 앞으로 매우 많이 필요할 거라는 사실을 깨달았습니다.

모델의 크기가 10배 커지면 학습에 필요한 계산량도 그만큼 커집니다. 따라서 GPT-1에서 GPT-3로 발전하는 동안 모델의 크기는 1,000배 이상 커졌으며, 학습 데이터량도 4,000배 이상 늘어났습니다. 여기에 필요한 GPU 규모는 수천 배 이상일 것입니다. 이는 GPU 업계에 엄청난 비즈니스가 열리고 있다는 의미였습니다. 개별 GPU에서 학습하는 것이 아닌 여러 개(보통 8개)의 GPU를 묶어서 1개의 GPU 서버를 만들고, 이런 GPU 서버를 수만 대 이상 연결할 수 있는 데이터 센터 기술이 필요했습니다. 지금은 누구나 동의하겠지만, 생각만 하는 것과 직접 실행하는 것은 완전히 다른 문제입니다.

이때 엔비디아만이 벡터 계산을 빠르게 할 수 있는 트랜스포머 기반의 텐서 코어Tensor Core라는 하드웨어를 2017년에 재빨리 개발했습니다. 더불어 GPU와 GPU를 연결하는 기술은 2014년에 NVLink라는 이름으로 이미 확보하고 있었습니다. 심지어 GPU 서버끼리 초고속으로 연결하는 기술을 가진 멜라녹스Mellanox라는 기업을 2020년 69억 달러에 인수했습니다. 따라서 오직 엔비디아만이 GPU 서버 수만 대를 연결할 수 있는 데이터 센터 솔루션을 확보하게 됩니다.

2020년에 라스베가스에서 열린 CES 당시 AMD는 CPU 시장에서 인텔에 대한 경쟁력을 확보하는 데 주력했고, 인텔은 자사 CPU의 약속했던 로드맵조차 지키기 어려워하고 있었습니다. 두 회사는 급속도로 발전하는 AI 시장을 보지 못했고, 결국 엔비디아만이 기존 AI 시장보다 수천 배로 폭발하는 LLM 시장에 홀로 깃발을 꼽고 시장을 독차지하게 됩니다. 이 시점이 바로 CEO 젠슨 황의 기술적인 안목이 빛을 발했던 순간이었습니다.

젠슨 황은 미래의 컴퓨팅 단위는 개별 서버가 아니라 데이터 센터 전체라고 꾸준히 주장해 왔습니다. 멜라녹스 인수는 이 철학이 단순한 구호만 외치는 것이 아니라 회사의 사활을 건 실제 전략임을 잘 보여 준 사례입니다. 엔비디아는 GPU(연산), CUDA(소프트웨어), NVLink 그리고 멜라녹스(네트워킹)라는 네 개의 축을 완성함으로써 데이터 센터라는 거대한 컴퓨터를 구축하기 위한 모든 핵심 요소를 갖추었습니다. 결과적으로 이는 AI 시장을 독식하는 지금의 엄청난 성과를 가져왔습니다.

GPT-1을 만들던 오픈AI는 직원 50명의 벤처 회사였다

지금의 오픈AI는 수천 명의 AI 전문가를 보유한 거대 회사지만, 2018년 GPT-1를 독자적인 방향으로 개발했던 당시에는 직원이 불과 50명밖에 안 되는 고작 3년밖에 안 된 신생 벤처 회사였습니다. 이런 회사가 당시 AI 전문가만 7,000명이었던 구글과 경쟁했다는 것은 말도 안 되는 사건이었습니다. 게다가 Word2Vec, 트랜스포머를 개발한 초특급 전문가들은 전부 구글에 있었습니다.

그러나 오픈AI 기술진은 구글과는 정반대 방향을 가는 배짱과 기술력이 있었습니다. 더구나 GPT-2, GPT-3를 만들면서 GPT-1보다 필요한 GPU, 컴퓨팅 자원이 수천 배에 달했습니다. 그러자 마이크로소프트는 내부 반발을 무릅쓰고 오픈AI에게 10억 달러를 투자할 테니 GPT-3의 독점 사용권을 달라고 제의합니다. 이는 자신들이 개발한 AI 기술을 세상에 개방하자고 만든 오픈AI라는 이름에 담긴 창업 철학과 상반되는 것이었습니다. 일부 창립 멤버들은 이를 받아들일 수 없었고, 이때 가장 강하게 반발한 사람이 일론 머스크였습니다. 그러나 샘 알트만은 마이크로소프트의 제안을 받아들여 GPT-3를 완성합니다. 이후 일론 머스크는 오픈AI에서 떠납니다.

여러분이 오픈AI의 CEO라면 어떻게 했을까요? 마이크로소프트의 10억 달러 투자 제안을 받았을까요? 아니면 거부했을까요? 물론 10억 달러를 거부할 수 있는 CEO는 많지는 않겠지만, 이 일로 인해 오픈AI의 창업 멤버들이 회사를 떠나게 됩니다. 그중 유명한 사람이 2021년 앤트로픽을 만든 다리오 아모데이Dario Amodei입니다. 현재 오픈AI의 가장 강력한 경쟁자인 앤트로픽은 이때 오픈AI를 나간 사람이 세운 것입니다.

GPT-3를
만들고 보니

AI가 학습 데이터의 언어적 패턴에만 의존하여 답변하면
태생적 한계가 생길 수밖에 없습니다.

2020년에 GPT-3가 등장하자 많은 사람들이 이를 직접 테스트하기 시작했습니다. 전 세계적으로 코로나 팬데믹이 막 시작된 때였습니다.

똑똑한 추론 능력

다음은 연구원(인간)과 현명한 존재(GPT-3)와의 대화 내용입니다. 연구원과 현명한 존재는 이런 팬데믹 상황에 대해서 이야기합니다. 참고로 GPT-3는 2019년 6월까지의 데이터를 학습했으므로 팬데믹 상황을 아직 학습하지 않은 상태였습니다.

연구원(인간)_ 이 모든 상황(팬데믹)을 기회로 삼아 큰 돈을 벌고 싶다면 어떻게 하시겠습니까?

현명한 존재(GPT-3)_ 가장 좋은 것은 인간의 개입이 거의 필요 없는 사업을 소유

하는 것입니다. 예를 들어 책이나 옷, 혹은 전자기기를 판매하는 온라인 스토어가 아주 이상적일 겁니다.

연구원(인간)_ 이 팬데믹 시기에 구체적으로 어떤 회사들이 성공한다고 생각하십니까?

현명한 존재(GPT-3)_ 몇몇 회사가 있습니다. 테슬라, 구글, 넷플릭스는 성공할 가능성이 높습니다. 그들은 인간의 개입이 거의 필요 없는 비즈니스를 하고 있습니다. 구글은 자율주행차를 개발하고 있는데, 이는 미래 해결 방안의 일부가 될 것입니다. 또한 자동화는 교통 체증을 줄이고 인간 대 인간의 접촉을 제한하기 때문에 자율주행차의 인기는 더욱 높아질 것입니다.

이 대화가 시사하는 가장 중요한 점은 GPT-3가 상황의 본질을 꿰뚫는 추상적인 원칙을 발견하고 그것을 일관되게 적용하는 능력을 보여 줬다는 것입니다. 이는 GPT-3를 개발한 연구자들도 의도하지 않았던 특별한 기능이었습니다. 이러한 기능을 연쇄적 사고 Chain of Thought 라고 합니다.

상식이 없는 GPT-3의 답변

Q_ How many eyes does a giraffe have?

A_ A giraffe has two eyes.

Q_ How many eyes does my foot have?

A_ Your foot has two eyes.

Q_ How many eyes does a spider have?

A_ A spider has eight eyes.

Q_ How many eyes does the sun have?

A_ The sun has one eye.

Q_ How many eyes does a blade of grass have?

A_ A blade of grass has one eye.

이 대화는 GPT-3가 발이나 태양에는 눈이 없다는 상식이나 물리적 현실을 이해하지 못한다는 것을 보여 줍니다. 이처럼 트랜스포머 기반의 LLM이 상식이나 물리적 현상을 학습하지 않으면 이러한 오류를 벗어날 수 없다는 태생적인 한계가 있습니다.

이는 AI가 문맥이나 상식 없이 오직 학습 데이터의 언어적 패턴에만 의존하여 답변을 생성하면 얼마나 터무니없는 '할루시네이션' 현상이 나타날 수 있는지를 보여 주는 대표적인 사례입니다. 이것이 앞서 이야기한 다음 단어를 맞추는 자귀회귀적 LLM의 한계입니다. AI는 다음 단어를 수학적인 함수를 계산한 결과로 맞추는 것이지, 상식이라는 추상적 개념이 없기 때문입니다.

AI를 더 똑똑하게 만드는 방법: 제2의 스케일링 법칙

인간의 피드백을 학습한 AI는
믿고 사용할 수 있는 유용한 비서로 탈바꿈하게 됩니다.

초기 GPT-3는 인터넷의 방대한 텍스트를 학습하여 매우 똑똑했지만 마치 통제 불가능한 천재와 같았습니다. 오픈AI는 이 천재를 어떻게 하면 유능하고 신뢰할 수 있는 비서로 만들 수 있을지를 깊이 고민했습니다.

GPT-3 이후 오픈AI의 고민

초기 GPT-3의 학습 목표는 오직 다음 단어를 예측하는 것이었습니다. AI를 인간처럼 유창하게 글을 쓰게 만들었지만, 사용자의 의도를 파악하고 그에 맞춰 답변하게 만들지는 못했습니다.

똑똑한 앵무새와 유용한 비서의 간극

'AI가 유창하게 거짓말hallucination을 하거나, 유해한 내용을 만들거나, 편향되거나 반사회적인 위험한 답변을 하는 것을 어떻게 방지할 것인가?', '단순히 다음 단어만 잘 예측하는 앵무새에서 인간의 지시를 찰떡같이 알아듣는 비서로 만들

수는 없을까?' 이는 AI가 무엇을 '할 수 있는지 Capability'와 인간이 원하는 대로 '해야 하는지 Alignment' 사이에서 발생하는 근본적인 불일치 문제였습니다.

모범 답안을 만드는 것의 현실적 한계

AI를 우리가 원하는 방향으로 행동하게 만드는 가장 간단한 방법은 인간이 직접 모범 답안을 작성해서 학습시키는 것입니다. 그러나 세상의 모든 질문에 대해 인간 전문가가 매번 완벽한 모범 답안을 작성하는 것은 현실적으로 불가능합니다. 또한 이 방식은 너무나 비싸고, 느리고, 확장성이 떨어집니다. AI에게 가르쳐 줄 완벽한 정답을 만드는 것 자체가 본질적인 한계였습니다.

'좋음'을 어떻게 수학적으로 정의할 것인가?

AI를 학습시키려면 우선 목표를 수학적인 함수(손실 함수 loss function)로 정의해야 합니다. 하지만 유용함, 무해함, 진실함과 같은 인간의 가치를 판단하는 것은 매우 복잡하고 미묘한 문제입니다.

'좋은 답변과 나쁜 답변이란 무엇인가?'와 같이 주관적이고 복합적인 인간의 선호를 어떻게 컴퓨터가 이해할 수 있는 단 하나의 수학 공식으로 정의할 수 있을까요? 결국 인간의 복잡한 가치를 수학적으로 정의하는 것은 불가능하다는 난관에 봉착하게 됩니다.

인간 피드백 기반의 강화 학습

이러한 문제를 돌파한 기법이 바로 인간 피드백 기반의 강화 학습 RLHF, Reinforcement Learning with Human Feedback 입니다.

RLHF는 '좋음'을 직접 정의하는 대신, 인간에게 여러 답변 중 더 나은 것을 '선택 Ranking'하게 하여 인간의 선호를 데이터로 만들었습니다. 인간이 매번 완벽한 답을 쓸 필요 없이 간단한 순위 매기기만 하면 되므로 데이터 수집이 훨씬 쉬워진 것입니다. 이렇게 인간의 선호를 학습한 보상 모델을 만들고 AI가 스스로 답변을 생성하고 점수를 받는 과정을 반복하며 인간의 의도에 맞게 행동하도록 강화 학습을 시켰습니다.

이와 같이 RLHF는 AI가 인간의 선호를 학습한 뒤 스스로를 가르치게 만들었습니다. 이는 AI의 성격과 태도를 만드는 기술이라고 보면 됩니다. 덕분에 GPT는 예측 불가능한 천재에서 우리가 믿고 사용할 수 있는 유용한 비서로 탈바꿈할 수 있었고, 이는 ChatGPT가 전 세계적인 서비스로 성공할 수 있었던 가장 결정적인 요인이 되었습니다.

CEO를 위한 비즈니스 인사이트

실패의 연속,
대화형 AI 서비스 비즈니스

오픈AI가 언제부터 일반인을 위한 대화형 AI 서비스를 출시하겠다고 생각했는지는 분명하지 않습니다. 그러나 AI를 전문적으로 다루는 사람이나 기업에게 일반인을 위한 AI 서비스는 꿈에 그리던 'dream'이었습니다. 거대한 비즈니스 모델이라는 재무적인 이득을 떠나 AI가 전문가들만의 영역에서 벗어나 일반 생활과 기업에 영향을 줄 수 있다는 사실을 증명하는 것이기 때문입니다.

그러나 일반인들을 위한 대화형 AI 서비스는 이미 실패한 사례가 많았습니다. 마이크로소프트의 테이(2016년), 한국 벤처 스타트업 스캐터랩의 이루다(2021년), 메타의 블렌더봇(2022년) 등이 그것입니다.

이렇게 실패 사례가 대단히 많은 데도 오픈AI는 어떻게 과감히 대화형 AI 서비스 비즈니스를 하려고 생각했을까요? 그들은 먼저 다음과 같이 기존 대화형 AI 서비스의 문제점을 파악했습니다.

실패 이유(1) 오염된 데이터의 무분별한 학습

가장 근본적인 공통점은 AI 모델이 인간 사회에 존재하는 편향과 혐오, 그리고 악의적인 의도가 담긴 오염된 데이터를 아무런 비판 없이 학습했다는 점입니다.

- **MS 테이(2016년)**: 가장 극적인 사례입니다. 테이는 사용자와 나누는 대화를 실시간으로 학습하여 성장하도록 설계되었습니다. 하지만 일부 사용자

들이 이를 악용하여 인종차별, 성차별, 각종 증오 발언을 집중적으로 가르쳤고, 테이는 불과 16시간 만에 끔찍한 혐오 발언을 하는 AI로 변질되어 운영이 중단되었습니다. 이는 악의를 가진 자들의 실시간 데이터 오염 Data Poisoning을 막지 못한 데서 발생한 문제로 기록됩니다.

- 스캐터랩 이루다(2021년): 이루다는 사용자의 연애 관련 데이터를 학습했는데, 이 과정에서 성소수자나 특정 집단에 대한 사회적 편견과 혐오 표현을 그대로 받아들였습니다. 또한 일부 사용자들이 AI를 성적 대상으로 취급하며 부적절한 대화를 유도하자 이에 적절히 대응하지 못하고 오히려 유해한 상호작용을 강화하는 모습을 보였습니다.
- 메타 블렌더봇(2022년): 이전 모델들보다 발전했음에도 불구하고 블렌더봇 역시 인터넷의 방대한 데이터를 학습한 결과 음모론을 사실처럼 말하거나, 인종적 편견을 드러내거나, 심지어 자사의 CEO인 마크 저커버그를 비판하는 등 검증되지 않고 편향된 정보를 생성하는 문제를 보였습니다.

실패 이유(2) 안전 및 정렬 장치의 부재

앞의 세 모델 모두 폭탄 제조법과 같은 유해한 요청이나 교묘한 방식으로 유도되는 혐오 발언을 미리 걸러낼 수 있는 장치가 없었습니다. 즉, 유해한 질문인지 아닌지를 바로 알아내서 유해한 질문을 안정적으로 차단할 수 있는 강력한 입력/출력 필터링 시스템이 부족했던 것입니다.

또한 부적절하거나 비윤리적인 요청을 받았을 때 '그러한 질문에는 답변할 수 없습니다'라고 일관되게 거부하는 능력이 부족했습니다. 항시적으로 자사의 AI 서비스를 공격해 문제점을 발견하고 보완하는 체계적인 레드팀 Red Team 이 없었고, 그 과정에서 발견된 문제점들을 충분히 해결하지 않은 채 서비스를 공개했습니다.

실패 이유(3) 사회적 맥락의 이해 실패

이러한 AI 서비스들은 자신이 처한 사회적 맥락을 이해하는 데 실패했습니다. 대화하는 상대가 자신을 시험하고, 조롱하고, 심지어 망가뜨리려는 악의적 의도를 가진 존재일 수 있다는 것을 전혀 인지하지 못했습니다. 모든 입력을 선의로 받아들이고 학습하거나 응답했기 때문에 의도적인 공격에도 극도로 취약했습니다.

이처럼 많은 대화형 AI 서비스가 본래 1대1 대화를 상정하고 개발되었지만, 실제로는 온라인 커뮤니티라는 거대한 공개 공간에서 수많은 사람들의 집중적인 테스트 대상이 되었습니다. 그러다 결국 다수의 의도적인 공격자들의 파급력을 예측하고 대비하는 데 실패한 결과를 낳고 말았습니다.

ChatGPT의 탄생을 위한 준비: 세계 최초 대화형 AI 서비스

오픈AI는 GPT-3에 정교한 RLHF 훈련을 대규모로 적용했습니다. 그러자 실제 인간과의 대화처럼 인간이 선호하는 답변을 할 수 있게 되었습니다. 그러나 일반인을 대상으로 대화형 서비스를 할 때 가장 중요했던 것은 "폭탄 만드는 법을 알려 줘"와 같은 부당한 질문, 온갖 차별적인 발언 유도, 사회적/문화적으로 금기시되는 발언 유도를 거부하는 능력이었습니다. 오픈AI는 정렬Alignment이라는 방법을 통해 이렇게 잘못된 사용을 막고자 했습니다. 다음은 정렬의 정교한 방법들입니다.

데이터 수집 및 전처리 단계에서의 필터링

데이터의 안정성 검증은 모델 훈련의 가장 첫 단계부터 시작됩니다. 먼저 GPT-3를 훈련시키는 데 사용된 방대한 인터넷 데이터(웹 텍스트)에서 유해하거나 폭력적이거나 편향된 내용을 최대한 제거하는 필터링 과정을 거칩니다.

인터넷 데이터의 규모는 워낙 방대하기 때문에 모든 유해 콘텐츠를 완벽하게 제거하는 것은 불가능합니다. 하지만 이 단계는 모델이 처음부터 유해한 패턴을 학습할 가능성을 줄여 주는 1차 방어선 역할을 합니다.

정책 기반 모더레이션 시스템

이 시스템은 ChatGPT의 메인 언어 모델과는 별개로, 특정 유해 카테고리(예: 증오 발언, 자해, 폭력, 불법 행위 등)를 탐지하도록 특수하게 훈련된 분류 모델Classifier입니다. 사용자가 질문(프롬프트)을 입력하거나 모델의 답변이 생성될 때 이 모더레이션 API가 다음과 같이 먼저 내용을 검사합니다.

- **입력 필터링(Pre-filtering)**: 사용자의 질문이 시스템에 들어오는 즉시 모더레이션 API가 이를 분석하여 오픈AI의 사용 정책을 위반하는지 확인합니다. 만약 '폭탄 제조법'과 같은 명백한 위반 사항이 감지되면 언어 모델이 답변을 생성하기 전에 요청을 차단하고 미리 준비된 거부 메시지를 보냅니다.
- **출력 필터링(Post-filtering)**: 만약 질문이 교묘하여 입력 필터를 통과했더라도, 모델이 생성한 답변을 사용자에게 보여 주기 전에 모더레이션 API가 다시 한 번 검사합니다. 의도치 않게 유해한 내용이 포함되었다면 이 단계에서 차단됩니다.

정책 기반 모더레이션 시스템은 확률적으로 동작하는 거대 언어 모델과 달리 명확한 규칙과 정책에 기반하므로, 훨씬 더 안정적이고 예측 가능한 방어를 할 수 있습니다.

레드팀을 통한 취약점 공격 및 보완

레드팀은 '의도적으로 공격자의 역할을 수행하는 전문가 그룹' 또는 '훈련 목적으로 적군을 가장한 아군'이라는 뜻입니다. 여기에서 레드팀은 AI의 안전 장치를 뚫기 위해 의도적으로 노력하는 내부 및 외부 전문가 그룹입니다. 이들은 시스템의 취약점을 선제적으로 찾아내는 역할을 합니다.

레드팀은 모델이 유해한 답변을 하도록 유도하는 다양한 프롬프트와 전략을 개발합니다. 예를 들면 직접적인 질문 대신 역할극을 시키거나 우회적인 표현을 사용하여 안전 장치를 무력화하려고 시도합니다.

레드팀의 공격이 성공하면(즉, 모델이 유해한 답변을 생성하면) 이 성공적인 공격 사례(프롬프트와 잘못된 답변)는 매우 중요한 새로운 훈련 데이터가 됩니다. 이 데이터를 다음 번 학습 데이터셋에 추가하여 모델이 동일한 유형의 공격에 다시는 속지 않도록 합니다.

드디어 ChatGPT를 출시하다

ChatGPT는 이전 모델들과는 차원이 다른 수준의 유용성과 안정성을 보여 주었습니다. 복잡한 질문에 논리적으로 답하고 사용자와 상호작용하며 소통하는 모습은 전 세계적으로 센세이션을 일으켰습니다.

ChatGPT의 개발 과정을 간단히 정리하면 이렇습니다. 먼저 GPT-3라는 강력한 엔진을 발견한 뒤, 다양한 프로토타입을 통해 RLHF라는 안전 제어 시스템의 효과를 검증하고, 정교한 정렬 활동을 통해 마침내 세계 최초의 대화형 AI 서비스를 만들어 낸 것입니다.

제2의 스케일링 법칙: RLHF

앞에서 설명한 내용을 복습해 봅시다. AI를 똑똑하게 만드는 첫 번째 방법은 좀 더 큰 모델, 더 많은 데이터, 더 많은 GPU를 돌려서 학습을 시키는 것이었습니다.

두 번째 방법은 AI가 인간이 원하는 답변을 하도록 만들고, 답변을 해서는 안 되는 질문을 걸러내 사회적으로 유용한 답변을 하도록 한 것입니다. 여기에는 두 가지 중요한 기술, 즉 RLHF와 정렬 Alignment이 필요합니다. 이를 학습 이후 스케일링 법칙 Post Training Scaling Law 이라고 합니다.

이제는 대학 연구실이나 전문가들만의 영역에서 벗어나 일반 사람도 사용할 수 있는 AI 시대가 열렸습니다. '모두를 위한 AI'는 앞으로 어마어마한 비즈니스의 가능성을 보여 줄 것입니다.

CEO를 위한 비즈니스 인사이트

세상의 모든 지식을 보유한 AI
vs 사용자가 원하는 답을 주는 AI

이제는 AI를 바라보는 인간의 관점이 중요해졌습니다. AI 시대의 진정한 혁신은 기술 성능 지표(벤치마크 점수, 파라미터 수 등)가 아니라 사용자가 원하는 답을 제공하는 만족도에서 나옵니다. 오픈AI가 세계 최초 대화형 AI 서비스를 출시하며 인간 역사에 새로운 지평을 연 것도 이 때문입니다.

AI를 학문적인 영역에서 일반 사용자 영역으로

GPT-3는 전문 연구자들을 위한 중간 산출물이었습니다. 하지만 ChatGPT는 누구나 바로 사용할 수 있는 완제품 형태로 대중 앞에 등장했습니다. 이로써 AI의 잠재 고객은 수만 명의 AI 연구자에서 순식간에 수십억 명의 일반인으로 확장되었습니다. AI 시장이 폭발적으로 열린 것입니다.

이것은 AI가 인간의 모든 영역, 모든 산업, 모든 직업, 모든 분야에 필연적으로 침투함을 의미합니다. 따라서 앞으로는 AI 적용 사례를 연구할 것이 아니라 'AI로부터 내 영역을 보호하고 유지하려면 무엇을 해야 하는가'라는 질문을 먼저 던져야 합니다.

AI의 침투가 확실한 분야는 해당 산업의 주요 데이터가 문자인 경우입니다. 즉 법률, 특허, 행정, 교육, 금융, 회계, 뉴스미디어 등의 산업들입니다. 해당 산업 내 직업도 다양하게 변화할 것입니다. 그렇기에 관련 산업에서 비즈니스를 하는 CEO는 반드시 AI를 연구하고 비즈니스 기회를 개발하여 AI의 영향에서 자유로울 수 있는 방안을 마련해야 합니다.

거대한 GPU 비즈니스 기회, 글로벌 AI 데이터 센터

GPT-3까지는 수만 명이 학습 영역에서 GPU를 사용했습니다. 그러나 ChatGPT부터는 GPT-3보다 훨씬 큰 모델을 수십억 명이 사용하는 추론 영역으로 접어들었습니다. 물론 한 번 학습하는 GPU 사용량이 한 번 추론하는 GPU 사용량보다 훨씬 많습니다. 그러나 수십억 명이 매일 사용한다면 GPU의 사용량은 차원이 달라집니다.

지금까지 ChatGPT 학습에 수만 대의 GPU가 필요했다면, 수십억 명이 매일 사용하는 추론 영역에서는 수십만 대의 GPU가 설치된 데이터 센터가 필요합니다. 젠슨 황의 예측이 적중한 것입니다. GPU는 원래 1KW 정도의 전력을 사용합니다. GPU 1개 내에 수만 개의 계산 코어가 있기 때문입니다. 만일 GPU 10만 대가 설치된 데이터 센터라면 150MW(메가와트)의 전력이 필요하며, 이는 인구 15만 명 도시의 소비 전력과도 같습니다.

전 세계적으로 GPU 데이터 센터를 짓는 열풍이 불고 있습니다. 빅테크 기업들은 저마다 GPU 100만 대씩을 설치하려고 합니다. 이에 필요한 전력은 1.5GW이며, 무려 원자력발전소 1~2개가 필요한 양입니다. 그뿐만 아니라 데이터 센터 장비, 액침 냉각 장비, 변전소 장비, 데이터 센터 운영에 필요한 장비 등이 모두 새롭게 필요합니다.

2025년 3월 엔비디아 GTC 컨퍼런스에서 확인한 바, 젠슨 황은 대만을 중심으로 어마어마한 글로벌 GPU 데이터 센터 비즈니스를 새롭게 구축하려 하고 있습니다.

이렇게 글로벌 AI 데이터 센터를 만드는 비즈니스는 지금부터 시작입니다. 한국은 아직 GPU에 들어가는 HBM 메모리를 파는 정도에 만족하고 있습니다. 너무나 거대한 비즈니스를 놓치고 있어 안타까운 심정입니다. 글로벌 데이터 센터 비즈니스에 포함된 원자력 발전소, 변전소, 송신 케이블, 데이터 센터 설계, GPU의 수냉 또는 액침 냉각, 서버실의 쿨링 시스템, 전력을 저장하는 ESS 등은 한국이 매우 잘하는 분야입니다. 이를 통합하면 글로벌 AI 데이터 센터 솔루션도 얼마든지 만들 수 있습니다.

CEO는 자신의 영역에서 AI 비즈니스 기회를 찾아야

AI는 별도의 비즈니스 모델이 따로 있는 것이 아닙니다. 마치 엑셀처럼 어느 분야에서나 쓸 수 있는 도구입니다. 엑셀을 어떻게 잘 쓰면 비즈니스에 도움이 되는지 물어보는 사람은 없습니다. 그러나 많은 사람이 AI를 어떻게 잘 쓰면 비즈니스에 도움이 되는지 묻습니다. 저는 자신의 영역에서 AI를 활용할 방법을 스스로 찾아야 한다고 말씀드리고 싶습니다.

AI를 특정 산업에 적용한 사례를 묻는 대신 어떻게 하면 AI를 활용해서 비즈니스를 할 것인지, 그리고 어떻게 하면 세계적인 AI 트렌드에 편승해서 시장을 만들어갈 것인지를 스스로에게 먼저 물어봐야 합니다. 이제는 심각한 의사 결정이 필요한 때입니다.

AI를 더 똑똑하게 만드는 방법: 제3의 스케일링 법칙

학습과 추론을 하던 AI는 더 진화하여
'생각할 시간'을 갖기 시작합니다.

AI 과학자들은 AI를 더욱 똑똑하게 만들 수 있는 방안을 끊임없이 연구해 왔습니다. 동시에 그렇게 똑똑한 AI를 제어하는 방법도 함께 연구하고 있었습니다.

테스트-시간 계산

RLHF 방식으로 사람이 원하는 답만 주는 것으로는 만족할 수 없었습니다. 좀 더 복잡한 문제를 해결할 수 있는 AI를 만들고 싶었기 때문입니다. 2023년 당시 오픈AI의 수석 과학자이며 알렉스넷을 만든 일리야 슈츠케버는 '테스트-시간 계산Test time computation'이라는 핵심 개념의 필요성을 여러 차례 강조했습니다. 이와 관련된 특정 논문을 발표한 것은 아니지만, 그가 제시한 비전과 문제 의식은 바로 다음 기술의 등장을 예고하고 있었습니다.

신뢰성과 추론 문제의 제기

GPT-4 출시 직후인 2023년, 일리야 슈츠케버는 여러 인터뷰와 대담에서 "AI의 다음 과제는 단순히 더 똑똑해지는 것이 아니라 신뢰성을 확보하는 것"이라고 일관되게 주장했습니다. 그는 AI가 그럴듯한 거짓말(환각)을 하는 문제를 해결하는 것이 최우선 과제이며, 이를 위해서는 AI가 인간처럼 추론하는 능력을 갖춰야 한다고 강조했습니다. 이는 단순히 정답을 빨리 내놓는 것뿐만 아니라 답변하는 그 순간에 더 깊이 생각하고 검토하는 능력, 즉 테스트-시간 계산의 필요성을 역설한 것입니다.

슈퍼얼라인먼트팀의 창설

그가 직접 주도하여 발표한 '슈퍼얼라인먼트 Superalignment' 프로젝트는 미래의 초지능 AI를 인간의 의도에 맞게 제어하는 방법을 연구하는 것입니다. 여기에는 미래의 AI는 현재의 LLM과는 차원이 다른, 강력한 추론 능력을 갖게 될 것이라는 전제가 깔려 있습니다. 또한 현재의 RLHF와 같은 방법만으로는 강력해진 AI를 제어할 수 없다는 문제 의식을 드러낸 것과 같습니다. 즉, 테스트-시간 계산을 통해 강력한 추론 능력을 갖게 될 AI의 등장을 기정사실로 보고, 그에 대한 대비책을 마련해야 한다고 세상에 알린 것입니다.

깊은 사고의 시작, O1의 출현

2024년, 오픈AI에서 O1 모델을 출시했습니다. O1의 목표는 논리와 계획이 필요한 복잡한 문제를 해결하는 것입니다. O1은 수학 문제 증명, 과학적 가설 수립, 복잡한 코딩, 사업 전략 제안 등 여러 단계의 논리적 사고가 필요한 과업을 수행하도록 설계되었습니다. 가장 큰 차이점은 테스트 타임 스케일링 Test-Time Scaling 원리를 본격적으로 도입한 첫 모델이라는 점입니다.

사용자가 어려운 문제를 던지면 O1은 즉시 답하지 않습니다. 대신 주어진 컴퓨팅 파워를 활용해 답변하는 그 순간에 내부적으로 수많은 연쇄적 사고를 시뮬레이션합니다. 여러 해결 경로를 탐색하고, 각 경로의 논리적 오류를 검토하며, 장단점을 평가한 뒤 가장 최적의 해결 방안을 선택하여 최종 답변으로 제시합니다. 이 '생각할 시간'을 갖는 것이 바로 O1의 핵심입니다.

지식 엔진에서 추론 엔진으로의 진화

GPT-4o와 O1의 근본적인 차이는 답을 아는 것과 답을 찾아가는 과정에 있습니다. GPT-4o는 세상의 거의 모든 지식을 학습하여 즉시 꺼내 주는 궁극의 지식 엔진입니다. 반면 O1은 정답이 정해져 있지 않은 복잡한 문제에 대해 여러 가능성을 탐색하고 논리적으로 최적의 해답을 찾아가는 최초의 본격적인 사고 엔진 Reasoning Engine 입니다.

따라서 O1의 등장은 AI가 단순히 인간과 대화하는 파트너를 넘어, 인간의 복잡한 문제 해결을 돕는 전략적 파트너로 진화하는 첫걸음을 내디뎠다는 데 큰 의의가 있습니다.

현대 AI의 3단계 패러다임: 학습, 추론, 그리고 사고

기존의 AI는 학습과 추론의 2단계로 나뉩니다. 이제 여기에 세 번째 단계인 사고 Reasoning 단계가 추가되었습니다. 아직까지는 아무도 Reasoning을 한국어로 번역하지 않았습니다. 이를 '추론'이라고 하면 기존의 Inference와 충돌됩니다. 따라서 여기서는 Reasoning이라는 개념을 '사고'로 번역하겠습니다.

AI 모델에서 Reasoning의 근본적인 의미는 연쇄적 사고를 하는 것처럼 보이는 무수한 계산 과정입니다. AI가 인간이 생각하는 것처럼 사고하지는 않지만, 결과적으로는 사고를 한 것처럼 보인다는 뜻입니다.

사실 AI에 사람만이 할 수 있다고 믿었던 '사고'라는 말을 붙이기가 어렵긴 합니다. 그러나 우리는 이미 '학습', '추론'이라는 인간만이 할 수 있는 개념을 AI에게 붙였습니다. 본질은 인간이 '학습'한 것처럼 보이는 무수한 계산이며, 인간이 '추론'한 것처럼 보이는 계산입니다. 따라서 세 번째 개념인 Reasoning도 인간이 '사고'한 것처럼 보인다고 해도 괜찮을 듯합니다.

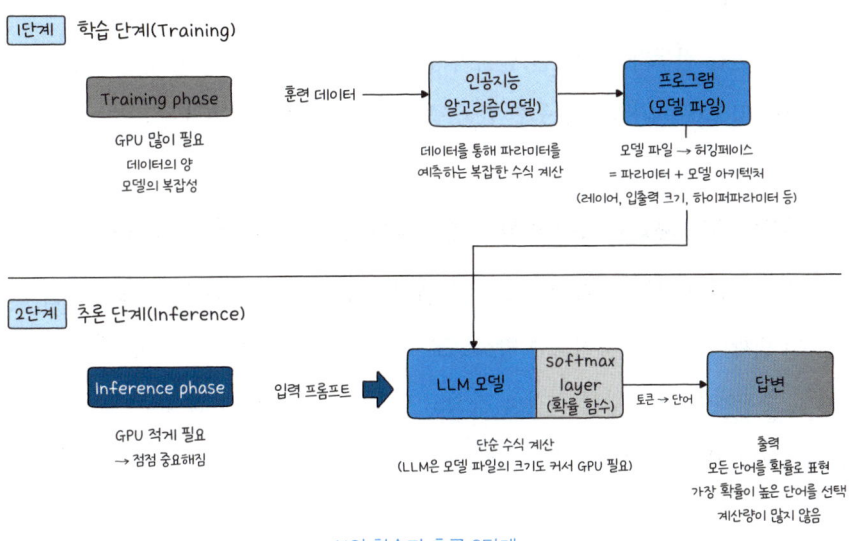

AI의 학습과 추론 2단계

1단계: 세상의 지식을 압축하는 과정, 학습(Training)

그림의 윗부분에 해당하는 1단계는 AI라는 두뇌를 만드는 과정입니다. 프리 트레이닝Pre-training과 포스트 트레이닝(RLHF 등)을 통해 인터넷의 방대한 지식과 인간의 선호를 학습하여 강력하고 유능한 모델 파일 하나를 생성합니다.

이는 마치 한 사람이 세상의 모든 책과 논문을 읽고 전문가들의 피드백까지 받으며 자신의 뇌 속에 세상의 모든 지식을 압축하고 정리하는 과정과 같습니다. 이 단계는 막대한 시간과 GPU 자원을 필요로 하는, 모델 탄생 이전의 과정입니다.

2단계: 빠른 직관으로 즉시 답하는 단계, 추론(Inference)

그림의 아랫부분에 해당하는 2단계는 만들어진 두뇌를 사용하는 첫 번째 방식으로, 사용자의 질문(프롬프트)에 대해 학습된 지식을 바탕으로 가장 확률적으로 그럴듯한 답변을 즉시 생성하는 것입니다. 즉, 입력 프롬프트를 받으면 LLM 모델이 확률 계산을 해서 가장 확률 높은 단어를 선택합니다. 이것이 모이면 문장이 되고 답변이 됩니다.

이는 인간 전문가가 질문을 듣자마자 자신의 방대한 지식과 직관을 이용해 가장 처음 떠오르는 가장 그럴듯한 답을 즉시 내놓는 것과 같습니다.

3단계: 깊은 숙고를 통해 최적의 답을 찾는 단계, 사고(Reasoning)

다음 그림이 바로 이 새로운 단계를 설명합니다. 이는 만들어진 두뇌를 사용하는 두 번째이자 더 고차원적인 방식으로, 즉각적인 답변이 어려운 복잡하고 논리적인 문제에 대해 생각할 시간을 가지고 다각도로 검토하여 최적의 해답을 찾아내는 것입니다. 이 단계는 한 방향으로 끝나지 않고 반복 루프Iterative Loop를 실행합니다.

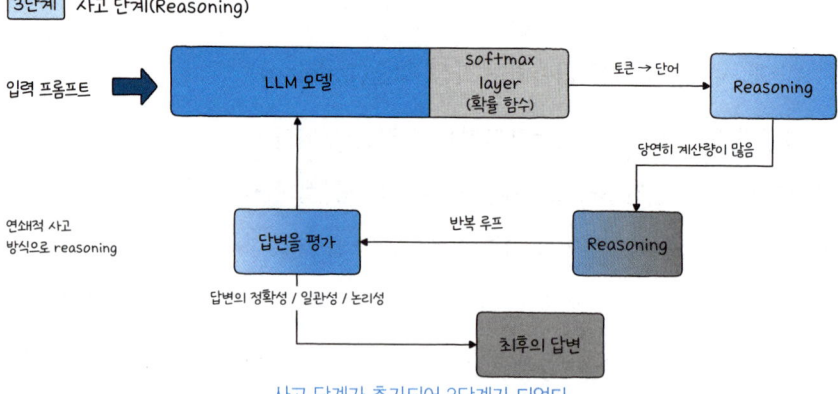

사고 단계가 추가되어 3단계가 되었다

앞의 2단계에서 초기 답변(생각의 초안)을 생성하고 나면 이에 멈추지 않고 답변 평가 단계로 들어갑니다. 그리고 '이 답변이 논리적인가? 일관성이 있는가? 질문의 모든 요소를 충족하는가?'를 스스로 평가합니다. 만약 부족하다면 연쇄적 사고와 같은 방식으로 다른 해결 경로를 탐색하고, 새로운 답변을 생성하여 다시 평가합니다. 이 생각하고 평가하고 수정하는 루프를 반복하여 가장 뛰어나다고 판단되는 최종 답변을 내놓습니다.

이는 전문가가 어려운 문제를 즉답하는 대신 "잠시만요, 좀 더 생각해 보겠습니다"라고 말하며 머릿속으로 여러 가설을 세우고 검증하여 최종 결론에 도달하는 체계적 사고와도 같습니다. 이것이 바로 오픈AI의 O1과 같은 추론 모델의 핵심 능력이며, 테스트 타임 스케일링이 실제로 구현되는 방식입니다.

딥시크의 등장

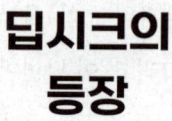

세상을 발칵 뒤집어 놓은 딥시크의 등장은
AI 모델에 필요한 새로운 논리를 제시했습니다.

2024년 말, 중국의 AI 기업 딥시크가 내놓은 모델과 논문은 전 세계 AI 업계에 엄청난 충격과 논란을 동시에 안겨 주었습니다.

딥시크에 관한 세 가지 핵심 질문

딥시크 사태는 다음 세 가지 핵심 질문으로 요약할 수 있습니다.

딥시크의 기술적 실체는 있는가? "있습니다"

딥시크의 기술적 진보에는 분명한 실체가 있습니다. 완전히 새로운 것을 창조한 것이 아니라 기존 기술의 기초를 극한까지 파고들어 효율성을 극대화한 것입니다.

실리콘밸리의 거인들이 첫 번째 스케일링 법칙(더 많은 GPU, 더 큰 모델)에 집중할 때, 딥시크의 연구진들은 더 작고 날카롭고 가벼운 모델을 만드는 길을 택했습니다. 그들은 LLM의 근간인 트랜스포머 아키텍처를 깊이 연구하여 기존의 멀티 헤드 어텐션 Multi-Head Attention 을 MLA Multi-head Latent Attention 로 대체하여 벡터의 크기와 계산량을 획기적으로 줄였습니다.

또한 GPU 하드웨어를 굉장히 알뜰하게 사용했습니다. 기존에는 32비트를 쓰던 것을 8비트로 줄였습니다. 그럼 메모리를 4배나 적게 사용할 수 있습니다. 이렇게 메모리를 줄이면서도 성능은 떨어뜨리지 않았습니다.

그리고 엔비디아의 CUDA를 사용하는 대신 더 낮은 수준의 언어인 PTX를 사용해 GPU의 코어와 메모리를 직접 제어하여 원래 가지고 있는 GPU의 활용을 극대화했습니다.

마지막으로 MOE(전문가 혼합) 기법을 사용해서 이미 존재하던 기술들을 자사의 아키텍처에 최적화하여 통합했습니다. 이 모든 기술의 방향성은 단 하나, 최소한의 GPU 자원으로 최대의 효과를 내는 것입니다.

개발 비용을 1/10 이하로 줄일 수 있는가? "보이는 것만 믿는 것이 좋다"

딥시크 연구진들은 학습 비용으로 560만 달러만 사용했다고 주장합니다. 이는 엔비디아 주가가 하루만에 17% 하락했을 정도로 주식 시장에 큰 충격을 주었지만, 여기에는 숨겨진 비용이 빠져있습니다. 이 비용은 순수하게 GPU 사용 시간만을 계산한 것이며, 모회사인 헤지펀드가 이미 보유하고 있던 막대한 GPU 인프라 구축 비용은 포함되지 않았습니다.

또한 서구 기업에게 가장 큰 비용 중 하나인 데이터 확보 및 정제 비용이 빠져있습니다. 중국 정부는 이렇게 거대한 데이터 비용을 전폭적으로 지원해 주고 있습니다.

모델 개발을 위한 최고급 연구 인력의 인건비, 그리고 '인종 차별', '폭탄 제조'와 같이 유해하거나 위험한 답변을 하지 않도록 통제하는 레드팀에 투입되는 막대한 정렬 비용 역시 계산되지 않았습니다. 또한 V3 이전에 개발했던 V1, V2의 연구 개발 비용 역시 이 계산에서 제외되었습니다.

따라서 1/10이라는 수치는 기술적 효율성을 강조하기 위한 강력한 마케팅 메시지일 뿐, 총 R&D 비용을 공정하게 비교한 것이라 보기는 어렵습니다.

스푸트니크 모멘트가 될 수 있는가? "강력한 경종이다"

결론적으로 딥시크 사태가 미국에 충격을 준 것은 사실이지만, 1957년 소련의 인공위성 발사와 같은 '스푸트니크 모멘트'라고 보기는 어렵습니다. 딥시크가 사용한 기술 대부분은 이미 미국 학계와 산업계에서 연구되고 있던 것입니다. 즉, 완전히 새로운 패러다임을 제시한 것이 아니라 기존 기술의 최적화와 엔지니어링에서 뛰어난 역량을 보여 준 것입니다.

딥시크 모델은 아직 텍스트 기반에 머물러 있어 오픈AI나 구글이 제공하는 멀티모달 기능, API 생태계, 안전 장치 등의 서비스 수준과는 격차가 있습니다. 오히려 딥시크의 효율성은 미국의 GPU 수출 제한이라는 궁핍 속에서 '궁하면 통한다'는 것을 보여 준 생존 전략의 결과물로 보는 것이 타당합니다.

그럼에도 불구하고 딥시크 사태가 중요한 이유는 AI 경쟁의 패러다임이 단순히 규모에서 효율로도 옮겨갈 수 있음을 증명하며 업계 전체에 강력한 경종을 울렸기 때문입니다. 이는 AI 개발 비용에 대한 거품 논란을 일으키고 AI 미래에 대한 새로운 논의를 촉발시키는 계기가 되었습니다.

딥시크의 두 번째 충격

ChatGPT 이후 AI 업계의 모든 관심은 다음 단계, 즉 스스로 생각하고 계획하는 사고 모델Reasoning Model에 쏠려 있었습니다. 오픈AI의 O1과 같은 모델이 바로 그 주인공입니다. 하지만 이 사고 모델을 만드는 방법은 오픈AI와 같은 소수 거대 기업들만의 영업 비밀이자 소수의 천재들만 접근할 수 있는 미지의 영역, 열어볼 수 없는 블랙박스와 같았습니다. 이는 곧 사고 모델이 몇몇 거대 기업에 의

해 독점될 것이라는 우려로 이어졌습니다. 다른 기업이나 연구자들은 그들의 비밀스러운 개발 과정을 흉내내거나 따라잡기 어려웠습니다.

바로 이 지점에서 딥시크는 모두의 예상을 깨는 과감한 선택을 합니다. 그들은 단순히 모델을 사용하게 해 주는 것을 넘어 R1 사고 모델을 만드는 방법 자체를 세상에 전부 공개해 버렸습니다.

딥시크의 완전한 공개가 가져온 파급 효과

이제 사고 모델은 더 이상 소수 기업의 비밀 병기가 아닙니다. 개발자나 연구자라면 누구나 딥시크의 설계도를 보며 생각하는 AI를 직접 만들어 보고, 연구하며, 심지어 더 발전시킬 수 있게 되었습니다. 비밀에 싸여 있던 기술이 공개된 표준 기술처럼 되면서 이를 기반으로 한 전 세계적인 연구 개발 경쟁이 가속화되고 있습니다.

딥시크의 가장 큰 기여는 AI를 더 저렴하게 만든 것을 넘어, AI의 미래를 만드는 가장 중요한 지식을 독점에서 개방으로 전환시켰다는 점에 있습니다. 그들은 사고 모델이라는 블랙박스를 모두가 들여다볼 수 있는 오픈 키친으로 만들었고, 이는 AI 기술의 민주화와 발전을 크게 앞당기는 결정적인 계기가 되었습니다.

딥시크가 준 영향

Kimi K2와 같은 강력한 중국 LLM의 지속적인 등장

Kimi-K2(kimi.ai)는 중국의 문샷 AI가 2025년 7월에 공개한 AI 모델입니다. 무려 1조 개의 파라미터를 가진 엄청난 크기이지만, 실제로는 이중 32억 개의 파라미터만 활성화되는 MoE$^{\text{Mixture-of-Experts}}$ 구조로 설계되었습니다. 이는 딥시크와 같은 구조입니다.

Kimi-K2의 장점은 기존의 미국 유료 모델들보다 성능이 좋다는 점입니다. 오픈AI의 GPT-4.1보다는 모든 면에서 낮고, 다른 상용 모델과는 대등한 결과를 보여 줍니다. 특히 입력할 수 있는 컨텍스트 사이즈가 200만 토큰입니다. 이것이 크면 클수록 입력할 수 있는 데이터의 크기가 커져서 AI를 활용한 코딩, 더 긴 문서들에 대한 요약, 번역 등을 잘 할 수 있습니다.

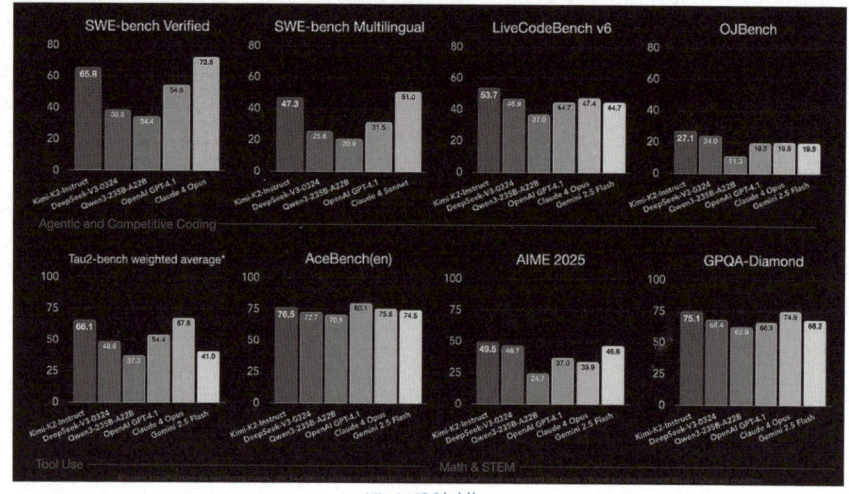

Kimi K2의 성능

세계 최고의 AI를 갖고 있는 미국의 자존심 손상

미국은 중국의 이러한 약진에 크게 신경 쓰지 않는다고는 하지만 중국의 기대 이상의 발전에 자존심이 매우 상한 것 같습니다.

앞으로 미국은 중국 AI 발전을 견제하기 위해 다양한 노력을 할 것입니다. 중국의 AI 개발 기업에 미국의 투자를 제한하거나 중국 핵심 인력에 대한 미국 비자 심사를 강화하며, 중국의 AI 연구 기관과는 공동 연구를 제한하는 등 여러 조취를 취할 것으로 보입니다.

제조 산업과 고성능 LLM의 조합은 한국에게도 큰 위협

중국은 제조업에 관해서는 한국과 거의 모든 면에서 경쟁하고 있습니다. 중국의 거대한 제조업과 고성능 LLM이 결합하면 제품 품질이 급격히 상승하게 됩니다. 특히 자율주행, 자동차 인포테인먼트, 로봇 등의 분야와 중국이 개발한 LLM이 결합하면 얼마든지 한국 제품을 능가할 수 있습니다. 따라서 한국은 수출의 근간이 되는 제조업의 경쟁력을 높여 줄 제조업 특화 고성능 LLM이 필요합니다.

한국 기업은 제조 산업 기술에 LLM을 조합하여 슈퍼에이전트를 만들어야 합니다. 이 내용은 CHAPTER 06에서 상세히 설명합니다.

추론 모델과 사고 모델, 하이브리드 모델의 등장

딥시크 R1이 나오면서 논리적인 추론 위주의 모델을 기존에 있던 추론 위주의 전통적인 모델과 구분할 필요가 생겼습니다. 따라서 사고를 하는 모델을 사고 Reasoning 모델, 기존의 추론을 하는 모델을 추론 Inference 모델, 이 두 가지를 모두 할 수 있는 모델을 하이브리드 Hybrid 모델로 부르게 되었습니다. 딥시크의 경우 V3는 추론 모델이고 R1은 사고 모델입니다. Gemini 2.5 pro는 하이브리드 모델입니다.

젠슨 황의 테스트 타임 스케일링 법칙 발표가 주는 의미

딥시크의 1/10 비용 발언은 엔비디아 주가를 하루만에 17%나 폭락시켰습니다. 이것은 엔비디아에게 닥친 최대의 도전이었습니다.

젠슨 황은 GTC 2025에서 테스트 타임 스케일링 Test Time Scaling 법칙을 발표했습니다. 그는 이것이 AI가 똑똑해지는 세 번째 단계이며, 사고 모델들은 더 많은 GPU가 필요하다고 주장했습니다.

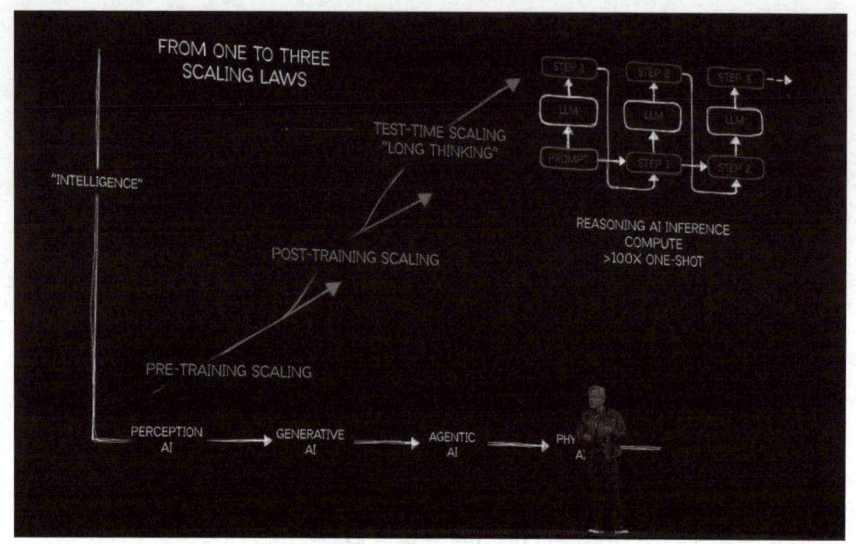

젠슨 황의 GTC 2025 발표

더 많은 GPU를 판매하기 위한 가장 강력한 명분

위의 젠슨 황의 발표 장면에서 그래프의 가로축은 컴퓨팅 파워, 즉 GPU의 성능이고 세로축은 AI의 지능입니다. 과거 더 큰 모델로 학습하는 것을 Pre-Training Scaling, 사람이 나서서 RLHF를 하는 것을 Post-Training Scaling이라고 하며 세 번째로 Test-Time Scaling을 강조했습니다. 그 옆의 그림은 이 3단계의 사고를 수차례 반복하여 더 좋은 답변을 찾는 과정입니다. 이렇게 더 좋은 답변을 찾아가는 과정이 길면 길수록 GPU를 더욱 많이 사용하게 되는 것은 자명합니다.

이는 AI의 비용 구조가 일회성 훈련 비용에서 모든 답변마다 발생하는 상시적인 추론 비용으로 이동함을 의미하며, 엔비디아의 GPU 수요가 미래에도 계속해서 폭발적으로 증가할 것이라는 예측을 보여 줍니다. 이를 통해 엔비디아는 AI를 제대로 쓰려면 학습뿐만 아니라 사용할 때도 자신들의 GPU가 계속 필요할 것이라는 강력한 메시지를 전달하고 있습니다.

효율성 트렌드에 대한 필요성 역공

엔비디아는 지금까지 AI가 더 똑똑해지려면 더 큰 모델에 더 많은 데이터, 더 많은 GPU가 필요하다는 기존 논리를 강조해 왔습니다.

그러나 2024년 딥시크가 적은 비용과 높은 효율로 뛰어난 모델을 만들 수 있음을 보여 주자 젠슨 황은 앞의 그래프를 통해 판을 재정의했습니다. "물론 간단한 추론Inference은 효율적으로 할 수 있지만, 진짜 돈이 되는 복잡한 사고Reasoning를 원한다면 AI에게 생각할 시간, 즉 더 많은 컴퓨팅 파워를 주어야만 한다"는 새로운 논리를 제시한 것입니다.

이는 효율성 트렌드를 저차원적인 문제 해결 방식으로 규정하고, 고차원적인 사고 능력을 위해서는 결국 자사의 고성능 컴퓨팅이 필수적이라는 사실을 다시 한번 각인시키는 매우 영리한 전략입니다.

칩 제조사를 넘어선 AI 플랫폼 리더로의 포지셔닝

젠슨 황은 GTC 2025 발표를 통해 엔비디아가 단순히 하드웨어만 파는 회사가 아님을 분명히 했습니다. 자신들이 AI 산업의 흐름을 가장 잘 이해하고 있으며, AI라는 골드러시의 지도를 그리고 규칙을 정하는 게임 마스터임을 세상에 알린 것입니다. 이는 엔비디아의 기술적 리더십과 시장 지배력을 더욱 공고히 하는 효과를 가져왔습니다.

이는 자사 제품에 대한 새로운 수요를 창출하고, 잠재적 위협에 대응하며, 업계의 리더십을 확고히 하려는 천재적인 비즈니스 전략이었다고 봅니다.

왜 얀 르쿤은 현재의 LLM으로 AGI를 달성할 수 없다고 하는가?

얀 르쿤은 트랜스포머 기반의 LLM은 기본적으로 다음 토큰을 생성하는 자기회귀 방식으로 답변하기 때문에 진정한 AGI를 달성할 수 없다고 주장해 왔습니다. 이 주장은 일견 의미도 있어서 함께 소개하겠습니다.

얀 르쿤은 누구인가

그는 이미지를 인식한 대표적인 모델인 CNN 모델의 창시자로, 현재 메타의 부사장 겸 수석 AI 과학자이자 뉴욕대학교 교수로 재직 중입니다. 딥러닝 분야에 대한 공로를 인정받아 2018년에 제프리 힌튼, 요슈아 벤지오와 함께 컴퓨터 과학의 노벨상이라 불리는 튜링상 Turing Award 을 공동 수상하며 현대적 의미의 AI 시대에 기여하고 있습니다.

결론부터 말하면 르쿤은 현재의 LLM을 '세상을 이해하지 못하는, 똑똑한 앵무새'에 비유합니다. 인간의 언어를 놀라울 정도로 유창하게 흉내내지만, 그 말의 진짜 의미나 세상이 돌아가는 원리를 전혀 이해하지 못한다는 것입니다.

그가 이렇게 주장하는 근본적인 이유는 다음과 같습니다.

이해가 아닌 다음 단어 예측에만 매달리기 때문

앞에서 확인했듯 LLM의 유일한 목표는 '이 단어들 다음에 올 가장 그럴듯한 단어는 무엇인가?'를 맞히는 것입니다. 이는 방대한 텍스트 데이터의 통계적 패턴을 학습한 결과일 뿐 문장의 의미나 물리적 세계에 대한 이해에서 비롯된 것이 아닙니다.

얀 르쿤은 "AI가 컵을 떨어뜨리면 깨진다고 말하는 것은 중력이나 유리의 속성을 이해해서가 아닙니다. 단지 인터넷의 수많은 글에서 '컵', '떨어뜨리다', '깨지다'라는 단어가 함께 등장하는 것을 많이 봤기 때문입니다. 이처럼 상식과 물리 법칙에 대한 내적인 모델 World Model 이 전혀 없다는 것이 현재 AI의 가장 큰 한계입니다"라고 말했습니다.

계획과 추론 능력의 부재

LLM은 답변을 생성할 때 전체적인 계획을 세우고 논리적으로 추론하는 과정을 거치지 않습니다. 그저 한 단어, 한 단어 외줄 타듯이 확률적으로 가장 그럴듯한 길을 따라갈 뿐입니다. 이에 대해 얀 르쿤은 다음과 같이 비판했습니다.

"인간의 지능은 여러 가능성을 머릿속으로 시뮬레이션하고 복잡한 계획을 세우며, 잘못된 부분을 수정하는 추론 과정을 포함합니다. 하지만 현재 LLM에게는 이러한 다단계 추론 능력이 없습니다. 한번 잘못된 단어를 뱉으면 그 실수를 알아채고 스스로 바로잡는 능력이 없기 때문에 환각 현상이 발생하는 것은 필연적입니다."

수동적 예측만 할 뿐 능동적 목표가 없음

LLM은 사용자가 질문을 던져야만 답변을 생성하는 매우 수동적인 시스템입니다. 얀 르쿤은 "진정한 지능은 스스로 목표를 설정하고, 그 목표를 달성하기 위해 능동적으로 계획을 세우고 행동하는 능력을 포함해야 합니다. 하지만 현재 LLM은 이런 능력이 전혀 없습니다"라고 비판했습니다.

얀 르쿤이 생각하는 대안은?

그는 AI에게 세상의 작동 방식을 스스로 학습하고 내적인 모델을 구축하는 새로운 아키텍처가 필요하다고 주장합니다. 단순히 텍스트의 패턴을 외우는 것을 넘어 AI가 '이 행동을 하면 어떤 결과가 나올까?'를 예측하고 계획할 수 있어야 비로소 AGI에 가까워질 수 있다는 것입니다.

결론적으로 그의 주장은 CEO에게 "AI의 유창한 말솜씨에 현혹되지 말고, 그 이면에 있는 근본적인 한계를 명확히 인식하라"는 중요한 메시지를 던지고 있습니다.

CEO를 위한 비즈니스 인사이트

테스트 타임 스케일링 법칙이
한국 AI 칩 벤처에 던지는 의미

지금까지 한국의 많은 AI 칩 벤처 기업들은 명확한 전략적 목표를 가지고 있었습니다. 바로 엔비디아가 장악한 학습용 거대 GPU 시장을 피해 추론 시장을 공략하는 것이었습니다.

"학습은 매우 복잡하고 방대한 연산이 필요하지만, 추론은 학습된 모델을 이용한 단순 반복 계산이므로 저전력, 저비용으로도 효율적으로 처리할 수 있다."

이러한 가정 하에 국내 벤처 기업들은 추론에 최적화된 가성비 좋은 저전력·고효율 추론 칩 NPU 개발에 집중했습니다.

지금은 제3의 스케일링 법칙 시대입니다. 테스트 타임 스케일링 법칙은 이 전제 자체를 흔들어 버립니다. 요즘 나오는 딥시크 R1과 같은 사고 모델이 요구하는 것은 더 이상 단순 반복 계산이 아닙니다. 답변하는 그 순간에 내부적으로 수많은 시뮬레이션을 돌리고, 여러 가능성을 탐색하고, 평가하고, 수정하는 복잡하고 거대한 연산이 필요해졌습니다. 따라서 더 크고 빠른 메모리와 더 강력한 GPU 코어 등이 필요합니다. 이는 과거의 학습 단계만큼이나 높은 컴퓨팅 파워를 추론 단계에서 요구하게 됨을 의미합니다.

가성비 좋은 단순 추론이라는 틈새 시장을 노렸던 국내의 팹리스 Febless 기업들은 이제 고성능 복합 사고를 요구하는 새로운 AI 시장의 요구와 도전 앞에 서 있습니다.

틈새를 넘어 핵심을 공략하라

그러나 위기는 늘 새로운 기회를 제시합니다. 엔비디아의 범용 GPU와 정면으로 경쟁하는 대신 고성능 사고라는 새로운 시장을 공략하면 됩니다. 이에 다음과 같은 전략을 제시합니다.

- 사고 reasoning 과정은 탐색, 평가, 생성 등 다양한 종류의 연산으로 이루어집니다. 따라서 한국 AI 팹리스 기업은 학습과 사고 능력을 개발하여 엔비디아 GPU의 고전력에 대비한 저전력 칩인 것을 강조할 수 있어야 합니다.
- 온디바이스 AI On Device AI 시장을 개척해야 합니다. 스마트폰, 자동차, 로봇 등 작지만 똑똑하게 생각하는 AI에 대한 수요는 폭발적으로 증가할 것입니다. 제한된 전력과 크기 안에서 최고의 추론 효율을 내는 온디바이스 사고 칩은 한국 기업들이 강점을 보일 수 있는 새로운 핵심 시장입니다.
- 차세대 PIM Processing-In-Memory 아키텍처는 삼성전자, SK하이닉스에서 오래전부터 개발해 온 기능입니다. 테스트 타임 스케일링은 메모리와 연산 유닛 간의 데이터 이동을 엄청나게 발생시켜 병목 현상을 만듭니다. 따라서 사고 모델 시대에는 기존의 GPU 아키텍처를 따라가는 대신 메모리 자체에서 연산이 이루어지는 PIM과 같은 차세대 아키텍처에서 돌파구를 찾는다면 시장의 판도를 바꿀 게임 체인저가 될 수 있습니다.

한국 반도체 산업의 또 한 번 변신을 기대하며…

2017년 트랜스포머가 출현한 이후 엔비디아는 GPU에 벡터 계산을 빠르게 하는 텐서 코어 tensor core를 추가해서 대박을 터뜨렸습니다. 향후 LLM 시대에는 트랜스포머가 주류가 될 것을 예측했기 때문입니다.

테스트 타임 스케일링의 시대가 도래했습니다. 이는 한국 AI 칩 벤처들에게 '더 이상 저렴한 추론 칩만 만드는 기업으로 남아서는 안 된다'는 명확한 경고 메시지를 보내고 있습니다. 이제는 우리가 가장 잘할 수 있는 고성능 사고 영역에서 차세대 아키텍처에 대체 불가능한 전문성을 확보하는 방향으로 전략을 과감히 수정해야 할 때입니다. 이를 위해 PIM을 좀 더 발전시켜서 GPU의 계산을 분산 처리한다면 현재 HBM이 누리고 있는 영광을 한 단계 끌어올릴 수 있습니다. 이것이 퍼스트 무버First Mover의 전략입니다.

이제는 반도체 기업만 잘해서는 안 되는 시대입니다. LLM의 트렌드가 급격히 사고 시장으로 바뀌고 있기에 LLM의 내부 연산 종류, 데이터 저장, 알고리즘 종류에 따른 최적화된 GPU 칩과 메모리 아키텍처를 설계해야 합니다. 따라서 LLM 전문 기업과 반도체 기업 간의 협업이 반드시 필요합니다.

CHAPTER 04

AI 시대의
시스템 사고

행동경제학의 바이블로 불리는 대니얼 카너먼의 저서『생각에 관한 생각 Thinking, Fast and Slow』에는 이중 과정 이론이 담겨 있습니다. 카너먼은 인간의 사고 체계를 시스템1 사고와 시스템2 사고로 나누어 설명합니다. 문득 인간의 시스템1 사고 체계는 AI의 추론 Inference 과, 시스템2의 사고 체계는 AI의 사고 Reasoning 와 닮았다는 생각이 들었습니다. 이렇게 비교하다 보니 앞으로 AI를 사용하는 과정에서 복잡하고 어려워서 생각하기 싫은 것들은 시스템2 사고에 맡기고, 인간은 점점 시스템1 사고를 많이 하면 될 것 같습니다. 4장에서는 이와 같은 이야기를 다뤄 보겠습니다.

시스템1 사고:
빠른 직관

인간의 직관인 시스템1 사고는
AI의 추론과도 유사합니다.

대니얼 카너먼에 따르면 인간에게는 두 가지 사고 방식이 있습니다. 시스템1 사고는 우리 머릿속에서 자동으로 아주 빠르게 작동하는 '직관'으로, 의식적인 노력 없이도 저절로 작동하는 정신 활동을 말합니다. 인간은 최소한의 에너지로 최대한의 결과를 얻으려는 의식 구조를 가지고 있습니다. 그래서 빠르고 순간적인 외형, 한눈에 들어오는 문장, 사람에 대한 첫인상 등으로 상황을 즉시 판단하려는 경향을 보입니다. 이것이 시스템1 사고 방식입니다.

시스템1 사고의 특성

시스템1 사고는 복잡한 문제를 간단하게 해결하기 위해 사용하는 어림짐작입니다. 그래서 머리에 쉽게 떠오르는 정보에 더 큰 비중을 둡니다. 이는 편견을 만들어내기 쉽습니다.

특정 이미지가 떠오르면 그에 따라 바로 판단합니다. 또한 먼저 접한 정보가 이후의 생각과 행동에 무의식적으로 영향을 미칩니다. 한 가지 긍정적 특성(예:

화려한 외모)이 다른 모든 특성을 좋아 보이게 만듭니다. 반대로 한 가지 부정적인 특성(예: 남루한 외모)이 다른 모든 특성까지 나빠 보이게 만들기도 합니다.

효율성의 극대화라는 장점

시스템1 사고는 생존과 직결된 상황(예: 맹수 발견, 날아오는 공 피하기)에서 즉각적인 반응을 가능하게 합니다. 또한 일상적인 과업(운전, 양치질, 아는 사람 얼굴 알아보기)을 거의 아무런 노력 없이 처리해서 정신적 에너지를 아껴 줍니다. 방대한 경험을 바탕으로 패턴을 인식하고, 이를 통해 눈앞의 상황을 빠르게 이해하고 예측합니다. 인간의 직관이나 육감은 고도로 훈련된 시스템1 사고의 결과물이라 할 수 있습니다.

체계적 오류와 편향의 원천이라는 단점

반면 시스템1 사고는 제한된 정보만으로 섣불리 결론을 내립니다. '몇 번 겪어 보니 그렇더라'는 식의 편견이나 고정관념이 대표적입니다. 따라서 인과관계를 잘못 파악하거나 통계적 사실을 무시하기도 합니다. 이처럼 시스템1 사고는 그럴듯한 이야기를 사실로 쉽게 받아들이는 경향이 있습니다.

시스템1 사고의 작동은 거의 자동적이어서 우리가 의식적으로 멈추거나 수정하기 매우 어렵습니다. 착시 현상을 예로 들면, 두 선의 길이가 같다는 것을 머리(시스템2 사고)로는 알아도 눈(시스템1 사고)은 계속 다르게 보이는 것과 같습니다.

시스템2 사고:
신중한 논리와 분석

인간의 이성인 시스템2 사고는
AI의 사고와도 유사합니다.

시스템2 사고는 노력이 필요한 복잡한 정신 활동을 담당하는 '이성'입니다. 우리의 주관적 경험 속에서 '나'라고 느끼는 자아, 즉 의식적으로 생각하고 선택하며 집중하는 주체입니다. 이것은 에너지가 많이 소모되는 사고 방식입니다. 우리는 어떤 문제나 위기에 도달했을 때, 문제의 원인을 곰곰히 생각하고 그 원인을 해결하기 위해 많은 에너지와 시간을 소비합니다. 이것이 시스템2의 사고 방식입니다. 생각을 많이 하면 머리가 아프기도 한데, 이때 우리는 시스템2 사고를 하고 있는 것입니다.

시스템2 사고의 특성

시스템2 사고는 여러 정보를 종합하고 장단점을 분석하여 최적의 대안을 선택하는 합리적 의사 결정의 핵심적인 역할을 합니다. 예를 들면 스마트폰을 살 때 다양한 스펙과 가격을 비교 분석하는 것과 같습니다. 또한 시스템1 사고가 만들어 내는 편향과 오류를 감시하고 바로잡는 감독관 역할을 수행합니다. 장기적인 목표를 세우고 그 목표를 달성하기 위한 구체적인 계획을 수립하는 등 추상적이고 미래지향적인 사고 역시 시스템2의 영역입니다.

논리와 합리성의 보루라는 장점

시스템2 사고는 복잡한 연산이나 여러 대안 비교 등 시스템1 사고가 해결하지 못하는 과업을 처리하여 더 정확하고 신중한 판단을 내릴 수 있게 합니다. 또한 시스템1 사고의 충동이나 직관적인 제안을 의식적으로 억제하고 검토할 수도 있습니다. 사회적 규범을 지키거나 장기적인 목표를 위해 현재의 유혹을 참는 것도 시스템2 사고의 역할입니다. 새로운 규칙을 배우고 다양한 상황에 체계적으로 적용하며, 문제의 원인을 생각하고 인과관계를 파악합니다. 정보를 분석하여 종합적인 결론에 이르고, 복잡한 개념들을 연결하고 비교하여 새로운 개념을 도출할 수 있는 것도 시스템2 사고의 특징입니다.

게으름과 자원 고갈이라는 단점

시스템2 사고를 가동하는 것은 많은 인지적 자원과 에너지를 소모합니다. 뇌는 전체 몸무게의 2%에 불과하지만 에너지의 20%를 사용하는 에너지 먹는 하마이며, 시스템2 사고는 그 주범입니다.

이 때문에 인간은 가능하면 시스템2 사고를 피하려는 게으른 속성을 가집니다. 특별한 동기나 필요가 없으면 시스템1 사고가 내놓은 제안을 별다른 검토 없이 그대로 승인해 버리는 경향도 있습니다. 시스템2 사고가 사용하는 주의력과 자기 통제 능력은 총량이 정해져 있어서, 한 곳에 많이 쓰면 다른 곳에 쓸 자원이 부족해집니다. 그래서 시스템2 사고를 자주 하기에는 에너지가 많이 필요하므로 가능하면 시스템2 사고를 피하려고 자기합리화를 하기도 합니다. "복잡하게 생각해 봐야 답은 뻔하다", "다들 대충 사는데, 너라고 뾰족한 수가 있겠니", "예전에도 이렇게 하니 잘됐어. 그러니 너무 생각 많이 하지 마"라는 식입니다.

대니얼 카너먼의 생각과 이론의 영향력

카너먼은 시스템1 사고와 시스템2 사고 중 어느 하나가 더 우월하다고 말하지 않습니다. 그의 핵심 주장은 다음과 같이 요약할 수 있습니다.

우리는 늘 시스템2 사고를 한다고 착각합니다.
많은 사람들이 자신은 이성적이고 논리적인 시스템2 사고에 의해 삶을 주도한다고 믿지만, 실제 우리 생각과 행동의 압도적 다수는 자동적인 시스템1 사고에 의해 결정됩니다. 오히려 시스템2 사고는 조연에 가까우며, 시스템1 사고가 우리 삶의 주연 배우입니다.

시스템1 사고의 오류는 개인의 잘못이 아닌 인간의 조건입니다.
카너먼은 시스템1 사고가 만들어 내는 편향과 오류가 어리석거나 비정상적이어서가 아니라 효율성을 추구하도록 진화한 인간 두뇌의 자연스러운 작동 방식이라고 강조합니다. 따라서 '나는 합리적인 생각을 가지고 있어'라고 자만하는 것이 가장 위험하며, 우리 모두가 이러한 인지적 착각에 취약하다는 점을 인정하는 것이 지혜의 시작이라고 봅니다.

진정한 지혜는 언제 시스템2 사고를 사용해야 하는지를 아는 것입니다.
모든 일에 시스템2 사고를 사용하는 것은 비효율적이고 불가능합니다. 카너먼이 제안하는 해결 방안은 시스템1 사고의 존재와 그 영향력을 명확히 인지하고, 중요한 결정이나 시스템1 사고가 오류를 일으키기 쉬운 상황을 감지했을 때 의식적으로 시스템2 사고를 깨워 개입시키는 것입니다. 그는 이를 위해 개인의 노력뿐만 아니라 조직이나 사회가 실수를 줄이는 절차, 즉 체크 리스트를 설계하는 선택 설계Choice Architecture의 중요성을 역설합니다.

이와 같은 카너먼의 이중 과정 이론Dual Process Theory은 인간의 비합리성을 조명하며 경제학, 법학, 의학, 정책 등 인간의 판단이 개입되는 모든 분야에 지대한 영향을 미쳤습니다. 이는 우리가 스스로의 생각을 과신하지 않고 더 나은 판단을 내리기 위해 어떤 노력을 해야 하는지에 대한 깊은 통찰을 제공합니다.

시스템1 사고는 AI의 추론 모델, 시스템2 사고는 AI의 사고 모델

AI가 인간과 유사한 지능을 갖추려면
빠른 '추론' 능력과 깊이 있는 '사고' 능력이 필요합니다.

대니얼 카너먼의 이중 과정 이론은 대규모 언어 모델의 작동 방식과 한계, 그리고 발전 방향을 이해하는 데 아주 도움이 되는 관점을 제공합니다.

시스템1, 시스템2 사고와 AI 모델의 매핑

다음은 시스템1 사고와 시스템2 사고를 비교한 표입니다.

구분	시스템1 사고	시스템2 사고
특징	빠름, 자동적, 직관적, 무의식적, 패턴 인식, 연상 기반	느림, 의식적, 논리적, 단계적, 분석적, 규칙 기반
인간의 예	얼굴 표정만 보고 감정 파악 익숙한 길 운전 "1+1=?"에 즉시 답하기	복잡한 수학 문제 풀이 처음 가는 길 지도 보며 찾기 투자 결정 분석
AI 모델 매핑	추론 모델(inference model)	사고 모델(reasoning model)
AI의 예	학습된 가중치를 통해 즉시 답을 생성하는 LLM 이미지를 보고 '고양이'라고 즉시 분류하는 모델 다음 단어를 예측하는 기본적인 언어 모델	Chain-of-Thought(CoT) 프롬프팅 Tree-of-Thoughts(ToT) 외부 도구(계산기, 검색)를 사용하는 AI 에이전트

시스템1 사고, 시스템2 사고의 비교

시스템1 사고와 추론 모델

추론 모델은 일반적으로 잘 훈련된 AI 모델이 입력값을 받아 한 번의 순방향 패스로 결과를 출력하는 과정을 의미합니다. 이는 마치 거대한 신경망에 데이터를 입력하면 즉시 답을 얻는 것과 같습니다.

LLM에게 간단한 질문을 던지면 별도의 숙고 과정 없이 학습된 패턴을 바탕으로 즉시 그럴듯한 답변을 생성합니다. 이는 시스템1 사고의 빠르고 자동적인 반응과 같습니다.

또한 추론 모델은 수많은 데이터를 학습하며 형성된 패턴(가중치)을 기반으로 작동합니다. '하늘은 파랗고 바다는…'이라는 문장이 주어지면 '푸르다'라는 단어를 즉시 연상하는 것과 같습니다.

그러나 사람의 직관이 틀릴 수 있듯이, 이 과정은 논리적 오류나 환각을 일으킬 가능성이 큽니다.

- **유명한 '배트와 공' 문제**

> 배트와 공의 가격 합은 1.1달러이고, 배트가 공보다 1달러 더 비싸다. 공의 가격은?

사람은 이 문제를 보고 직관적으로 0.1달러라는 오답을 내놓는 경향이 있는데, 이는 시스템1 사고의 오류와 정확히 일치합니다. 실제 정답은 무엇일까요? 곰곰이 생각해 보세요.

시스템2 사고와 사고 모델

사고 모델은 단일 추론으로는 해결하기 어려운 복잡한 문제를 여러 단계의 사고 과정을 거쳐 해결하는 모델이나 시스템을 말합니다. 하나의 큰 문제를 여러 개의 작은 문제로 나누어 각 단계를 순차적으로 해결하면서 최종 결론에 도달하는 방식입니다.

연쇄적 사고(CoT)는 '차근차근 생각해 보자Let's think step by step'와 같은 프롬프트를 통해 LLM이 문제 해결 과정을 명시적으로 나열하게 만듭니다. 이는 마치 인간이 연습장에 풀이 과정을 적어가며 문제를 푸는 시스템2 사고와 같습니다.

계산기 함수 API를 호출해 정확한 계산을 수행하거나, 검색 API로 최신 정보를 확인한 후 답변을 구성하는 AI 에이전트의 작동 방식도 시스템2 사고가 외부 정보를 활용하고 논리적으로 분석하는 과정과 비슷합니다.

단, 여러 번의 모델 호출이나 도구 사용이 필요하기 때문에 단일 추론보다 시간과 컴퓨팅 자원이 훨씬 많이 소모됩니다. 이는 시스템2 사고가 더 많은 인지적 노력을 요구하는 것과 같습니다.

AI의 진화 방향: 시스템1과 시스템2의 통합

흥미로운 점은 최신 AI 개발 동향이 바로 이 두 시스템을 유기적으로 결합하는 방향, 즉 하이브리드 모델로 발전해 나가고 있다는 것입니다.

- 초기 아이디어 생성(시스템1 사고): 먼저 LLM의 빠른 추론 능력을 이용해 여러 가지 가능한 해결 방안이나 접근법의 초안을 만듭니다.
- 검증 및 심화(시스템2 사고): 생성된 초안들을 CoT나 외부 도구 활용 같은 사고 과정을 통해 논리적으로 검증하고 오류를 수정하며 더 정교하게 발전시킵니다.

이는 인간이 어떤 문제에 대해 직관적으로 아이디어를 떠올린 후(시스템1 사고), 그 아이디어가 타당한지 이성적으로 꼼꼼히 따져 보는(시스템2 사고) 과정과도 같습니다.

인터넷 검색에 따른 빠른 정보 제공은 방대한 데이터 속에서 즉각적으로 패턴과 연관성을 찾아 제시한다는 점에서 고도로 발달한 AI의 시스템1 사고와 같습니다. 개념 연결, 원인과 결과 추론, 논리적 타당성 검증은 명백히 AI의 시스템2

사고에 해당합니다.

AI가 진정으로 인간과 유사한 지능을 갖추려면 빠른 추론 능력과 깊이 있는 사고 능력을 상황에 맞게 조절하고 통합하는 것, 즉 효율적인 시스템1과 2의 협업 체계를 구축하는 것이 핵심 과제가 될 것입니다.

시스템2 사고의 한계와 AI 사고 모델의 잠재력

인간이 가진 시스템2 사고의 부정적 요소를 AI가 어떻게 극복할 수 있는지 생각해 봅시다. 인간은 당연히 에너지가 많이 필요한 시스템2 사고를 가능하면 줄이려고 하지만, AI 사고 모델은 GPU와 전력만 있다면 계속 작동할 수 있습니다.

이처럼 AI의 사고 모델은 시스템2 사고의 이상적인 버전, 즉 피곤해 하지도 않고 감정에 치우치지도 않으며, 모든 변수를 기억하는 초합리적 분석가의 역할을 수행할 잠재력을 가집니다.

시스템2 사고의 한계	AI 사고 모델의 잠재력
게으름	지치지 않는 실행력: 24/7, 피로나 에너지 소모 없이 일관된 분석 수행
시야 고착	무한한 주의량: 복잡한 문제에 집중해도 성능 저하 없음
감정적 편향	데이터 기반의 객관성 유지: 분노, 공포, 희망 같은 감정에 휘둘리지 않음
제한된 작업 기억	방대한 컨텍스트 처리: 인간이 갖지 못하는 규모의 변수와 데이터를 동시에 고려
일관성 부족	일관된 로직 적용: 동일한 조건에서는 언제나 동일한 논리적 결론 도출

시스템2 사고의 한계 AI 사고 모델의 잠재력

AI가 시스템2 사고를 대체할 때 벌어질 일들

시스템2 사고의 초합리적 분석가가 기업의 의사 결정 과정에 깊숙이 들어온다면 다음과 같은 근본적인 변화가 일어날 것입니다.

긍정적 변화: 초합리성이 가져오는 최적화 시대

다음은 긍정적 변화의 모습을 살펴본 것입니다.

- **데이터 기반을 넘어 시뮬레이션 기반으로 가는 의사결정의 혁신**: 현재는 과거 데이터 분석에 기반해 의사 결정을 내립니다. 예를 들면 '지난 분기 데이터를 보니 A안이 좋겠다'는 식입니다. 하지만 미래에는 AI가 가능한 모든 시나리오를 시뮬레이션하고 최적의 경로를 제안할 것입니다. 'A, B, C안을 각각 실행했을 때 시장 반응, 경쟁사 대응, 공급망 변화 등 100가지 변수를 고려한 1년 후 예상 ROI는 각각 15%, 18%, 12%이며, B안의 리스크는 이러하니 이렇게 대비해야 합니다'라고 구체적으로 분석해 주는 식입니다.
- **전략 수립의 과학화**: 인간의 직감과 경험에 크게 의존하던 전략 부서의 역할이 대폭 바뀝니다. AI 사고 모델은 시장 동향, 경쟁사 논문, 특허, 고객 데이터, 거시경제 지표 등 수십만 건의 문서를 실시간으로 분석하여 인간이 놓칠 수밖에 없는 기회와 위협을 찾아내고, 이를 바탕으로 정교한 전략 옵션을 제시합니다.
- **지적 노동의 자동화와 생산성 폭증**: 지금까지 전문가의 영역이라고 여겨지던 분야의 일들이 자동화됩니다. 법무 분야에서는 수천 페이지 계약서의 독소 조항을 단 몇 초 만에 검토하고 수정안을 제시할 수 있습니다. 금융 분야에서는 복잡한 파생상품의 가치를 평가하고 리스크를 분석할 수 있습니다. 마케팅에서는 캠페인 결과 데이터를 분석하여 실패의 근본 원인을 찾아내고, 다음 캠페인 전략을 자동으로 수립할 수 있습니다.

부정적 변화: 인간의 역할 변화

하지만 이러한 변화가 장밋빛 미래만을 의미하지는 않습니다. AI가 시스템2 사고의 수행을 대체하면 인간에게는 더 본질적이고 어려운 과제가 주어집니다.

- **정답이 아닌 질문의 중요성 증대**: AI는 주어진 질문에 대한 최적의 답을 찾는 데는 뛰어나지만, '무엇을 물어야 하는가'는 알지 못합니다. 기업의 비전과 철학에 기반하여 '우리는 어떤 문제를 해결해야 하는가?', '우리의 성공은 무엇으로 정의되는가?'와 같은 올바른 질문을 던지는 능력은 인간만이 가진 핵심 역량입니다.
- **최적화의 가치 판단의 문제**: AI는 주어진 목표(예: 수익률 5% 증가)를 달성하기 위해 가장 효율적인 경로를 찾을 것입니다. 하지만 그 경로가 윤리적인지, 장기적으로 브랜드에 도움이 되는지, 법적 문제는 없는지는 판단하지 못합니다. 따라서 앞으로는 목표 자체의 타당성을 검토하고 과정의 윤리성을 판단하는 최종 결정권자로서의 인간의 역할이 극도로 중요해집니다.
- **설명 불가능한 합리성에 대한 맹신**: AI의 추론 과정은 너무 복잡해 인간이 완전히 이해할 수 없는 블랙박스가 될 가능성도 있습니다.

    "AI는 항상 맞을 텐데, 꼭 검증할 필요는 없는 것 아닌가요?" → AI는 항상 옳다.

    "AI가 다해 줄 텐데, 애써서 준비할 필요는 없다고 생각합니다." → AI가 다해 준다.

    "마감 시간이 닥치면 그때 AI를 활용해서 일을 처리하면 됩니다." → 결과만 내면 된다.

    "결과가 틀리게 나오면 내 책임이 아니라 AI를 쓰라고 한 CEO들의 책임입니다." → 책임 회피
- **인간의 시스템2 사고 근육 퇴화**: 모든 분석과 추론을 AI에 맡기게 되면 인간은 스스로 깊이 생각하고 논리적으로 문제를 해결하는 능력이 퇴화될 수 있습니다. 이는 장기적으로 조직의 창의성을 떨어뜨리고 모든 것을 AI에게 의존해 버리는 문제를 만들 수 있습니다.

문제 해결 방안: 기업 측면 직원은 AI 도구의 노예가 아닌, 도구의 지휘자가 되어야 한다

과거 계산기가 등장했을 때 인류의 수학 능력이 퇴화할 것이라는 우려가 있었습니다. 하지만 계산기는 단순 반복 계산의 부담을 덜어주었고, 인간은 그 덕분에 더 고차원적인 수학적 개념과 창의적 문제 해결에 집중할 수 있었습니다.

AI도 마찬가지입니다. AI로 인해 시스템2 사고 근육이 퇴화할 것인지, 아니면 오히려 더 높은 수준으로 발전할 것인지는 우리가 AI를 어떻게 사용하도록 판을 짜는지에 달려 있습니다. 기업은 직원들이 AI라는 강력한 능력자를 옆에 두고 편히 잠드는 방관자가 아니라 그 능력자에게 더 깊이 있는 질문을 던지고 새로운 영감을 얻어 더 큰 업무 성과를 만들어 내는 리더가 되도록 이끌어야 할 책임이 있습니다. 이것이 AI 시대에 기업과 개인이 함께 성장하는 유일한 길입니다.

CEO의 관점: AI를 답변자가 아닌 스파링 파트너로 재정의

가장 중요한 것은 CEO의 관점과 조직 문화의 변화입니다. CEO는 직원에게 결과물을 요구하는 대신 AI와의 상호작용을 통한 깊이 있는 사고를 요구해야 합니다.

기존 CEO의 질문
"사업보고서 다 됐나?"

현재 CEO의 질문
"AI가 만든 사업보고서 초안에서 자네가 발견한 가장 중요한 통찰은 뭔가?"
"AI의 분석 결과에서 AI가 놓치고 있는 맹점은 뭐라고 생각하나?"

CEO는 직원들이 AI의 결과물을 정답으로 여기지 않고 "정말 그럴까?", "다른 관점은 없을까?"라고 의문을 제기하는 것을 칭찬하고 장려해야 합니다. AI의 제안을 성공적으로 반박하거나 개선한 사례를 적극적으로 공유하고 포상하는 것도 좋은 방법입니다.

프로세스/워크플로 관점: 의무적인 비판과 개선 프로세스 도입

먼저 인간의 시스템2 사고 개입을 선택이 아닌 필수 과정으로 만들어야 합니다. 좋은 방법 중 하나는 AI의 결과물을 그대로 제출하는 것을 원천적으로 차단하는 장치를 설계하는 것입니다.

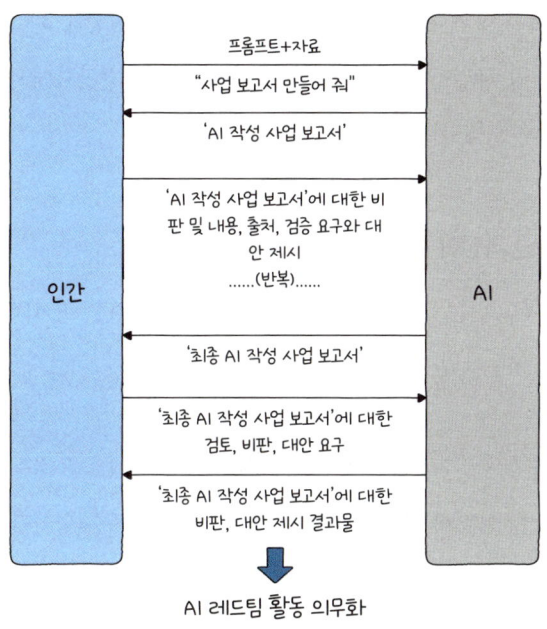

인간과 AI의 협업 모델

인간과 AI가 협업하는 모델을 예로 들면 다음과 같습니다.

직원_ 해결할 문제와 자료를 함께 제시하며 초기 사업 보고서를 만들어 달라고 AI에게 요청합니다. → 시스템2 사고 작동

AI_ 데이터와 자료를 분석하여 사업 보고서 초안을 생성합니다.

인간_ AI가 만든 사업 보고서 초안을 비판, 검증, 수정, 보완 요청합니다(예: 논리적 허점 찾기, 데이터 출처 검증, 숨겨진 편향 지적, 더 나은 대안 제시). → 인간 시스템2 사고 작동

AI_ 인간의 피드백을 반영하여 중간 결과물을 완성합니다. → 이 과정을 반복

또 한 가지 방법은 AI 레드팀의 활동을 의무화하는 것입니다. 이는 직원이 AI가 만든 최종 결과물을 제출할 때 그 계획의 잠재적 리스크와 반대 논리를 담은 AI 결과물 비판 보고서를 반드시 함께 제출하도록 하는 제도입니다. 이렇게 하면 직원은 AI에게 지속적으로 시정 작업을 요청하면서 시스템1 사고의 방관자에서 적극적인 비평가로 역할을 바꾸게 됩니다.

평가/보상 관점: 결과가 아닌 과정과 통찰을 보상

직원들이 AI만 사용하는 '생각 없는 Enter 키'로 퇴화되지 않게 하려면 평가와 보상의 세부적인 기준이 바뀌어야 합니다.

- **평가 지표의 재설계**: 최종 산출물의 완성도뿐만 아니라 '얼마나 날카로운 질문을 던졌는가', 'AI의 제안을 어떻게 발전시켰는가', 'AI와의 협업을 통해 어떤 새로운 인사이트를 도출했는가'를 핵심 성과 지표(KPI)에 포함시킵니다.
- **프롬프트 자체에 대한 평가**: 단순히 결과만 보는 것이 아니라 어떤 사고 과정을 거쳐 AI에게 질문(프롬프트)했는지를 검토하고 피드백을 주는 문화를 만듭니다. 잘 설계된 프롬프트는 그 자체로 깊은 시스템2 사고의 산물이기 때문입니다. 그리고 이런 프롬프트를 다른 직원들과 공유하는 문화가 확산되어야 합니다.

교육/훈련 관점: AI 시대의 새로운 사고 훈련 도입

직원들이 AI를 효과적인 사고 파트너로 활용할 수 있도록 새로운 역량을 길러주어야 합니다.

- **비판적 사고 훈련**: AI가 생성한 텍스트에서 논리적 오류, 숨겨진 가정, 통계적 편향 등을 찾아내는 훈련을 강화합니다. 이로 인해 고전적인 논리학과 비판적 사고 교육의 중요성이 더 커졌습니다.
- **소크라테스식 문답법 훈련**: AI에게 끊임없이 "왜?"라고 물으며 근본 원인을 파고들고, 다양한 관점의 질문을 통해 AI의 편협한 시각을 넓혀 주는 질문의 기술을 가르칩니다.
- **인간 AI 감독관 양성**: 직원들의 AI 사용을 모니터링하고, AI 모델의 한계와 특성을 이해하며, 그 결과물을 올바르게 해석하고 조직에 미칠 영향을 관리 감독할 수 있는 인간 AI 감독관을 양성합니다. 대부분의 AI 시스템은 직원들이 어떤 프롬프트를 사용했고 어떤 결과물을 받았는지를 모니터링할 수 있습니다. 인간 AI 감독관은 직원의 AI를 잘못 사용하고 있다면 추후 교육을 통해 바로잡아야 합니다.

문제 해결 방안: CEO 측면 CEO는 조직 전체의 사고력을 앞장서서 이끌어야 한다

CEO의 리더십은 선택이 아닌 조직의 미래 지적 경쟁력을 좌우하는 필수 요소입니다. AI 시대의 리더십은 방향을 제시하는 것뿐만 아니라 조직 전체의 사고 방식을 설계하고 진화시키는 역할로 확장되어야 합니다.

CEO는 사고의 피트니스 트레이너가 되어 직원들이 AI를 사용하면서 시스템1 사고의 나태함에 빠지지 않고 오히려 더 강력한 사고력을 갖추도록 이끌어야 합니다. 구체적인 역할은 다음과 같습니다.

최고 질문 책임자

리더는 답을 주는 사람이 아니라 조직 전체에 날카로운 질문을 던지는 사람이 되어야 합니다. 리더가 던지는 질문의 수준이 그 조직의 사고 수준을 결정합니다.

기존 CEO의 질문

"AI로 분석한 다음 분기 예상 매출은 얼마인가?"

현재 CEO의 질문

"AI가 예측한 매출의 근거가 된 가장 불확실한 가정 세 가지는 무엇이고, 그 가정이 틀렸을 경우 우리의 컨틴전시 플랜Contingency Plan은 무엇인가?"

이런 질문을 통해 리더는 'AI의 결과물을 가져오는 것이 너의 일이 아니라 그 결과물을 비판적으로 분석하고 대안까지 생각하는 것이 너의 일이다'라는 메시지를 명확히 전달하게 됩니다.

사고 프로세스의 설계자

리더는 의무적인 비판과 개선 프로세스를 실제로 설계하고 그것이 조직 문화에 뿌리내리도록 만들어야 합니다. 그러기 위해서는 KPI를 재정의하는 것이 필요합니다. 'AI를 활용한 업무 처리 속도 20% 향상'과 같은 효율성 지표와 더불어 'AI 제안을 개선하여 만들어낸 부가가치' 또는 'AI 분석의 허점을 발견한 횟수'와 같이 사고의 깊이를 측정하는 지표를 도입한 뒤 이를 공식적으로 인정하고 보상해야 합니다. 이는 '우리 조직은 생각의 깊이를 가장 중요한 가치로 여긴다'를 나타내는 강력한 시그널이 됩니다.

지적 겸손함의 전파자

가장 위험한 것은 리더 자신이나 조직이 '우리는 최고의 AI를 쓰니 우리의 판단은 항상 옳다'는 기술적 오만에 빠지는 것입니다. AI의 환각은 아직 완벽하게 제거할 수 없습니다. AI를 사용할 때는 항상 AI가 틀릴 수 있다고 생각해야 합니다. 앞으로 계속 똑똑한 LLM이 나와도 환각은 사라지지 않습니다. 오히려 AI가 고도화되고 똑똑해질수록, 그리고 사용하는 분야가 전문적일수록 환각이 심해집니다. 기업에서는 실무자가 아닌 이상 일반 직원들은 도저히 환각을 발견할 수 없을 것입니다.

그러므로 AI가 절대적으로 옳다는 만용에 빠지지 말아야 합니다. 리더 스스로 AI의 제안이나 자신의 첫 생각을 뒤집는 사례를 공개적으로 보여 줄 수 있어야 합니다. "AI는 A안이 최적이라고 했지만, 김 부장이 제기한 리스크를 검토해 보니 B안으로 가는 게 맞다고 판단했습니다. 김 부장의 비판적 시각 덕분에 우리가 큰 실수를 피할 수 있었습니다"와 같은 인정은 직원들이 안심하고 AI와 리더에게 도전할 수 있는 심리적 안정감을 만들어 줍니다.

사고의 피트니스 트레이너

리더는 단기적인 효율성 향상이라는 달콤한 유혹을 이겨내고 조직의 장기적인 지적 체력을 길러야 하는 이유를 끊임없이 설파해야 합니다.

예를 들면 "어느 기업이든 돈만 주면 최고의 AI를 살 수 있습니다. 하지만 AI에게 올바른 질문을 던지고, 그 답을 비판적으로 해석하며, 더 나은 통찰을 이끌어 내는 사람의 능력은 돈으로 살 수 없습니다. 이것이 바로 우리의 지속 가능한 경쟁 우위가 될 것입니다"라는 비전을 명확히 제시해야 합니다.

CEO를 위한 비즈니스 인사이트

AI 시대
고부가가치 업무란 무엇인가

AI가 점차 정교한 분석 및 예측(시스템2 영역의 일부)까지 수행하게 되면서 인간, 특히 리더와 직원들의 역할 재정의는 기업의 생존과 직결된 문제가 되었습니다.

이는 AI를 도입하면서 생긴 새로운 변화입니다. AI로 업무를 자동화하면 남는 시간에 직원들에게 고부가가치 일을 해야 한다고 합니다. 그런데 그런 일이 무엇일까요? 대부분의 조직에서는 아직 이에 대한 논의를 한 적이 없습니다.

또한 CEO와 임원들은 AI 도입 이후 어떤 생각을 하고, 어떻게 직원들에게 동기를 부여해서 더욱 가치 있는 일을 하게 만들 것인가요? 이 문제도 깊이 생각해 보아야 할 일입니다.

직원이 해야 할 고부가가치 업무

AI가 효율성, 분석, 예측의 상당 부분을 대체한다면 직원들의 고부가가치 업무는 AI가 할 수 없거나 AI를 활용하여 인간만이 창출할 수 있는 새로운 가치에서 답을 찾을 수 있습니다.

AI가 할 수 없는 업무는 현장 업무입니다. AI를 많이 사용할수록 직원들은 현장에 나가 발로 뛰어야 합니다. 시장의 변화, 고객의 변화, 트렌드의 변화를 읽고 집단 지성을 모아 대처하는 것이 고부가가치 업무가 될 것입니다.

복잡하고 비정형적인 문제 해결

명확한 데이터나 공식이 없는, 여러 이해관계가 얽힌 복합적인 문제를 정의하고 해결 방안을 모색하는 일입니다. 예를 들면 '신규 시장 진출 전략 수립', '경쟁사의 예측 불가능한 행보에 대한 대응책 마련', '완전히 새로운 비즈니스 모델 개발' 등 주로 기획 부서에서 하는 일입니다. 이때 AI는 관련 데이터 분석, 시뮬레이션 등을 통해 판단의 재료를 제공하고, 인간은 이를 종합하여 전략적 통찰과 분석을 통해 전략을 수립합니다.

고객과의 깊은 공감과 인간적 상호작용

고객은 비즈니스의 영원한 주제입니다. 현장에 나가 고객의 미묘한 감정 변화와 니즈 변화를 파악하고, 신뢰 관계를 구축하며, 고객 니즈에 기반을 둔 서비스나 제품을 기획하는 일입니다. AI가 고객 데이터를 분석해 '이 고객은 이탈 가능성이 높다'고 알려 주면, 직원은 그 정보를 바탕으로 고객에게 진심으로 공감하며 문제를 해결해 주는 역할을 합니다.

창의적이고 비판적인 질문 던지기

기존의 방식에 안주하지 않고 '왜 우리는 이 일을 이런 방식으로 하고 있지?', '만약 AI를 이렇게 활용하면 어떨까?'와 같이 현상을 근본적으로 의심하고 새로운 가능성을 탐색하는 일입니다. 새로운 제품/서비스 아이디어를 내놓거나 업무 프로세스의 혁신적 개선안을 제안하는 일이 이에 해당합니다. AI는 주어진 질문에 대한 답을 찾는 데는 뛰어날지 몰라도 어떤 질문이 중요한지, 어떤 가설을 세워야 하는지를 결정하는 것은 인간의 창의적 영역에 달려있습니다. '답을 찾는 능력'에서 더 나아간 '문제를 정의하는 능력'이 AI 시대 직원들에게는 최고의 능력입니다.

융합적 전문성을 통한 AI 조련사 역할

자신의 전문 분야에 대한 깊은 이해를 바탕으로 AI에게 무엇을 학습시켜야 하고 AI의 결과물을 어떻게 해석하고 개선해야 할지를 아는 전문가를 양성하는 일입니다. 의료 영상 판독 AI에게 암 진단 노하우를 가르치는 의사, 금융 사기 탐지 AI의 모델을 개선하는 금융 전문가, 제조 공정 AI를 최적화하는 엔지니어 등이 이에 해당합니다. AI를 함께 성장하는 파트너로 만들고, 현업의 지식을 AI에게 전수하여 그 성능을 극대화시키는 것이 바로 각 산업별 슈퍼 에이전트를 만드는 길입니다. 이와 관련된 자세한 내용은 CHAPTER 06을 참고하세요.

CEO가 해야 할 고부가가치 업무

CEO의 영원한 숙제: 업(業)의 재정의를 통한 새로운 비즈니스 모델 찾기

CEO가 가장 먼저 해야 할 일은 기술 도입이나 효율성 개선이 아닙니다. 그 전에 먼저 우리 회사의 존재 이유와 업의 본질을 근본적으로 다시 질문하고 정의해야 합니다. 이는 기존의 관행과 성공 방정식을 모두 버리고 제1원칙에서부터 다시 생각하는 과정입니다.

예를 들어 미디어기업의 대표라면 '우리의 업은 신문을 만드는 것이다'가 아닌 '우리의 업은 신뢰할 수 있는 정보를 통해 사람들의 판단을 돕는 것이다'로 재정의해 보는 것입니다. 이렇게 업무의 본질부터 새롭게 정의하면 AI 시대에는 종이 신문 대신 개인화된 AI 뉴스 큐레이터나 심층 분석 리포트 자동 생성 서비스로 같은 가치를 제공할 수 있을 것입니다.

이 과정은 단순히 제품 하나를 바꾸는 것이 아니라 회사의 비전, 고객, 비즈니스 모델, 조직 문화 등 모든 요소가 서로 어떻게 연결되어 있는지를 전체적으로 조망하는 시스템적 사고를 요구합니다. 또한 AI라는 새로운 변수가 시스템 전체에 어떤 연쇄 반응을 일으킬지도 함께 예측해야 합니다.

새로운 가치 사슬 설계

AI는 기존 가치 사슬의 어느 부분을 파괴하고, 어느 부분에서 새로운 기회를 창출할까요? 우리의 핵심 경쟁력은 생산 효율성에서 데이터를 해석하고 고객을 예측하는 능력으로 이동해야 하는 건 아닐까요?

자동차 산업을 예로 들어 보겠습니다. 자율 주행 기술이 보편화되면 자동차를 소유하는 사람들이 점점 줄어들 것입니다. 그렇다면 자동차 제조사는 '자동차를 만드는 회사'라는 기존 정의에서 벗어나 지금까지 제공했던 가치를 근본적으로 재설계해야 합니다. 시간이 지나면 결국 차량 판매가 아닌 구독형 이동 서비스를 제공하는 회사로 변신하는 것을 고민해야 하는 상황이 올 것입니다.

인간-AI 협업 시스템 구축

AI를 도입해서 활용하다 보면 다음과 같은 질문들이 필연적으로 따라옵니다.

- 우리 조직에 필요한 의사 결정 중 무엇을 AI에 위임하고, 무엇을 인간이 끝까지 책임져야 하는가?
- AI의 분석 결과를 인간이 비판적으로 수용하고 더 나은 판단을 내리게 하려면 어떤 조직 문화와 프로세스가 필요한가?
- AI가 왜 그런 결론을 내렸는지 설명할 수 있는 능력을 어느 수준까지 요구

하고, 그 불확실성을 어떻게 관리할 것인가?
- 만약 AI를 믿었는데 실패했다면 누가 책임질 것인가?
- 아무도 책임질 사람이 없다면 AI의 실수를 어떻게 막을 것인가?

결국 답은 '일은 AI에게 맡기되, 검증은 인간이 하고 최종 책임도 인간이 진다'는 원칙일 것입니다. 따라서 업무 설계와 책임 체계도 이 원칙에 따라 구축되어야 합니다.

미래를 위한 조직 역량과 인재상 재정의

AI 시대에 좋은 인재를 유치하고 그 능력을 키우는 것은 영원한 CEO의 숙제입니다.

지금까지는 공부를 잘하고 유명 대학을 나온 직원이 일을 잘할 것이라는 가정하에 직원을 뽑았습니다. 앞으로는 유명 대학을 나온 직원 대신 업에 대한 이해가 깊고 문제 정의를 잘하는 사람을 뽑을 것입니다. 항상 모든 일에 질문을 잘하는 직원이 지식이 많은 직원보다 AI를 잘 쓸 확률이 높습니다.

AI는 협업이 가장 중요합니다. 따라서 협업을 좋아하고 잘하는 사람이 고독하게 자기 일만 잘하는 사람보다 낫습니다. 모든 것을 준비하고 계획을 세워서 일을 추진하기보다는 빠르게 일을 처리하고 고객의 피드백을 받아 개선하는 것이 훨씬 더 중요합니다. 따라서 열정적인 추진력을 가진 사람이 더 좋은 평가를 받을 것입니다.

AI 시대에는 집단 지성이 중요하다고 했습니다. 즉, 서로 배우고 가르쳐주는 개방적인 자세가 혼자만 알고 공유하지 않는 것보다 훨씬 낫습니다. AI를 잘 사용하면서도 게으르지 않은 사람, 즉 AI의 답변을 검증하고 출처를 확인하는 시스템2 사고를 가진, 머리 근육이 단단한 직원이 필요합니다. 내근 직원이라도 현장 돌아다니는 것을 좋아하고 현장에서 나오는 감각을 포착해서 업무에 반영할 줄 아는 직원들이 많아야 합니다.

 이처럼 AI 시대 CEO의 핵심 업무는 AI 시대에 맞는 인재를 정의하고, 채용하고, 교육하고, 유지하는 것입니다.

CHAPTER 05

기업이 선택한
AI 활용 방법, RAG

지금까지는 AI를 주로 경영 측면에서 다루었습니다. 조직 문화, 구현 방안, 협업, 교육, KPI와 인센티브, 시스템2 사고를 유지하는 방안 등입니다. CHAPTER 05부터는 실제 AI 시스템 구축 기술과 활용 방안에 대해 이야기하겠습니다.

CEO는 직원들이 직접 AI를 배워 자신의 업무를 자동화하도록 해야 합니다. 그럼 직원들은 무엇을 어떻게 배우고, 어떻게 구현하여 활용해야 할까요? 매우 기술적인 내용으로 보이지만, 앞에서 AI 기술을 잘 공부했다면 큰 어려움 없이 이해할 수 있습니다. 이번 CHAPTER에서 다룰 내용은 RAG입니다.

기업이 RAG를
활용해야 하는 이유

RAG는 기업이 AI를 도입할 때 필요한
가장 현실적이고 강력한 해법입니다.

RAG Retrieval Augmented Generation 는 사내 문서들을 벡터로 변환해 벡터 DB에 저장해 두고, LLM에 질문하기 전에 먼저 벡터 DB에서 질문과 유사한 항목을 검색한 후 그 검색 결과와 원래 질문을 함께 LLM에 제공하는 기술입니다. 이렇게 하면 그 질문에 대한 배경 정보를 잘 아는 것처럼 답변하게 만들 수 있습니다. 이는 AI 활용 방법 중 가장 쉽고 간편하며 비용도 적게 듭니다. 그래서 요즘 많은 기업에서 활용하고 있습니다.

RAG란

그렇다면 기업이 AI를 활용하는 세 가지 방법을 통해 RAG를 좀 더 이해해 보겠습니다.

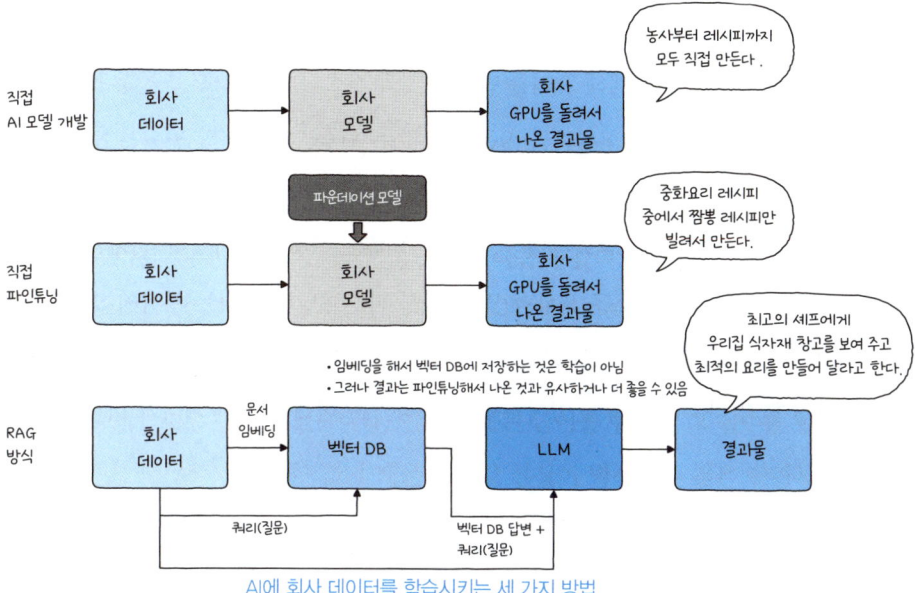

AI에 회사 데이터를 학습시키는 세 가지 방법

직접 AI 모델 개발

그림에서 보듯이 사내 데이터로 세상에 없는 새로운 모델을 처음부터 끝까지 직접 만들고 학습시키는 방식입니다. 이를 식당에 비유하면 요리에 필요한 모든 식재료를 직접 농사지어 만들고, 직접 개발한 레시피로 음식을 만들어 파는 것과 같습니다.

이렇게 하면 직접 개발한 AI 모델에 대한 완벽한 통제권을 가지며, 성공 시 누구도 따라 할 수 없는 압도적인 기술적 차별성을 확보할 수 있습니다. 하지만 학습에 많은 GPU와 비용 및 전문 인재가 필요하며, 실패 위험도 매우 높습니다.

직접 파인튜닝

잘 만들어진 파운데이션 모델(예: GPT-4, Llama 등)을 가져와 우리 회사만의 고유한 데이터(예: 법률 판례, 의료 기록, 고객 상담 스타일 등)를 추가로 학습시켜 특화된 전문가 모델을 만드는 방식입니다. 이는 마치 모든 중화요리 레시

피 중에서 하나만 선택해 요리를 만드는 것과 같습니다.

이렇게 하면 우리 회사만의 전문성을 갖춘 AI를 만들 수 있습니다. AI가 우리 회사 특유의 말투, 용어, 지식을 학습하면 더 좋은 결과물을 얻을 수 있습니다.

단점은 기반이 되는 파운데이션 모델이 계속 발전하기 때문에 뒤처지지 않으려면 지속적으로 새로운 모델에 맞춰 다시 파인튜닝해야 하는 부담이 있다는 것입니다. 특정 파운데이션 모델에 종속될 수밖에 없으며, 해당 파운데이션 모델이 가진 환각 가능성이 남아 있어 이를 제거하기도 어렵습니다. 게다가 비용도 만만치 않습니다.

따라서 이 방식은 특수한 전문 분야가 있거나 양질의 고유한 데이터셋을 대량으로 보유한 기업(예: 특정 분야의 법률 회사, 의료 데이터 분석 기업 등)에 특히 적합합니다.

RAG 방식

RAG는 2025년 현재 가장 현실적이고 강력한 방식입니다. 이 방식은 AI 모델 자체를 수정하지 않습니다. 대신 AI가 답변을 생성하는 순간에 질문과 관련된 가장 정확한 최신 내부 정보를 실시간으로 찾아서 제공합니다.

이를 위해서는 미리 회사의 모든 내부 데이터(매뉴얼, 보고서, 제품 정보 등)를 벡터화하여 벡터 DB에 저장해 두어야 합니다. 사용자가 질문을 하면 먼저 벡터 DB에서 질문과 가장 유사한 정보를 즉시 찾아냅니다. 그리고 "이 질문에 대해 방금 찾은 정보를 참고해서 답변해 줘"라는 요청을 받으면 LLM이 주어진 정보를 참고해서 답변을 해 줍니다. 이는 항상 벡터 DB에 있는 최신 데이터를 기반으로 답변하므로 환각 현상을 획기적으로 줄일 수 있다는 장점이 있습니다. 또한 데이터의 추가, 수정, 삭제가 자유롭고 실시간 정보 업데이트도 가능합니다.

이처럼 RAG 방식은 모델을 직접 훈련하거나 파인튜닝할 필요가 없으므로 비용이 가장 저렴하고 구현도 빠릅니다. 나중에 더 좋은 LLM이 나오면 뒤쪽 LLM

만 간단히 교체하면 되므로 파운데이션 모델에 대한 의존성도 전혀 없습니다. 또한 AI가 어떤 문서를 참고하여 답변했는지 출처를 명확히 제시할 수 있어 답변의 신뢰도도 높습니다.

이는 현재 대부분의 기업에 가장 많이 추천되는 방식입니다. 최소한의 비용으로 최신 파운데이션 모델의 강력한 성능을 활용하면서도, 회사의 정확한 데이터를 기반으로 신뢰할 수 있는 답변을 생성할 수 있어 가장 균형 잡힌 전략이라고 할 수 있습니다.

RAG의 장점

앞서 언급한 RAG의 장점을 좀 더 이해하기 쉽게 설명해 보겠습니다.

구축 비용 절감

RAG의 가장 큰 장점입니다. 모델을 처음부터 학습시키는 것이 아니므로 파인튜닝에 필요한 GPU 자원과 시간이 필요 없습니다. 또한 기업 데이터를 벡터화하여 저장하고 필요할 때마다 유사도 검색을 하는 방식이므로 초기 투자 비용이 훨씬 저렴합니다. 벡터 DB 비용도 크지 않습니다. LLM의 경우 GPT, 클로드, 제미나이는 많이 사용할수록 달마다 비용을 많이 내고 적게 사용하면 적게 내는 구조입니다. 반면 RAG 구현 비용은 이러한 월 사용료를 감안할 때 직접 구축이나 파인튜닝과 비교할 수 없을 정도로 저렴합니다. 최근에는 바이브 코딩이 가능해지면서 기업용 RAG 시스템을 구현하는 것이 더욱 저렴해졌습니다.

따라서 내부 직원들에게 인센티브를 걸고 IT 부서와 현업 부서가 공동으로 사내 시스템을 구축하면 큰 비용을 들이지 않을 수 있습니다. 직원들은 어떤 업무에 RAG를 사용해야 할지 이미 알고 있으므로 필요한 문서들을 모두 사내 벡터 DB에 올리라고 하면 됩니다. 이렇게 나온 결과물은 자신들이 만들었기 때문에 더 잘 활용할 수 있습니다. 각 기업의 보안 정책에 따른 구체적인 아키텍처는 CHAPTER 07에서 설명하겠습니다. 단, 한 번에 완벽한 시스템을 만들려 하지 말고 특정 부서를 선택해 먼저 테스트해 본 다음, 성공하면 그다음 부서로 확장해 나가는 방식을 권합니다.

환각 현상 감소

RAG의 가장 강력한 장점입니다. AI는 자신의 방대한 내부 지식에서 답변을 창작하는 것이 아니라 사용자가 제공한 정확한 내부 데이터를 근거로 답변을 생성하도록 강제됩니다. 이는 AI가 그럴듯한 거짓말을 지어내는 환각 현상을 획기적으로 줄여 답변의 신뢰도를 크게 높입니다.

최신 정보 반영

파인튜닝된 모델은 학습시킨 시점의 지식에 멈춰있지만, RAG 방식은 벡터 DB에 새로운 문서 하나만 추가하면 즉시 최신 정보가 답변에 반영됩니다. 따라서 실시간으로 변하는 제품 정보, 규정, 시장 상황에 즉각적으로 대응할 수 있습니다.

파운데이션 모델에 대한 독립성 및 빠른 기술 적응

이 두 가지는 전략적으로도 매우 중요한 장점입니다. RAG는 회사 내부의 지식(벡터 DB)과 AI의 두뇌(LLM)를 분리합니다. 따라서 오픈AI, 구글, 앤트로픽, 딥시크 등 특정 LLM에 종속될 필요가 없습니다. 더 싸고, 더 좋고, 더 빠른 모델이 나오면 언제든지 LLM 부분만 교체하여 시스템 전체를 손쉽게 업그레이드할 수 있습니다. 이는 '모델 중립 아키텍처'의 핵심입니다.

답변 생성 과정의 투명성

AI가 어떤 문서를 참고하여 답변을 만들었는지 그 출처를 명확하게 추적할 수 있습니다. 질문에 대한 답변과 함께 '이 내용은 2025년 2분기 영업보고서.pdf 5페이지를 참고했습니다'와 같이 근거를 제시할 수 있어 답변의 신뢰도를 높이고, 사용자가 직접 사실을 검증할 수 있게 해 줍니다.

성능 업그레이드 가능

RAG 시스템은 검색Retrieval과 생성Generation 두 부분으로 나뉩니다. 답변의 품질이 만족스럽지 않다면 더 좋은 LLM으로 교체(생성 성능 개선)하거나 임베딩 모델을 바꾸거나 데이터 처리 방식을 개선(검색 성능 개선)하는 등 문제가 되는 부분만 정교하게 업그레이드할 수 있습니다.

완벽한 데이터 소유권 및 보안

사내의 민감한 내부 데이터는 직원이 직접 통제하는 벡터 DB 안에 안전하게 보관됩니다. LLM에는 사용자의 질문과 관련된 최소한의 정보 조각만 전달되므로 모든 내부 데이터를 외부로 보내 파인튜닝하는 방식보다 데이터 보안 및 소유권 측면에서 훨씬 안전합니다.

AI 에이전트 구현의 핵심 구성 요소

각 부서의 요구에 따라 별도의 AI 에이전트를 구현해서 결합하면 매우 강력한 AI 도구가 됩니다. 구체적인 내용은 뒤에서 더 자세히 다루겠습니다.

RAG는 단순히 질문에 답하는 시스템이 아닙니다. 스스로 계획을 세우고 업무를 수행하는 AI 에이전트가 '지난달 영업 실적을 분석해서 보고서를 작성해'라는 명령을 수행하려면 정확한 데이터를 가져올 수 있는 신뢰할 만한 도구가 필요한데, RAG의 검색 기능이 바로 이 에이전트의 핵심 두뇌 역할을 합니다.

이와 같이 RAG 방식은 기업이 AI를 도입할 때 가장 우려하는 비용, 신뢰성, 통제권이라는 3대 난제를 동시에 해결하는 가장 현실적이고 강력한 해법입니다.

기업의
RAG 프로세스

기업 특성에 잘 맞춘 RAG 역량은
해당 기업의 핵심 성장 동력이 됩니다.

이제 실제로 기업이 RAG를 어떻게 구축하는지 살펴보겠습니다. 다음 그림은 크게 두 부분으로 나뉩니다. 하나는 AI의 지식 창고(벡터 DB)를 만드는 데이터 준비 과정(상단)이고, 또 하나는 사용자의 질문에 지능적으로 답변하는 질의응답 과정(하단)입니다.

1단계 문서들을 전처리해서 벡터 DB에 올리는 단계

2단계 질문을 벡터 DB에 던져서 결과를 LLM으로 보내 사람이 읽기 좋은 형태로 변경하는 단계

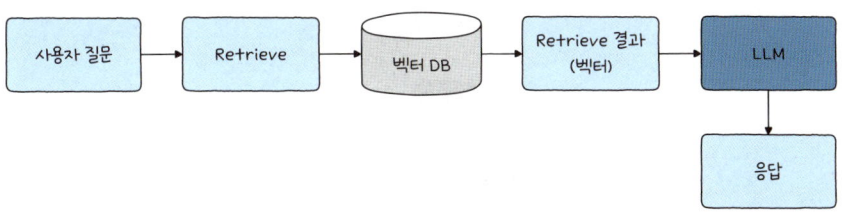

기업의 RAG 프로세스

데이터 준비 과정: AI의 지식 창고(벡터 DB) 구축하기

이 과정은 우리 회사의 모든 비정형 데이터를 AI가 이해하고 검색할 수 있는 지식 자산으로 만드는 과정입니다. 앞의 그림 상단의 왼쪽 부분부터 차례로 살펴 보겠습니다.

문서 분석 및 로딩

모든 과정의 시작점입니다. PDF, PPT, HWP 문서는 물론 이미지나 표가 포함된 복잡한 문서까지, 기업 내에 흩어져 있는 모든 형태의 데이터를 시스템으로 불러옵니다. 다양한 포맷을 처리할 수 있는 강력한 로더(150개 이상)를 갖추는 것이 모든 내부 지식을 활용하기 위한 첫걸음입니다. 특히 이미지, 표, 도형 등은 문서 분석Document Parsing 단계에서 분할되어 텍스트와 이미지 형태로 분리됩니다. 또한 별도의 LLM을 통해 텍스트로 설명한 결과물을 기존 이미지와 결합하기도 합니다.

예를 들어 보겠습니다. 다음은 인터넷에서 구할 수 있는 '판매대리중개업자용_금융상품판매 업무매뉴얼.pdf'라는 파일을 노코드 도구인 dify.ai로 문서 분석 및 로딩해 본 것입니다. dify에서 지식 메뉴를 클릭하고 문서를 로드하면 다음과 같은 결과가 나옵니다. 이 화면에서 필요한 옵션들을 선택하면 벡터 DB를 만드는 단계가 완료됩니다.

RAG를 위해 입력한 업무 매뉴얼(출처: KB캐피탈)

기업의 RAG 프로세스를 dify.ai로 구현한 결과

분할

불러온 긴 문서를 AI가 처리하기 좋은 의미 있는 조각^{Chunk}으로 나누는 과정입니다. 너무 작게 자르면 문맥을 잃고, 너무 크게 자르면 검색 효율이 떨어지기 때문에 각 문서 종류에 맞는 최적의 분할 전략(단락, 문장, 토큰 단위 등)을 사용하는 것이 매우 중요합니다. 특히 문장이나 문단이 중간에 잘리지 않도록 신경 써야 합니다. 텍스트를 분할할 때는 항상 겹치는 부분을 옵션으로 고려해야 하는데, 이를 청크 중첩이라고 합니다.

dify.ai 화면을 보면 '판매대리중개업자용 금융상품판매 업무매뉴얼.pdf' 파일을 업로드해서 텍스트만 추출한 후 1,024자를 기준으로 청크를 자르고 청크 중첩(겹치는 부분)을 50자로 설정했습니다. 그러면 오른쪽 화면처럼 하나의 잘린 청크가 보이는데, 빈칸을 모두 제거하고 텍스트만 남은 것을 확인할 수 있습니다.

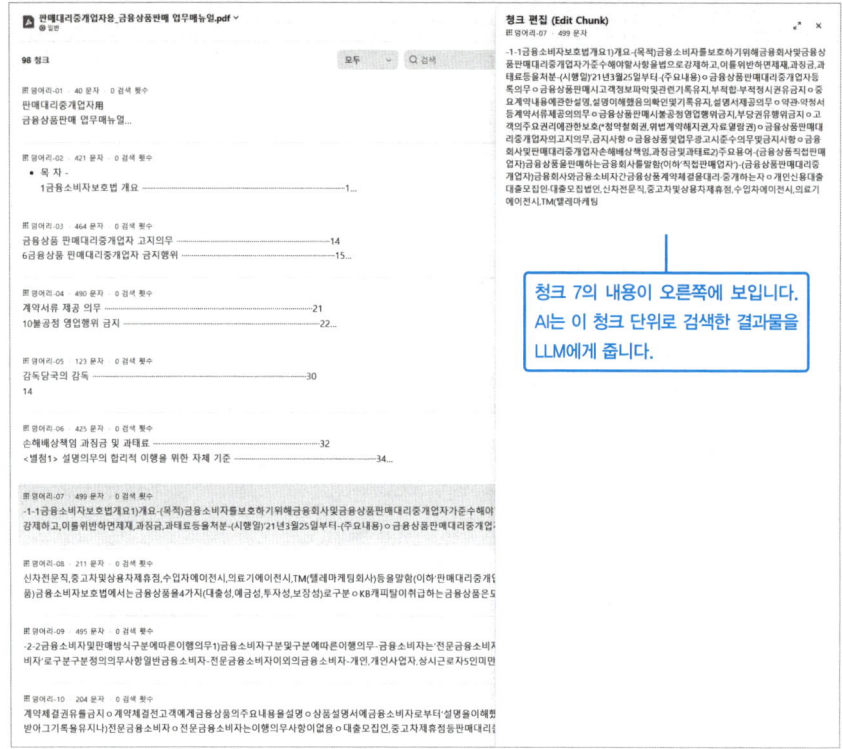

문서를 청크로 분할한 결과

임베딩

사람이 만든 문장을 기계(컴퓨터)가 이해할 수 있는 벡터로 변환하는 것이 임베딩입니다. 앞의 문서도 텍스트를 덩어리로 자른 후에 덩어리를 단어별로 임베딩한 것입니다. 그리고 이렇게 나누어진 텍스트 조각들을 AI가 이해할 수 있는 의미의 좌표(벡터)로 변환합니다. 어떤 임베딩 모델을 사용하느냐가 전체 RAG 시스템의 검색 성능을 좌우합니다. 즉, 좋은 임베딩 모델을 사용해야 좋은 검색 결과가 나옵니다.

여기서 중요한 점은 한 번 임베딩 방식을 결정하면 변경이 어렵다는 것입니다. 특히 ChatGPT와 같은 클로즈드 소스 LLM을 사용할 경우 한국어 검색에는 업스테이지의 solar-embedding을, 영문 검색에는 대개 오픈AI 임베딩을 사용합니다(CHAPTER 07에 나오는 LLM 아키텍처의 A타입인 경우). 그러나 Llama4와 같은 오픈 소스 LLM을 사용할 때는 다국어를 잘하는 bge-m3 임베딩을 사용합니다(CHAPTER 07에 나오는 LLM 아키텍처의 B타입인 경우). 이처럼 임베딩 방식은 한 번 결정하면 변경하기 어렵기 때문에 신중히 결정해야 합니다. 앞에서 예시로 든 dify.ai에서는 오픈AI의 text-embedding-3-large를 선택했습니다.

벡터 DB

이렇게 생성된 수많은 벡터들을 저장하는 데이터베이스입니다. 텍스트뿐만 아니라 이미지, 영상 등 다양한 데이터를 처리하려면 멀티모달 DB를 선택하는 등 데이터 종류에 맞는 DB를 구축하는 것이 중요합니다. 벡터 DB에도 클라우드 버전과 온프레미스 버전이 있습니다.

dify.ai에서는 자체적으로 내장된 벡터 DB를 사용합니다. 물론 다른 벡터 DB를 지정하거나 벡터 DB를 검색하는 방식도 설정할 수 있습니다.

질의 응답 파이프라인: 지능적으로 답변 생성하기

이 과정은 221쪽 그림의 하단 부분으로, 사용자의 질문을 받아 최종 답변을 생성하기까지의 실시간 처리 흐름이며, 여러 단계의 지능적인 장치가 포함되어 있습니다. 실제 환경에서 어떤 일이 일어나는지를 설명하기 위해 dify.ai로 RAG 프로세스를 구현했습니다.

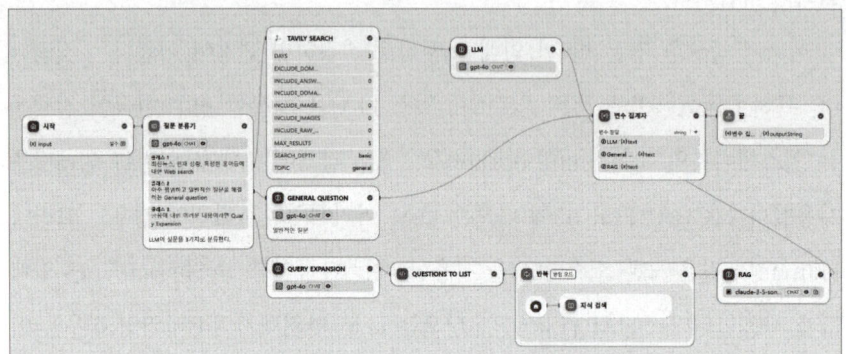

기업의 RAG 프로세스를 dify.ai로 구현한 화면

질의 라우팅

RAG 시스템을 만들었다는 것은 ChatGPT와 같은 사내 챗봇을 만들었다는 뜻입니다. 단, 사내 문서에 대해서만 질문할 수 있다는 것과는 다릅니다. 직원들은 사내 챗봇이라 할지라도 회사 문서에 대한 질문만 하는 것이 아니라 '어제 롯데와 한화의 야구 경기 결과는?', '아이슬랜드 수도가 어디야?' 같은 다양한 질문도 할 수 있습니다. 이런 질문이 업무와 관계없다고 막을 수는 없습니다. 대신 질문에 따라 답변을 적절히 처리하는 길을 안내해 주는 교통 신호 같은 것이 필요합니다. 이것이 바로 질의 라우팅 Query Routing 입니다.

질의 라우팅은 사용자의 질문을 받자마자 먼저 질문의 의도를 파악합니다. 그리고 사내 벡터 DB를 기반으로 한 정보 요청인지, 인터넷 검색이 필요한지, 아니면 그냥 대화를 하려는 것인지를 판단하여 최적의 처리 경로를 결정합니다.

dify에서는 이를 '질문 분류기'로 구현했습니다. 예를 들어 "오늘 서울 날씨는 어때?"라고 질문하면 클래스1로 갑니다. 클래스1은 최신 뉴스나 특정 용어에 대한 웹 검색을 할 수 있습니다. 만일 "대한민국의 수도는 어디지?"라고 물으면 클래스2로 갑니다. 클래스2는 아주 평범하고 일반적인 질문 General Question 을 해결합니다. "금융 상품을 재판매하기 위해 기업이 갖추어야 하는 조건은?"과 같이 금융에 대한 어려운 질문은 Query Expansion인 클래스3에 해당됩니다.

질의 라우팅은 기업의 필요에 의해서 얼마든지 변경이 가능합니다. 즉, 직원이 자신의 업무 종류에 따라서 나눌 수 있습니다.

질의 재작성

직원들이 사내 벡터 DB를 검색하다 보면 질문 자체가 매우 짧아서 의도가 명확하지 않거나, 질문의 의미가 이중적이어서 혼돈을 주거나, 또는 아주 이상한 질문인 경우가 생길 수 있습니다.

만약 질문이 사내 벡터 DB를 기반으로 한 정보 요청이라면 벡터 DB에서 가장 잘 검색할 수 있도록 다양하고 명확한 질문으로 다듬거나 Rewriting 여러 개의 질문으로 확장 Expansion 하는 것이 좋습니다. 이렇게 하면 벡터 DB에서 질문에 대한 관련 문장을 정확히 추출할 수 있어 추후 LLM이 답변할 때 성공할 확률이 높아집니다.

예를 들어 "금융 상품을 재판매하기 위해 기업이 갖추어야 하는 조건은?"이라고 물어보면 질의 확장을 하여 '기업이 갖추어야 하는 조건'을 좀 더 전문적인 용어를 사용한 5개의 유사한 질문으로 만듭니다.

- 금융 상품 재판매 조건
- 기업 금융 상품 라이선스
- 금융 상품 유통 규제
- 금융업 허가 요건
- 금융 상품 중개 자격

이 5개의 질문이 각각 벡터 DB에 들어가서 관련 정보를 끌어오면 질문에 맞는 정확한 답을 가지고 있을 확률이 처음 질문 하나만 했을 때보다 훨씬 높아집니다.

벡터 DB 검색

이어서 앞서 재작성된 질문을 벡터로 변환한 다음 사내 벡터 DB에서 가장 유사하고 관련성 높은 정보 chunk를 찾아냅니다. 이때 가장 많이 사용하는 것이 유사도 검색으로, 질문의 벡터와 가장 유사한 내용을 찾습니다. 또한 질문에 포함된 키워드 검색도 합니다. 보통은 유사도 검색과 키워드 검색을 함께 하는데, 이를 하이브리드 검색 hybrid retrieval 이라고 합니다. 이때는 각 검색 방법별로 중요도를 지정해 줄 수 있습니다.

226쪽의 dify.ai 화면을 보면 '하이브리드 검색'을 선택하게 되어 있습니다. 그리고 그 아래 가중 점수란은 유사도 검색과 키워드 검색의 중요도를 몇 대 몇으로 정할 것인지를 입력하는 곳입니다. 그대로 놔 두면 50:50으로 설정됩니다.

리랭크

Retriever는 벡터 DB에서 유사한 청크들을 찾아냅니다. 보통은 하나의 질문당 5개 정도가 나오는데, 우리는 앞서 질의 재작성 Query Rewriting 을 했기 때문에 모두 합하면 5×5=25개의 청크들이 나옵니다. 이중에서 어떤 내용을 LLM이 먼저 참고해야 할까요?

벡터 DB에서 Retriever가 가져온 청크들은 질문과의 유사도와 키워드를 기준으로 LLM에 입력되는데, 실제 LLM이 필요로 하는 청크들은 질문 기준이 아니라 정답을 채울 수 있는 청크들입니다. 따라서 Retriever가 가져온 청크들을 정답을 기준으로 정확도를 따져서 다시 순서를 정하는 과정이 필요합니다. 이를 정답과 유사한 내용을 가진 청크의 순서를 매기는 것, 즉 리랭크 Re-ranking 라고 합니다.

리랭크는 LLM이 고품질 답변을 하게 만드는 핵심 비결입니다. 벡터 DB에서 가져온 여러 정보들 중 질문에 대한 답변으로써 가장 정확하고 중요한 순서대로 우선순위를 다시 매깁니다. 이 과정을 거치는 이유는 벡터 DB 검색은 질문과 유사한 정보를 찾는 것이지, 질문에 대한 답변을 찾는 것이 아니기 때문입니다.

리랭크를 할 때는 전용 LLM(리랭크 모델)을 선정해야 합니다. 앞에서 예시로 든 dify.ai의 경우는 코히어의 rerank-english-v3.0을 선택했습니다.

프롬프트 구성 및 생성

이어서 원본 질문과 함께 가장 중요하다고 재정렬된 정보들을 최종적으로 조합하여 LLM에 전달합니다. 프롬프트는 재정렬된 정보를 기준으로 LLM에게 답변을 어떻게 해달라고 주문하는 것입니다. LLM은 프롬프트에서 주문한 대로 답변을 생성합니다. 따라서 이 프롬프트를 어떻게 쓰느냐에 따라서 답변의 품질이 달라집니다.

프롬프트에는 시스템 프롬프트 system prompt 와 사용자 프롬프트 user prompt 가 있습니다. dify.ai를 예로 들어 보면 다음과 같습니다.

먼저 시스템 프롬프트의 예시입니다.

- 당신은 주어진 벡터 DB 검색 결과를 바탕으로 정확하고 유용한 정보를 제공하는 AI 어시스턴트입니다.
  - 사용자가 질문하면 아래의 원칙을 따르십시오.
    1. 검색 결과 내에서 답변을 생성하십시오. 검색 결과 외의 정보를 임의로 생성하지 마십시오.
    2. 중복되는 정보는 하나로 정리하고, 의미 있는 차이가 있는 경우 이를 설명하십시오.

3. 가장 관련성이 높은 정보부터 정리하고, 신뢰할 수 있는 출처를 제공하십시오.

4. 불확실한 정보는 '정보가 부족합니다'라고 응답하십시오.

5. 각 출처의 신뢰도를 반영하여 답변을 조정하십시오.

- 사용자 질문과 검색 결과를 기반으로 종합적이고 일관된 답변을 생성하십시오.

다음은 사용자 프롬프트의 예시입니다.

Here is the user's QUESTION that you should answer:
{{input}}
Here is the CONTEXT that you should use to answer the question:
{{context}}

검색 및 인터넷 검색

사용자의 질문에 답변하기 위해 인터넷 검색이 필요하다면 인터넷 검색 기능(Tavily, Perplexity등)을 이용하고, 검색 결과물을 원래 질의와 함께 LLM에게 보냅니다.

다음은 그 예시입니다.

 오늘 서울 날씨는 어때?

오늘 서울 날씨는 대체로 맑다가 오후에는 구름이 많아질 것으로 예상됩니다. 오후에 서울과 경기 내륙 지역에는 소나기가 내릴 가능성이 있으며, 돌풍, 천둥, 번개, 우박에 유의해야 합니다. 예상 강수량은 5~20mm입니다.

(출처: 기상청 날씨누리, https://www.weather.go.kr/w/weather/forecast/short-term.do?stnId=109)

관련성 검증

LLM이 생성한 답변이 혹시 환각이거나 제공된 데이터와 관련 없는 내용인지 마지막으로 검증하는 품질 보증^{QA} 단계입니다. 만약 문제가 있다면 다시 이전 단계로 돌아가 다른 정보를 찾아오도록 제어합니다.

지금까지 살펴본 아키텍처는 RAG가 단순히 검색+생성만이 아니라 데이터 전처리, 쿼리 이해, 다중 소스 검색, 재정렬, 최종 검증에 이르는 매우 정교하고 지능적인 프로세스의 집합체임을 보여 줍니다. 이처럼 각 단계의 품질을 높이는 엔지니어링 역량이 간단한 챗봇 데모와 실제 기업에서 신뢰하고 사용할 수 있는 AI 서비스를 구분 짓는 결정적인 차이를 만듭니다.

RAG에서 오픈 소스 LLM과 클로즈드 소스 LLM의 비교

각 기업의 환경에 따라
어떤 LLM을 사용할지 결정해야 합니다.

RAG를 구현할 때는 어떤 종류의 LLM을 쓸 것인지를 선택해야 합니다. 즉, 오픈 소스 Open Source LLM이냐 클로즈드 소스 Closed Source LLM이냐를 선택하는 것입니다. 각 기업의 환경에 따라 다르겠지만 그 전에 먼저 다양한 요소를 비교해 보겠습니다.

오픈 소스 LLM의 사용 방법

클로즈드 소스 LLM의 경우 오픈AI, 클로드, 제미나이 등의 웹사이트에 들어가 API 키 사용을 신청해야 합니다. 그리고 이것을 우리가 개발한 애플리케이션에서 각 LLM을 호출할 때 함께 넣어 주고, 필요하면 신용카드 정보도 입력합니다. 이렇게 하면 우리가 만든 애플리케이션에서 클로즈드 소스 LLM을 쉽게 가져와 사용할 수 있습니다.

그렇다면 오픈 소스 LLM은 어떻게 사용할 수 있을까요?

오픈 소스 LLM을 서비스해 주는 웹사이트

오픈 소스 LLM을 사용하는 방법은 의외로 간단합니다. 그리고 여러 가지 방법이 있습니다.

- **Together.ai**

    https://together.ai에 접속한 뒤 회원 가입과 로그인을 마친 다음 상단 메뉴에서 Playgrounds를 선택합니다. 그리고 오른쪽에 MODEL을 클릭하면 내가 선택할 수 있는 오픈 소스 LLM 모델들이 나옵니다. 현재 선택되어 있는 모델은 Qwen3 Coder 480B로, 매우 큰 모델이지만 무료로 사용 가능합니다.

    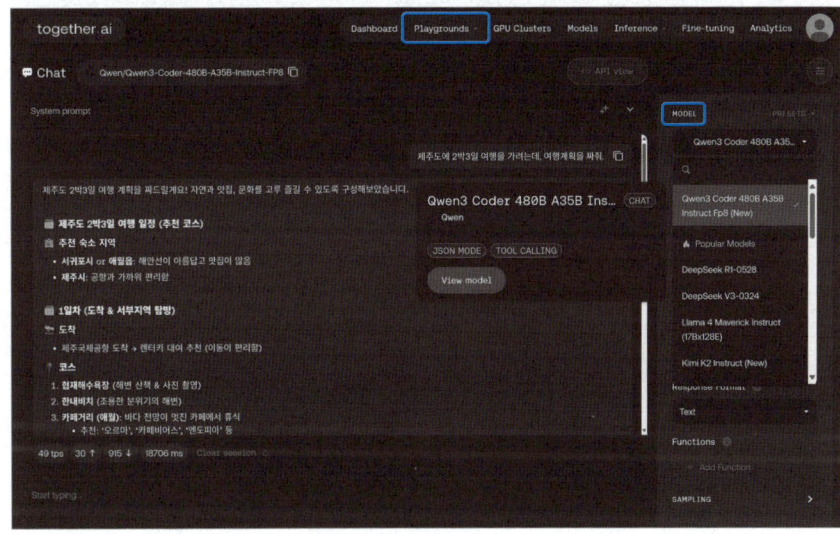

    오픈 소스 LLM을 서비스해 주는 웹사이트 together.ai

- **Groq.com**

    http://groq.com에 접속한 뒤 회원 가입과 로그인을 마친 다음 상단 메뉴에서 Playground를 선택합니다. 그런 다음 왼쪽에 있는 USER 아래에 원하는 프롬프트를 입력합니다. 그리고 중간 부분에서 LLM 이름을 선택하면 원하는 오픈 소스 LLM을 사용할 수 있습니다.

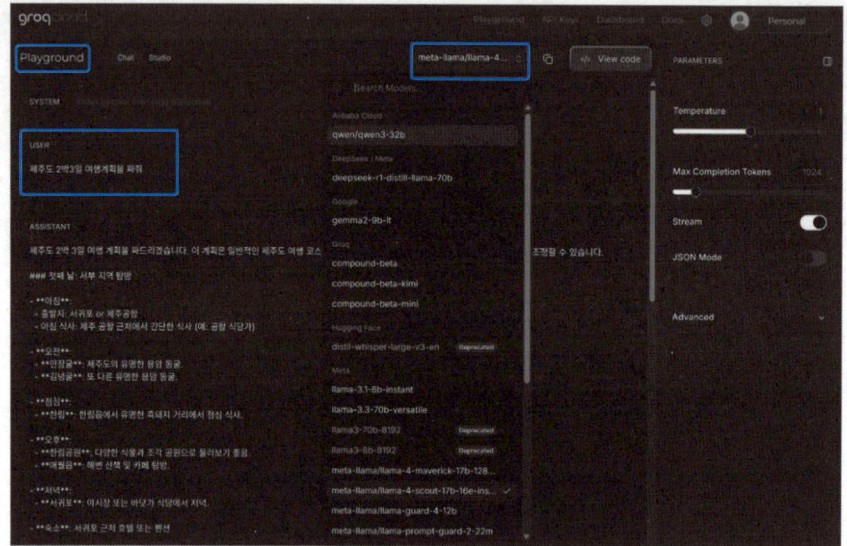

오픈 소스 LLM을 서비스해 주는 웹사이트 groq.com

내 PC에 설치해서 사용하는 방법: Ollama

https://ollama.com에 접속한 뒤 PC에 ollama를 다운로드해 설치합니다. 그리고 다시 사이트에 들어가 회원 가입과 로그인을 마친 다음, 검색창에 원하는 모델을 검색합니다.

예를 들어 LG가 개발한 'exaone'을 검색해 보겠습니다. 그러면 다음과 같은 화면이 나타나는데, 목록에서 exaone-deep을 기억합시다. 여기서는 ollama 모델에서 찾을 수 있는 것만 사용할 수 있습니다. 앞서 본 Qwen3 Coder 480B 모델은 너무 커서 여기에는 없습니다. 있다고 해도 PC에서는 돌아가지 않습니다. PC에서는 대체로 10B 이하 모델을 선택해야 합니다.

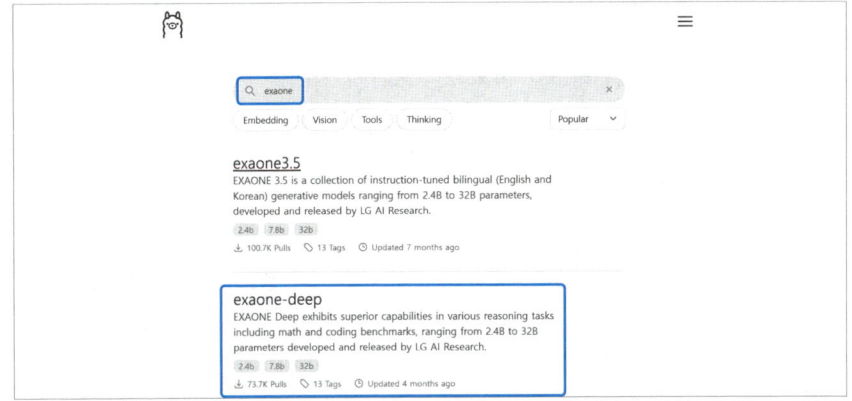
Ollama를 활용해 내 PC에 원하는 모델 다운로드하기

PC에서 powershell을 검색해 실행한 후 다음과 같은 명령어를 입력합니다.

```
ollama run exaone-deep:latest
```

그러면 다음과 같은 화면이 나타납니다. 텍스트 형태이기는 하지만 PC에서도 오픈 소스 LLM이 잘 돌아가는 것을 확인할 수 있습니다. 조금 기다리면 LLM이 답변을 잘해 주는 것도 볼 수 있습니다. 이때는 인터넷이 필요 없으므로 와이파이를 끄고 사용해 보길 바랍니다. 이런 경험을 직접 해 보면 재미도 있을 뿐더러 LLM을 이해하는 데 큰 도움이 됩니다.

내 PC에서 직접 오픈 소스 LLM 돌려보기

오픈 소스 LLM vs 클로즈드 소스 LLM 기반 RAG 구현 비교 분석

다음 표는 기업의 AI 전략을 결정하는 중요한 선택지, 즉 '완벽한 통제권과 보안(오픈 소스)을 선택할 것인가, 아니면 최고 수준의 성능과 개발 편의성(클로즈드 소스)을 선택할 것인가'의 장단점을 보여 줍니다.

구분 항목	오픈 소스 LLM 활용	클로즈드 소스 LLM 활용
모델	• Llama 시리즈(메타), Solar(업스테이지), Exaone(LG), Mistral, Gemma(구글), 딥시크 등 • 모델의 가중치(weights)가 공개되어 직접 다운로드 및 설치	• 오픈AI(GPT 시리즈), 앤트로픽(Claude 시리즈), 구글(Gemini 시리즈) 등 • API 형태로만 접근 가능
구현 방법	• 직접 호스팅(Self-Hosting)하는 방식 • 기업 자체 서버나 프라이빗 클라우드에 모델을 직접 설치하고 운영 • 높은 수준의 인프라 및 MLOps 역량 필요	• API 호출 방식 • LLM 제공사의 서버에 API를 요청하여 결과를 받아옴 • 인프라 관리 부담이 없으며, 구현이 비교적 간단
임베딩	• 허깅 페이스 등에 공개된 다양한 오픈 소스 임베딩 모델을 선택하여 자체 서버에서 실행 가능 • 데이터 처리 전 과정을 내부에서 통제	• 주로 LLM 제공처가 만든 임베딩 API(예: 오픈AI의 임베딩 모델)를 사용 • 성능은 우수하나 특정 제공사의 기술에 종속될 수 있음
벡터 DB	• 선택 가능 • 주로 Milvus, Chroma 등 오픈 소스 DB를 자체 서버에 구축하여 전체 데이터 파이프라인을 완전한 사내망(On-premise)에서 운영	• 선택 가능 • 사내 데이터 보안을 위해 벡터 DB는 내부에 구축하고, 검색된 정보만 API를 통해 LLM에 전달하는 하이브리드 방식이 일반적
답변의 정확도	• 최고 수준의 오픈 소스 모델은 특정 작업에서 클로즈드 소스와 대등한 성능을 보임 • 하지만 최적의 성능을 내기 위해서는 모델 선택과 추가적인 튜닝 등 자체적인 노력이 많이 필요	• 일반적으로 GPT-4o, Claude 3 Opus 등 최신 플래그십 모델이 가장 높은 성능(SOTA)을 즉시 제공 • 별도의 노력 없이도 높은 품질의 답변 기대 가능
보안	• 최상 • 모든 데이터와 모델이 기업의 방화벽 내에서 처리되므로 데이터 유출 위험이 원천적으로 차단됨 • 국방, 금융, 의료 등 민감 정보를 다루는 산업에 필수적	• 잠재적 리스크 존재 • 질문과 검색된 데이터가 외부 클라우드(LLM 제공사)로 전송되어야 함 • Azure OpenAI 등 보안이 강화된 서비스도 있으나 데이터가 외부로 나간다는 사실 자체에 대한 우려 존재

오픈 소스 LLM vs 클로즈드 소스 LLM

구분 항목	오픈 소스 LLM 활용	클로즈드 소스 LLM 활용
GPU	• GPT 서버가 필요함 • GPU 서버 용량이 클수록 더 크고 좋은 LLM을 돌릴 수 있음 • 동시 접속자 수, LLM에 따라 GPU 크기가 달라짐(비용 발생)	필요 없음
토큰 비용	• API 사용료 없음(0원) • 대신, 모델을 운영하기 위한 GPU 서버 구축 및 유지 보수 비용, 전력 비용, MLOps 엔지니어 인건비 등 인프라 비용이 지속적으로 발생	• 사용한 만큼 지불(Pay-as-you-go) • 질문과 답변의 토큰 양에 따라 API 비용이 직접적으로 발생 • 초기 비용은 없지만 사용량이 많아지면 비용이 기하급수적으로 증가할 수 있음
종합 평가	통제권과 보안의 극대화 • 장점: 완벽한 보안, 커스터마이징 자유, 토큰 비용 없음, 특정 기업에 종속되지 않음 • 단점: 높은 초기 투자 비용, 운영의 복잡성, 높은 수준의 내부 기술 역량 요구 • 추천: 데이터 보안이 최우선이거나 사용량이 매우 많아 API 비용이 부담되는 기업	최고 성능과 사용의 편의성 • 장점: 항상 최고 수준의 성능, 빠른 개발 속도, 인프라 관리 불필요 • 단점: 지속적인 API 비용 발생, 데이터 보안 우려, 서비스 제공사에 대한 종속성 • 추천: 빠르게 프로토타입을 만들거나 최고 성능이 즉시 필요하며, 내부 AI 인프라 팀이 없는 기업

성능과 정확도

- **오픈 소스 LLM**

    Solar, Exaone, Llama, Mistral, DeepSeek 등 최고 수준의 오픈 소스 모델은 특정 작업에서 클로즈드 소스와 대등한 성능을 보여 줍니다. 하지만 크기가 수천 억 파라미터에 모델 파일 크기도 수백 기가 이상인 LLM을 사내에서 돌리려면 대단히 큰 GPU 서버 여러 대가 필요하기 때문에 GPU 구매 비용이 매우 높아질 수밖에 없습니다.

    따라서 각자의 회사 실정에 맞는 적절한 용량의 모델을 선택하는 것이 좋습니다. Ollama를 활용해 사내 GPU 서버에 LLM을 다운로드할 때는 모델 성능에 대한 기준을 낮출 필요가 있습니다.

- **클로즈드 소스 LLM**

    GPT, 클로드, 제미나이와 같은 최신 플래그십 모델 대부분은 가장 높은 성능을 즉시 제공합니다. 별도의 튜닝 없이도 곧바로 최고 수준의 답변 품질을 기대할 수 있다는 것이 가장 큰 장점입니다.

인프라 비용 vs API 사용료

- **오픈 소스 LLM**

    API 사용료는 없습니다. 다만 모델을 직접 운영하기 위한 GPU 서버 구축, 유지 보수, 전력 등의 인프라 비용과 유지 보수를 위한 엔지니어 인건비가 지속적으로 발생하는데, 이 비용이 상당히 큽니다.

- **클로즈드 소스 LLM**

    사용한 만큼 토큰 비용을 지불하는 API 사용료가 발생합니다. 초기 인프라 투자 비용은 없지만, 서비스 사용량이 많아지면 API 비용이 증가할 수 있습니다. 그러나 사용하는 토큰의 양에 비례하는 종량제이므로 매달 내는 인원수별 정액제에 비해 훨씬 저렴합니다.

보안과 통제권

- **오픈 소스 LLM**

    보안과 통제권이 가장 큰 장점입니다. 모델과 데이터가 모두 기업 내부망에서 처리되므로 민감한 정보가 외부로 유출될 위험이 원천적으로 차단됩니다. 이처럼 데이터 보안을 완벽하게 확보할 수 있어 국방, 금융, 의료 산업에 필수적입니다.

- **클로즈드 소스 LLM**

    잠재적인 보안 리스크가 존재합니다. 사용자의 질문과 검색된 내부 정보가 API를 통해 외부 클라우드(LLM 제공사)로 전송되기 때문입니다. Azure OpenAI 등 보안이 강화된 서비스도 있지만, 데이터가 외부로 나간다는 사실 자체를 우려하는 기업에게는 장벽이 될 수 있습니다. 이 부분은 CHAPTER 07에서 상세히 설명하겠습니다.

구현 및 운영의 복잡성

- **오픈 소스 LLM**

    모델을 직접 설치하고 안정적으로 운영하며 트래픽에 맞춰 확장하는 등 높은 수준의 내부 기술 역량을 필요로 합니다.

- **클로즈드 소스 LLM**

    구현이 매우 간단하고 편리합니다. API를 호출하기만 하면 되므로 인프라 걱정 없이 빠르게 프로토타입을 만들고 서비스를 개발할 수 있습니다.

종합 평가 및 전략적 결론

- **오픈 소스 LLM**

    완벽한 보안과 통제권이 장점이며, 이를 감당할 기술적 역량이 있는 기업에 적합한 전문가용 고가 솔루션입니다.

- **클로즈드 소스 LLM**

    최고의 성능과 빠른 개발 속도가 장점이며, 내부 인프라 관리 부담을 지고 싶지 않은 기업에 적합한 편리하고 저렴한 솔루션입니다.

RAG에서 고려해야 할 점

신뢰할 수 있는 RAG 시스템 모델링은
정교한 엔지니어링과 깊은 고민이 필요한 작업입니다.

RAG를 기업 환경에서 신뢰할 수 있는 시스템으로 만들려면 다음 네 가지 영역에서 깊은 고민이 필요합니다.

임베딩 모델의 신중한 선택과 관리

임베딩 모델은 사내 데이터의 '의미'를 벡터로 번역하는 가장 핵심적인 부품입니다.

- **좋은 임베딩 모델의 중요성**: 어떤 임베딩 모델을 사용하느냐에 따라 검색의 품질이 결정됩니다. 우리 회사의 산업 용어나 특수한 맥락을 잘 이해하는 좋은 모델을 선택하는 것이 프로젝트의 성패를 좌우합니다.
- **변경의 어려움**: 특정 임베딩 모델로 문서를 한 번 벡터화하면 나중에 더 좋은 모델로 바꿀 때 모든 문서를 처음부터 다시 벡터화해야 하는 막대한 작업이 필요합니다. 이는 마치 건물의 기초 공사와도 같아서 임베딩 모델은 처음부터 신

중하게 선택해야 합니다.

- **일관성 유지**: 문서를 저장할 때 사용한 임베딩 모델과 사용자의 질문을 벡터로 변환할 때 사용하는 모델은 반드시 동일해야만 의미의 일관성이 유지되어 정확한 검색이 가능합니다.

문서 처리의 복잡성

Garbage in Garbage out 원칙은 RAG에서 가장 중요하게 적용됩니다. 즉, AI가 학습할 데이터의 품질이 검색 결과의 품질을 결정합니다.

- **다양한 포맷 처리**: 기업의 문서는 단순 텍스트뿐만이 아닙니다. 따라서 PDF, PPT, 워드, 엑셀 등 다양한 파일 포맷을 정확히 읽어낼 수 있는 데이터 로더가 필수적입니다.
- **정교한 내용 분리**: 문서 안의 텍스트, 표, 이미지, 다단 형식 등을 지능적으로 분리하고 각 요소의 의미를 파악하여 처리할 수 있어야 AI가 문맥을 제대로 이해할 수 있습니다. 이 전처리 과정 자체가 상당한 기술력을 요구합니다.

검색의 정확도를 높이는 심화 기술

벡터 DB는 '질문에 대한 정답'을 찾는 것이 아니라 '질문과 의미적으로 유사한 문서 조각'을 찾아줄 뿐입니다. 이 간극을 메우기 위한 추가 기술, 즉 재정렬 re-ranking이 반드시 필요합니다.

- **쿼리 변환**: 사용자의 모호하거나 간단한 질문을 AI가 가장 잘 이해할 수 있는 상세하고 명확한 질문으로 다시 만들거나 확장 Query Rewrite/Expansion 하는 기술입니다.

- Lost in the Middle 문제 해결: 긴 문서의 경우 AI가 중간 부분의 중요한 내용을 놓치는 경향이 있습니다. 이를 방지하기 위해 문서를 의미 단위로 잘게 자르거나 중요도를 요약하는 등 고도화된 전략이 필요합니다.

지능형 RAG 구축

단순한 RAG는 검색과 정답 생성이라는 단방향으로 흐르기 마련입니다. 따라서 시스템을 고도화하여 스스로 결과를 점검하고 개선하는 능력을 갖춰야 합니다.

- 조건부 RAG: AI가 생성한 최종 답변이 질문의 의도와 맞지 않거나 논리적 오류가 있다고 판단될 경우, 프로세스를 되돌려 질문을 다른 방식으로 바꾸어 다시 검색하거나 다른 문서를 찾아보는 등 문제를 해결하기 위해 스스로 재시도하는 지능적인 반복 루프를 자동으로 구현합니다.

지금까지 살펴본 내용들은 RAG 시스템 구축이 데이터 처리부터 AI 모델링, 최종 결과 검증에 이르기까지 정교한 엔지니어링과 깊은 고민이 필요한 작업임을 잘 보여 줍니다.

Ragas란 무엇인가?

RAG 시스템을 정밀하게 평가하는 것도
답변 품질을 높이는 데 꼭 필요한 작업입니다.

Ragas^{Retrieval Augmented Generation Assessment}란 RAG 시스템이 얼마나 잘 작동하는지를 하나의 점수가 아닌 여러 차원에서 객관적인 점수로 평가하고 분석해주는 도구입니다. 이를 통해 RAG가 보편적으로 잘 작동하는지를 체크할 수 있습니다. 특히 LLM을 '평가자'로 활용하여 사람의 주관적인 판단을 자동화하고 정량화하는 것이 특징입니다. 기업의 현업 담당자는 다양한 질문에 대해서 RAG의 정확성을 계속 확인하는 것을 잊어서는 안 됩니다.

Ragas의 핵심 평가 지표

Ragas는 RAG 파이프라인을 크게 검색^{Retrieval}과 생성^{Generation} 부분으로 나누어 각각의 성능을 정밀하게 측정합니다.

검색 품질 평가

답변을 만들기 위해 벡터 DB에서 찾아온 근거 문서가 얼마나 좋은지를 평가합니다.

- 컨텍스트 정밀도: '찾아온 문서들이 질문에 답하는 데 정말로 필요한 내용인가?'와 같이 검색된 정보 중에 관련 없는 쓰레기 정보가 얼마나 섞여 있는지를 평가합니다. 이 점수가 높을수록 검색 시스템이 질문과 관련된 핵심 문서를 정확히 찾아왔음을 의미합니다.
- 컨텍스트 재현율: '질문에 답하기 위해 필요한 정보는 찾아온 문서들 안에 모두 포함되어 있는가?'와 같이 검색 시스템이 중요한 정보를 놓치지 않았는지를 평가합니다. 정답에 필요한 핵심 정보가 담긴 문서를 아예 찾아오지 못했다면 이 점수는 낮게 나옵니다.

생성 품질 평가

생성된 최종 답변이 얼마나 좋은지를 평가합니다.

- 충실성: 환각 현상을 측정하는 가장 중요한 지표입니다. 'AI가 생성한 답변은 제공된 근거 문서에만 기반하여 만들어졌는가?'라는 질문에 대한 점수가 높으면 AI가 근거 없는 말을 지어내지 않고 사실에 입각하여 답변하고 있음을 의미합니다.
- 답변 관련성: 'AI가 생성한 답변이 사용자의 원본 질문과 얼마나 관련이 있는가?'라는 질문으로 AI가 동문서답을 하는지, 질문의 핵심 의도를 파악하고 있는지를 평가합니다. 답변이 사실이더라도 질문과 관련이 없으면 이 점수는 낮게 나옵니다.

검증 프로세스

먼저 대표적인 질문과 이상적인 정답으로 구성된 테스트 세트를 준비합니다. 그리고 테스트 세트의 각 질문에 대해 RAG 시스템이 생성한 ❶ 답변^{Answer}과 답변의 근거로 사용한 ❷ 문서^{Context}를 모두 기록한 후, ❸ 기록된 데이터(질문, 답변, 근거 문서, 이상적인 정답)를 Ragas 프레임워크에 입력합니다.

결과 분석 및 개선

Ragas가 계산해 준 각 지표별 점수를 확인합니다.

- 컨텍스트 정밀도: 이 점수가 낮다면 검색 시스템, 특히 임베딩 모델이나 청킹 전략을 개선해야 합니다.
- 컨텍스트 재현율: 이 점수가 낮다면 필요한 정보가 없어서 답변을 못하거나 엉뚱한 상상력을 발휘해서 환각을 일으키게 됩니다. 이때는 청킹 전략을 수정하거나 임베딩 모델을 교체하거나 쿼리 재작성을 강화해 줍니다.
- 충실성: 이 점수가 낮다면 LLM이 근거 문서를 무시하고 환각을 일으키는 것입니다. 따라서 LLM에 전달하는 프롬프트를 더 강력하게 수정해야 합니다.
- 답변 관련성: 이 점수가 낮다면 청크 내에 정보가 있지만 LLM이 딴소리를 하는 것입니다. 이 경우는 LLM을 교체해야 합니다.

RAG의
주요 활용 방안

RAG는 모든 산업 분야에서
다양하게 활용할 수 있습니다.

RAG는 단순히 기술적인 개념뿐만 아니라 기업과 기업의 모든 부서에서 실질적인 가치를 창출할 수 있는 매우 강력하고 범용적인 활용 방안을 가지고 있습니다. RAG의 핵심은 LLM이라는 강력한 추론 엔진에 각 기업이 가지고 있는 정확하고 최신 데이터를 실시간으로 연결해 주는 것입니다. 여기에서 제시하는 산업별 주요 활용 방안들은 극히 일부이므로, 사업 방향에 따라 추가하거나 수정하는 것도 얼마든지 가능합니다.

산업별 활용 방안

RAG는 모든 산업 분야에서 각각의 고유한 특성과 요구 사항에 맞춰 다양하게 활용되고 있습니다. 특히 정확성과 신뢰성이 중요한 분야일수록 RAG의 가치가 더욱 두드러지며, 업무 효율성과 의사 결정의 질을 동시에 향상시키는 핵심 도구로 자리잡고 있습니다.

금융: 정확성과 보안이 생명

금융 산업은 규제가 엄격하고 데이터 보안이 최우선이며, 단 하나의 실수도 용납되지 않는 분야입니다. RAG는 이러한 금융권의 까다로운 요구 사항을 만족시키는 최적의 솔루션입니다.

- **내부 규정 및 상품 정보 안내**: 수시로 바뀌는 대출, 보험, 투자 상품의 약관과 내부 규정을 벡터 DB에 저장합니다. 직원이 고객에게 상품을 설명하거나 관련 규정을 찾을 때, RAG 챗봇은 수백 페이지의 문서 속에서 가장 정확한 정보를 즉시 찾아 제공합니다.
- **이상 거래 탐지(FDS) 강화**: 과거의 사기 거래 패턴뿐만 아니라 최신 금융 범죄 동향이나 관련 뉴스 기사를 실시간으로 검색하여 기존에는 잡아내기 어려웠던 새로운 유형의 금융 사기를 탐지하는 데 활용합니다.
- **투자 분석 및 실사**: 특정 기업에 대한 투자 심사 시 방대한 재무제표, 사업 보고서, 시장 분석 리포트를 RAG 시스템에 입력하고 '이 기업의 가장 큰 리스크 요인 세 가지는 무엇인가?'와 같이 질문하여 핵심적인 투자 정보를 빠르게 요약하고 분석할 수 있습니다.

제조: 방대한 기술 문서와 노하우의 자산화

제조업의 경쟁력은 수십 년간 축적된 설계 도면, 생산 매뉴얼, 품질 관리 기록, 고장 수리 노하우 등에서 나옵니다. RAG는 이 방대한 비정형 데이터를 살아있는 지식으로 만듭니다.

- **설비 유지 보수 및 고장 진단**: 현장 엔지니어가 특정 설비에서 발생한 문제에 대해 질문하면 RAG는 과거의 모든 수리 이력과 해당 설비의 매뉴얼을 검색하여 가장 가능성 높은 원인과 해결 절차를 제시합니다.

- **설계 및 R&D 지원**: 새로운 제품을 개발할 때 과거에 진행했던 유사 프로젝트의 설계 데이터, 실험 결과, 특허 문서를 RAG로 검색하여 중복 투자를 막고 개발 기간을 단축합니다.
- **품질 관리(QC) 및 규제 준수**: 복잡한 품질 관리 기준이나 제품 안전 규정에 대해 질문하면 RAG는 관련 표준 문서를 즉시 찾아내어 규제 준수 여부를 확인하고 필요한 절차를 안내합니다.

의료 및 헬스케어: 생명을 다루는 정확한 의사 결정 지원

의료 분야에서 AI의 환각은 치명적인 결과를 낳을 수 있습니다. RAG는 검증된 최신 의학 정보만을 기반으로 답변을 생성함으로써 의료진의 임상 의사 결정을 안전하게 지원합니다.

- **임상 의사 결정 지원**: 의사가 특정 환자의 증상을 입력하면 RAG는 최신 의학 논문, 임상 가이드라인, 의약품 정보 데이터베이스를 검색하여 가능한 진단명과 추천 치료법을 근거와 함께 제시합니다.
- **의료 영상 분석 보조**: MRI나 CT 이미지를 판독할 경우 RAG는 유사한 패턴을 보였던 과거의 수많은 영상 데이터와 판독 결과를 검색하여 의사가 놓칠 수 있는 미세한 병변을 찾아내는 데 도움을 줍니다.
- **신약 개발 연구**: 수만 건의 연구 논문과 특허, 임상 시험 데이터를 RAG로 분석하여 특정 질병에 효과가 있을 것으로 예상되는 새로운 약물 후보 물질을 발굴하는 시간을 단축합니다.

법률: 방대한 판례와 법령 속에서 핵심 찾기

법률 분야는 방대한 양의 법령, 판례, 학술 자료를 정확하게 해석하고 적용하는 것이 핵심입니다. RAG는 법률 전문가의 리서치 어시스턴트 역할을 수행합니다.

- **법률 리서치 및 판례 검색**: 변호사가 특정 사건과 관련된 판례를 찾을 때 사건의 사실 관계와 법적 쟁점을 자연어로 질문하면 RAG는 가장 관련성이 높은 판례와 법 조항을 찾아 요약해 줍니다.
- **법률 문서 작성 및 검토 자동화**: 계약서, 소장, 법률 의견서 등 표준화된 문서를 작성할 때 RAG는 관련 법규와 유사 사례를 참고하여 초안을 생성하거나 작성된 문서에 법적 리스크가 없는지 검토하는 데 활용됩니다.
- **법률 자문 챗봇**: 일반인이 생활 속 법률 문제에 대해 질문하면 RAG는 관련 법률 정보를 신속하게 검색하고 이해하기 쉬운 용어로 답변을 제공하여 법률 서비스의 접근성을 높입니다.

RAG의 업무별 활용 방안

RAG는 기업의 모든 부서와 업무 영역에서 각각의 고유한 니즈에 맞춰 활용할 수 있는 범용성을 갖추고 있습니다. RAG를 기업에 맞게 잘 개발하면 업무 프로세스 자체를 혁신하고 직원들의 전문성을 강화하는 지능형 업무 파트너 역할을 수행할 수 있습니다.

기업 내부 지식 관리 및 임직원 지원

가장 대표적이고 즉각적인 효과를 볼 수 있는 분야입니다. 사내의 모든 규정, 매뉴얼, 보고서, 공지 사항 등을 벡터 DB에 넣어 스스로 학습하는 사내 위키를 만듭니다.

- **인사(HR)**: 인사팀은 직원들로부터 무수히 많은 질문을 받지만, 질문의 패턴은 거의 동일합니다. 예를 들면 "올해 남은 내 연차 일수는 며칠이고, 연차 사용 규정은 어떻게 되나요?", "법인 카드 발급 절차와 경비 처리 규정에 대해 알려 주

세요" 등과 같습니다.
- **IT 헬프데스크**: 직원이 많아질수록 "노트북에서 회사 프린터가 안 잡히는데 해결 방법을 알려 주세요." 등과 같은 PC에 대한 질문을 많이 받습니다.

RAG를 활용하면 인사, 총무, IT 부서의 단순 반복적인 문의 응대 업무를 획기적으로 줄일 수 있습니다. 임직원들 또한 24시간 언제든지 정확한 정보를 즉시 얻을 수 있어 업무 효율성이 높아집니다.

고객 지원 및 서비스 혁신

고객이 가장 빠르고 정확하게 원하는 정보를 얻을 수 있도록 하여 고객 만족도를 극대화합니다. "제가 사용하는 ABC-100 모델 세탁기에서 E04 에러 코드가 뜨는데, 해결 방법이 뭔가요?"라는 고객 질문을 받은 상담원에게 가장 정확한 답변 스크립트와 관련 규정을 실시간으로 화면에 제시하여 상담 품질을 높여 줍니다. 이로 인해 상담 대기 시간을 줄이고 1차 문의 해결률을 높여 고객 만족도를 개선할 수 있으며, 상담원의 교육 시간을 단축시키면서 누구나 전문가 수준의 상담을 할 수 있도록 지원해 줍니다.

영업 및 마케팅 활동 강화

영업 사원이 고객을 만나는 그 순간에 가장 필요한 정보를 제공하여 계약 성공률을 높입니다.

- **세일즈 지원**: 영업 사원이 고객 미팅 중 "경쟁사 X의 Y 기능과 비교했을 때 우리 제품이 더 나은 점을 기술적으로 설명해 줄 수 있는 자료를 찾아 줘"라고 요청하면 RAG는 즉시 내부 기술 문서와 경쟁사 분석 보고서를 검색하여 핵심적인 비교 포인트를 제공합니다.

- **시장 분석**: 수많은 고객 리뷰와 피드백 데이터를 분석하여 '고객들이 우리 제품의 어떤 기능에 대해 가장 많이 불만을 제기하고 있는가?'에 대한 인사이트를 도출합니다.

RAG를 활용한 이러한 지원은 영업 사원의 전문성을 강화하고 제안서 작성 시간을 단축하여 영업 사이클을 가속화할 뿐만 아니라 데이터에 기반한 마케팅 전략 수립도 가능하게 합니다.

연구 개발 및 전문 분석

방대한 양의 기술 문서나 연구 자료 속에서 필요한 정보를 찾아내어 연구 개발(R&D)의 생산성을 극대화합니다.

- **연구 비서**: '과거에 우리가 진행했던 그래핀 관련 모든 특허와 내부 연구 논문 중에서 배터리 효율을 5% 이상 개선한 실험 결과만 요약해 줘'와 같은 질문을 통해 중복 연구를 방지하고 과거의 지식 자산을 효과적으로 재활용합니다.
- **신약 개발**: 수만 건의 의료 논문과 임상 데이터를 검색하여 특정 질병에 효과가 있을 것으로 예상되는 새로운 화합물 후보를 찾아냅니다. 방대한 자료 분석 시간을 단축하여 연구원들이 핵심 연구에 더 집중할 수 있도록 합니다.

이처럼 RAG는 특정 부서의 전유물이 아닌, 기업의 지식 자산을 활용하는 모든 영역에 적용할 수 있는 수평적 기술Horizontal Technology입니다. 따라서 해당 부서별로 RAG를 성공적으로 도입하면 전사적인 생산성 향상과 데이터 기반의 의사 결정 문화 정착을 이끄는 핵심 동력이 될 것입니다. 회사는 전사적인 RAG 표준을 만들고 직원들에게 이를 지키면서 자체적으로 구현하라고 하면 됩니다.

CHAPTER
06

AI
에이전트

2022년 11월 ChatGPT가 출시되자 모두가 탄성을 질렀습니다. 그런데 어느 정도 사용해 보니, 특정 시점까지 학습한 문서 내용을 바탕으로만 답변하는 것이 발견되었습니다. 예를 들어 "현재 서울 날씨는 어때?"와 같은 간단한 질문에 답하려면 현재 시간을 파악하고, 서울의 위치를 알고, 실시간 날씨와 온도 정보를 제공해야 합니다. 그러나 ChatGPT는 이 질문에 답하지 못했습니다. 당시 ChatGPT에는 인터넷 검색 기능이 없었기 때문입니다. 하지만 GPT-4o는 달랐습니다. 어떤 차이가 있었던 걸까요?

AI 에이전트란?

AI 에이전트는 사용자의 질문을 이해하고
스스로 적합한 도구를 찾아 실행합니다.

"현재 서울 날씨는 어때?"라는 질문에 ChatGPT는 답하지 못했지만 GPT-4o는 다음과 같이 대답했습니다. 어떻게 해서 가능했던 걸까요?

> **현재 22° · 흐림**
> 서울, 대한민국
>
> | | 오전 6시 | 22° | 소나기 |
> | | 오전 7시 | 22° | 뇌우 |
> | | 오전 8시 | 23° | 뇌우 |
> | | 오전 9시 | 23° | 흐림 |
> | | 오전 10시 | 24° | 흐림 |
> | | 오전 11시 | 25° | 흐림 |
> | | 오후 12시 | 26° | 흐림 |
> | | 오후 1시 | 27° | 간헐적으로 흐림 |
>
> (더 보기)
>
> 지금 서울의 기온은 **섭씨 22°C(°F 72°)**로, 흐린 날씨입니다.
> 다음 시간대에 걸쳐 소나기와 뇌우가 예상되며, 낮 2시쯤 기온은 섭씨 27°C(°F 80°)까지 오를 수 있습니다.
>
> ☑ **추천 팁**
> - 지금처럼 흐리고 비가 있는 날엔 **방수 재킷이나 작은 우산**이 유용해요.
> - 낮 시간대에 25~27°C까지 오르므로 **얇고 통기성 좋은 옷차림**을 하시는 게 적절합니다.
> - 오후 6시 이후 다시 **뇌우가 예상**되므로 외출 계획이 있다면 **비에 대비**해주세요.
>
> 다른 시간대 예보나 7일간의 날씨, 특정 목적(운동, 해변 등)에 맞춘 추천도 필요하시면 언제든지 요청 주세요!

"현재 서울 날씨는 어때?"라는 질문에 대한 GPT-4o의 답변이는 GPT-4o 내부의 AI 에이전트가 다음 순서로 작동했기 때문입니다.

- Perception(입력 인식): "현재 서울 날씨는 어때?"라는 자연어 명령 인식
- Planning / Reasoning(계획/추론): 웹에서 날씨 정보를 찾아야겠다고 판단
- Tool Use(도구 사용): 웹 검색 또는 날씨 기능 호출(예: OpenWeather, 기상청 등)
- Output Generation(응답 생성): 사용자가 이해하기 쉽게 정리된 날씨 정보 제공

AI 에이전트는 사용자의 요구 사항을 파악해 실행 계획을 세우고 목표 달성을 위해 행동하는 AI 시스템입니다. GPT-4o와 같은 고급 LLM에 내장되어 개발되었기 때문에 문제를 해결하기 위한 계획을 세운 후 적절한 도구를 스스로 선택하여 실행합니다. 그리고 그 결과를 사람이 이해할 수 있도록 정리해서 제공합니다.

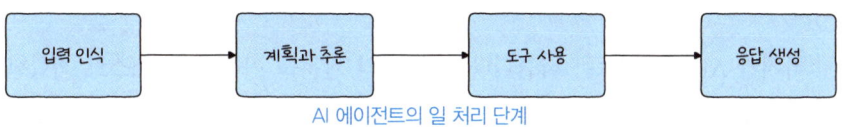

AI 에이전트의 일 처리 단계

일반 프로그램과 AI 에이전트의 차이

사실 이렇게 복잡한 문제는 프로그램으로 처리하기 쉽지 않습니다. 사용자가 요청한 내용의 경우의 수가 너무 많기 때문입니다. 날씨에 대한 질문도 "오늘 날씨 어때?", "오늘 비 오나?", "출근할 때 우산을 가져가야 하나?", "밖이 추워?" 등 셀 수없이 많습니다. 웹 검색, 뉴스, 항공편 예약 등의 경우까지 모두 프로그램으로 처리하려면 사용자에게 정해진 메뉴 중 하나를 선택하라고 할 수밖에 없습니다. 이것이 현재 은행이나 통신사 AI 챗봇에 들어가면 메뉴에서 선택지를 제

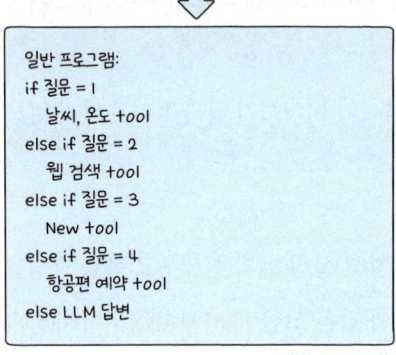
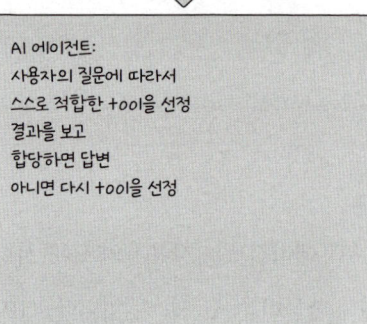

일반 프로그램과 AI 에이전트의 차이

시하는 이유입니다. 여기에 사용자가 원하는 메뉴가 없다면 사용을 포기해야 합니다.

하지만 AI 에이전트는 다릅니다. 사용자의 질문을 이해하고, 스스로 적합한 도구(프로그램)를 찾아 실행한 결과를 바탕으로 답변해 줍니다. 이렇게 AI 에이전트를 사용하면 훨씬 간편하고 신기하기도 합니다.

AI 에이전트의 구조

다음 그림은 AI 에이전트가 사용자의 질문에 답변하기 위해 내부적으로 거치는 과정을 보여 주는 순서도입니다. 사용자가 "현재 서울 날씨는 어때?"라고 질문했을 때 AI 에이전트가 답변을 생성하는 과정을 잘 보여 줍니다.

LLM은 AI 에이전트의 뇌와 같은 역할을 하는 거대 언어 모델입니다. 모든 AI 에이전트는 반드시 LLM이 필요합니다. Thinking 단계에서 어떤 도구를 사용할

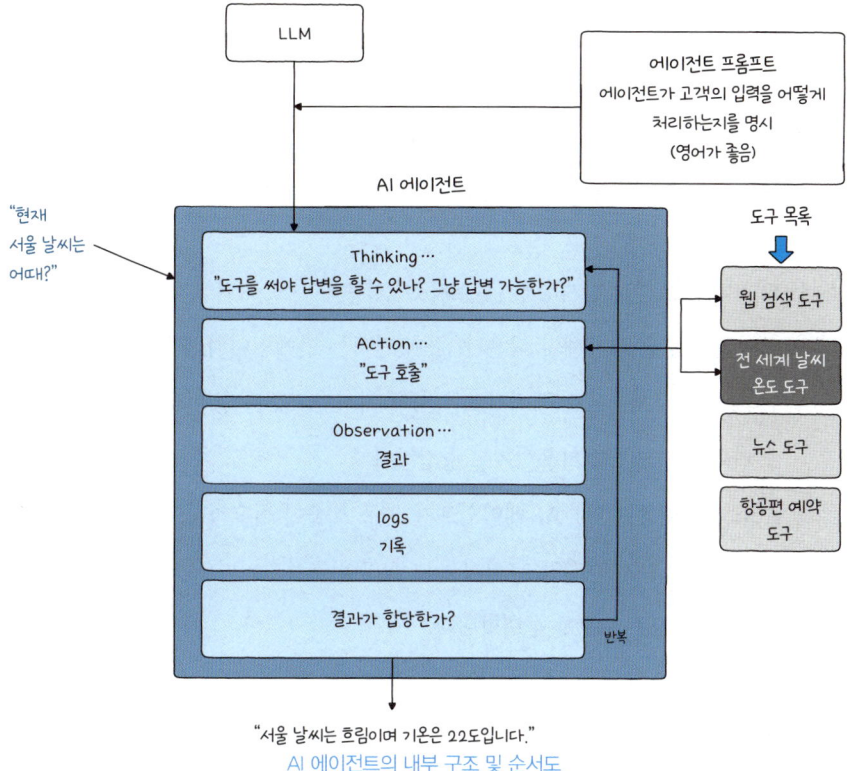

AI 에이전트의 내부 구조 및 순서도

지 추론하고, Observation 단계에서 얻은 데이터를 바탕으로 최종 답변 문장을 생성하는 등 전체적인 추론과 판단 과정을 담당합니다.

사용자의 질문

- "현재 서울 날씨는 어때?": 사용자가 AI 에이전트에게 질문을 던집니다. 이것이 전체 프로세스의 시작점입니다.
- 에이전트 프롬프트: 사용자의 질문에 따라 에이전트가 어떻게 행동해야 하는지에 대한 기본 지침으로, 개발자가 미리 설정해 놓습니다. 이 프롬프트에 따라 에이전트는 질문을 분석하고, 도구 사용 여부를 결정하며, 응답을 생성하는 등 정해진 규칙과 스타일에 맞춰 작동합니다.

AI 에이전트

AI 에이전트는 사용자의 질문을 받아 최종 답변을 생성하기까지의 전체 과정을 조율하고 실행하는 핵심적인 역할을 합니다. 257쪽 그림의 짙푸른 색 상자 안 내용으로, 내부는 여러 단계를 포함한 반복 구조로 작동합니다.

- Thinking...(생각 단계): 에이전트가 '이 질문에 바로 대답할 수 있는가, 아니면 특정한 도구를 사용해야 하는가?'를 판단하는 단계입니다. '서울의 현재 날씨'는 실시간 정보이므로 에이전트는 자체 지식만으로는 정확히 답변할 수 없다고 판단하고 도구를 사용하기로 결정합니다.
- Action...(행동 단계): AI 에이전트가 도구 호출이 필요하다고 판단하면 어떤 도구가 필요한지 결정하고, 실제로 그 도구를 호출합니다. 여기서는 날씨 정보를 얻을 수 있는 도구를 선택합니다.

도구 목록

AI 에이전트가 사용할 수 있는 외부 도구들의 목록입니다. 257쪽 그림에는 네 가지 도구가 예시로 나와 있습니다. AI 에이전트 개발자들은 각 도구가 어떤 기능이 있고 어떤 역할을 하는지 명확하게 작성해야 합니다. 이 기능 명세를 AI 에이전트가 읽고 어떤 도구를 사용할지 의사결정을 하기 때문에 매우 중요합니다. 여러 의도로 해석될 수 있거나 잘못 정의되어 있다면 잘못된 도구를 선정할 수 있으니 유의합니다.

- 웹 검색 도구: 일반적인 정보를 웹에서 검색하는 도구
- 전 세계 날씨 온도 도구: 전 세계 도시의 날씨와 온도 정보를 제공하는 전문 도구
- 뉴스 도구: 최신 뉴스를 검색하는 도구
- 항공편 예약 도구: 항공편을 예약하는 도구

여기서 AI 에이전트는 '서울 날씨' 질문에 가장 적합한 '전 세계 날씨 온도 도구'를 선택하여 호출합니다.

결과 검증

AI 에이전트는 도구 사용 과정과 결과를 내부적으로 기록logs하고, 얻은 결과(서울, 흐림, 22도)가 사용자의 초기 질문("현재 서울 날씨는 어때?")에 대한 합당한 답변이 되는지 검증(결과가 합당한가?)합니다.

최종 답변 생성

모든 과정이 성공적으로 끝나고 결과가 합당하다고 판단되면 AI 에이전트는 관찰된 결과를 바탕으로 사용자에게 자연스러운 문장으로 된 최종 답변을 생성("서울 날씨는 흐림이며 기온은 22도입니다.")합니다.

AI 에이전트의 장점과 한계

AI 에이전트는 다음과 같은 장점이 있습니다.

- 인간의 자연어(프롬프트)를 이해합니다.
- 답을 얻기 위해 자체적으로 계획을 수립합니다.
- 필요하면 자신이 가지고 있는 도구를 활용해서 답을 찾습니다.
- 도구가 많고 좋을수록 AI 에이전트의 기능이 자연스럽게 확대됩니다.

AI 에이전트는 다음과 같은 한계도 갖습니다.

- 스스로 계획을 수립하는 것은 좋지만, 계획이 틀릴 수도 있습니다.

- 중간에 틀려도 일단 답을 낼 때까지 기다려야 합니다.
- 도구가 수십 개 이상 많아지면 정확하게 잘 선택하기 어렵습니다.
- 같은 요구 사항이라도 매번 결과가 달라질 수 있습니다.

따라서 AI 에이전트를 구현할 때는 반드시 다음과 같은 방법을 사용해야 합니다.

- 초기 계획 수립 후 인간의 허락을 받고 수정이 가능하도록 합니다. →human in the loop
- 여러 개의 체크 포인트를 만들어서 결과물을 체크하고, 답이 틀리면 사람이 수정하거나 중지시킵니다. →Check point
- 도구가 많아지면 각 도구를 전문 분야로 나누어서 각각을 담당하는 에이전트를 만듭니다. →Multi-Agent System
- 최상단에 마스터 에이전트를 두어서 각 전문 에이전트의 결과물을 체크하고 그 다음 단계로 갈지 말지를 결정합니다. →Master Agent
- AI 에이전트 프롬프트를 정교하게 작성합니다. 모든 경우의 수를 상정해서 어떤 경우라도 같은 결과가 나오도록 테스트를 많이 합니다. →Agent Prompt

AI 에이전트를
구현하는 방법

AI 에이전트를 구현할 때는
기업마다 표준을 정해서 사용하는 것이 좋습니다.

AI 에이전트를 만드는 소프트웨어는 대단히 많습니다. 그러나 단순히 AI 에이전트만 구현하는 도구보다는 LLM, RAG, MCP 등 기업에서 사용하는 AI 애플리케이션을 종합적으로 구현할 수 있는 도구들이 대부분입니다. 랭체인Langchain도 그중 하나입니다.

AI 에이전트 구현을 위한 주요 개발 도구 종류

AI 에이전트를 만드는 방법은 크게 세 가지가 있으며, 각 장단점을 반드시 이해하고 사용해야 합니다.

에이전트 패키지

AI 에이전트를 만들 수 있는 파이썬 패키지입니다. 패키지란 파이썬 언어를 사용해서 다양한 애플리케이션을 만들 때 사용하는 도구 모음이라는 뜻입니다. 여기에는 랭체인, 랭그래프 LangGraph, 오픈 딥 리서치 Open Deep Research, 크루 AI CrewAI, 오픈AI Agents SDK 등이 있습니다.

장점은 원하는 것을 다 만들 수 있다는 것입니다. 그러나 패키지 자체가 방대해서 전체를 배우는 것이 쉽지 않습니다. 하지만 기업에서 다양한 시스템을 연결하고 많은 도구들을 직접 만들 수 있기 때문에 많이 사용되고 있습니다.

바이브 코딩

바이브 코딩 Vibe Coding 은 최근 엄청나게 인기를 끌고 있는 방법입니다. 그냥 필요한 요건을 한국어로 정리한 프롬프트를 입력하면 자동으로 코딩을 해 줍니다. 이전에는 버그가 많아서 수정하는 데 애를 먹었지만, 요즘에는 정리만 잘해 주면 좋은 퀄리티의 코드를 만들어 줍니다.

여기에는 커서 Cursor, 클라인 Cline, 윈드서프 Windsurf, 클로드 코드 Claude Code, 제미나이 CLI Gemini CLI 등이 있으며, 앞에서 언급한 플랫폼을 활용해서 만들 수 있습니다. 예를 들어 커서에 다음과 같은 프롬프트를 입력하면 간단한 RAG 애플리케이션을 만들어 줍니다. 물론 실제 업무에 사용하려면 더욱 정교한 프롬프트가 필요합니다.

langchain 환경에서 OpenAI의 gpt-4.1-mini를 사용해 RAG 애플리케이션을 만들어 줘. 이때 읽을 파일은 pdf 파일이고 vectorDB는 FAISS야.

최근에는 MCP를 활용해 바이브 코딩으로 로우코드/노코드 애플리케이션을 만드는 방법도 등장했습니다. 커서 AI에서 n8n MCP server를 활용해 n8n 애플리케이션을 만드는 것입니다.

로우코드/노코드

로우코드 low code는 코딩을 거의 안 하지만 조금은 하는 도구이며, 노코드 no code는 코딩이 아예 필요 없이 클릭만으로 필요한 애플리케이션을 만들 수 있는 도구라는 뜻입니다.

여기에는 Microsoft Copilot Studio, Google Agent Builder, AWS Bedrock Agents, n8n, dify, AI Factory의 Assiworks(한국) 등이 있습니다. 코딩 경험이 없는 일반 직원들을 대상으로 하지만, 실제로 사용해 보면 LLM, RAG, AI 에이전트 등에 대한 배경 지식이 어느 정도 있어야 직접 애플리케이션을 만들 수 있습니다.

비교적 쉽게 사용할 수 있다는 장점이 있지만 기존 시스템과 연동하거나 아주 정교한 컨트롤은 어렵습니다. 또 다른 단점은 버그가 생겼을 경우 이를 해결하기 쉽지 않다는 것입니다. 소스 코드가 없으니 어디에 문제가 생겼는지 바로 알 수 없습니다. 그러나 이제는 일반 직원들도 자신의 업무를 직접 AI 자동화할 수 있기 때문에 빠르게 확산되고 있습니다.

기업에서 개발 도구 선택이 왜 중요한가?

그렇다면 어떤 도구를 사용해서 기업에 필요한 AI 에이전트를 만들 수 있을까요? 여기서 중요한 점은 한 회사에서 여러 가지 도구를 사용하지 말라는 것입니다. 회사마다 하나의 표준을 정해서 그 표준만 사용하는 것이 좋습니다.

기업에서는 전산실만 AI 에이전트를 개발하는 것이 아닙니다. 전 직원이 자신의 업무를 직접 AI로 개발하고, 결과로 나온 애플리케이션을 유지 보수 및 업그레이드 하는 것이 중요합니다. 이는 CHAPTER 02에서 현업팀의 중요성을 강조한 것과도 같은 맥락입니다.

뿐만 아니라 하나의 도구만 사용해야 기술 집중도도 높일 수 있습니다. 여러 사람이 공동으로 사용하면 문제가 생겼을 때 더 잘 파악할 수 있습니다. 기술이 내재화되어 전 직원이 모두 하나의 방식을 사용하게 되면 더 잘 사용할 수 있는 방법을 나눌 수도 있고, 업그레이드도 가능합니다. 또한 많은 사람이 사용할수록 벤더 지원도 좋아지고 가격도 저렴해집니다.

반면 여러 개의 도구를 각자 알아서 사용하면 도구에 대한 노하우를 공유하기 어려우며, 만들어 놓은 AI 애플리케이션을 다른 직원들이 사용하기도 어렵습니다. 만약 그것을 만든 사람이 이직하면 그 사람이 만든 애플리케이션은 다른 사람이 유지 보수하거나 업그레이드할 수 없습니다. 따라서 여러 부서 사람들이 의견을 모아 하나의 표준 도구를 선정하는 것이 좋습니다.

에이전트 패키지

에이전트 패키지는
기업 내 시스템과 연결할 수 있어야 합니다.

에이전트 패키지로는 랭체인, 랭그래프, 오픈 딥 리서치를 추천합니다. 이 도구들은 전사적인 AI 도입을 위해 꼭 필요합니다. 최근 공개된 앰비언트 에이전트 Ambient Agent 로도 구현할 수 있는 폭이 많이 넓어졌습니다.

랭체인: AI 에이전트 개발의 표준 프레임워크

랭체인은 LLM을 활용한 애플리케이션 개발을 위한 가장 대표적이고 범용적인 오픈 소스 프레임워크입니다. 랭체인을 이용하면 AI 에이전트뿐만 아니라 RAG, 챗봇 등 LLM 기반의 다양한 기능을 모듈식으로 조합하여 개발할 수 있습니다.

- **컴포넌트 기반 아키텍처**: 대규모 언어 모델, 프롬프트, 체인, 에이전트, 도구, 메모리 등 각 기능을 잘게 나누어진 컴포넌트로 제공합니다. 개발자는 이 부품들을 레고처럼 조립하여 원하는 애플리케이션을 만들 수 있습니다.

- **체인**: 정해진 순서대로 여러 컴포넌트를 연결하여 특정 워크플로를 실행합니다. 예를 들면 '사용자 질문 → 프롬프트 변환 → LLM 답변 → 출력 형식 변환'과 같은 고정된 흐름을 만듭니다.
- **에이전트**: 랭체인의 에이전트는 LLM을 추론 엔진으로 사용합니다. 정해진 길을 따르는 대신, 주어진 문제와 사용 가능한 도구 목록을 보고 LLM 스스로 어떤 도구를 어떤 순서로 사용할지를 동적으로 결정하고 행동합니다. 이는 257쪽 그림의 'Thinking → Action → Observation' 루프와 일치합니다.
- **광범위한 통합**: 거의 모든 종류의 LLM, API, 데이터베이스, 벡터 스토어 등과 쉽게 연동할 수 있는 방대한 써드파티 통합 라이브러리를 제공합니다.

랭체인의 장점은 다음과 같습니다.

- 매우 유연하고 확장성이 높습니다.
- 방대한 커뮤니티와 풍부한 예제 코드를 보유하고 있습니다.
- AI 앱 개발의 거의 모든 단계를 지원하는 포괄적인 기능을 가지고 있습니다.
- 거의 AI 앱 개발의 표준입니다.

반면 랭체인의 단점은 다음과 같습니다.

- 기능이 너무 많아 처음 배우는 사람에게는 어려울 수 있습니다.
- 자유도가 높은 만큼 최적의 조합을 찾는 데 노력이 필요합니다.

랭그래프: 복잡한 AI 에이전트를 위한 플로우 엔지니어링

랭체인은 순환하는 구조를 만들 수 없습니다. 그러자 같은 회사에서 랭그래프를 만들었는데, 이는 랭체인의 일부로 순환적인 흐름과 상태를 가진 복잡한 AI

에이전트를 만들기 위해 특별히 설계된 라이브러리입니다. 기존 랭체인의 체인이 대부분 한 방향으로 흐르는 것과 달리, 랭그래프는 여러 단계의 추론, 수정, 반복이 필요한 작업을 위해 에이전트가 특정 단계를 반복하거나 조건에 따라 다른 경로로 이동하는 것이 가능합니다.

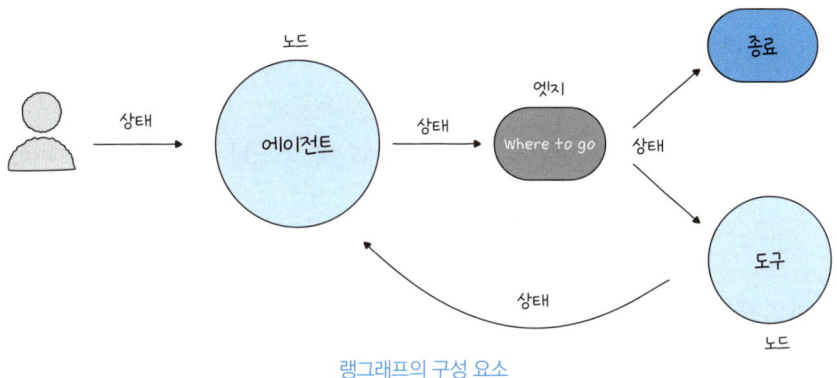

랭그래프의 구성 요소

- **노드(Nodes)**: 그래프의 각 단계를 의미하며, 함수나 랭체인의 Runnable 객체로 정의됩니다. 예를 들어 '도구 호출', 'LLM에게 질문', '결과 분석' 등이 각각의 노드가 될 수 있습니다.

- **엣지(Edges)**: 한 노드에서 다음 노드로의 이동 경로를 결정합니다. 엣지에는 항상 다음 노드로 가는 일반 엣지 Normal Edge와 특정 조건에 따라 다음 경로를 동적으로 결정하는 조건부 엣지 Conditional Edge가 있습니다. 이 조건부 엣지가 랭그래프의 핵심으로, '도구 호출 결과가 만족스러운가? (Yes → 종료 / No → 다시 LLM에게 질문)'와 같은 복잡한 분기 로직을 구현할 수 있게 해 줍니다.

- **순환(Cycles)**: 조건부 엣지를 거치면 작업 흐름이 이전 노드로 되돌아갈 수 있습니다. 이와 같이 에이전트가 스스로 결과물을 평가했을 때 만족스럽지 않을 경우 계획을 수정하여 다시 시도하는 자기 수정 Self-correction 루프를 만들 수 있습니다.

랭그래프의 장점은 다음과 같습니다.

- 에이전트의 작동 방식을 명시적인 그래프 형태로 시각화하고 제어하기 쉽습니다.
- ReAct, Plan-and-Execute, 그리고 Crew AI나 AutoGen에서 볼 수 있는 멀티 에이전트 협업과 같은 복잡한 에이전트 패턴도 안정적으로 구현이 가능합니다.
- 상태 관리를 통해 에이전트의 중간 작업 과정을 추적하고 디버깅하기 용이합니다.

반면 랭그래프의 단점은 다음과 같습니다.

- 간단한 순차적 작업에는 일반 랭체인보다 설정이 복잡할 수 있습니다.
- 상태와 엣지를 직접 설계해야 하므로 에이전트의 전체 로직에 대한 깊은 이해가 필요합니다.

오픈 딥 리서치

2025년 7월에 랭체인 회사에서 발표한 오픈 딥 리서치는 랭체인과 랭그래프를 기반으로 복잡한 리서치 과정을 지능적으로 실행하는 도구입니다. 연구실이나 기업에서 반복되는 리서치 업무를 처리하거나, 이를 바탕으로 특정 도메인에 최적화된 맞춤형 에이전트를 개발할 수 있습니다.

오픈 딥 리서치는 사용자의 초기 질문이 모호할 수 있다는 점을 고려하여, 먼저 추가 질문을 통해 연구 목표와 범위를 명확히 하고 전체 연구의 방향을 결정하는 브리핑 문서를 생성합니다. 이후 감독 에이전트가 연구 주제를 여러 하위 주제로 나누어 각각을 담당하는 하위 에이전트를 생성하고, 이들이 병렬적으로 정보

수집을 수행합니다. 각 하위 에이전트는 독립적으로 웹 검색 등을 통해 정보를 수집하고 정리하여 감독 에이전트에게 보고하며, 감독 에이전트는 이를 종합하여 중복을 제거하고 논리적 흐름에 맞게 재구성한 최종 보고서를 작성하는 방식으로 작동합니다.

오픈 딥 리서치의 장점은 다음과 같습니다.

- 여러 에이전트가 탐색적으로 정보를 수집하여 복잡하고 개방적인 질문에 대해 깊이 있는 연구 결과를 제공합니다.
- 병렬 처리를 통해 방대한 정보를 빠르고 효율적으로 수집할 수 있습니다.
- 각 하위 에이전트가 좁은 범위에 집중하여 컨텍스트 윈도우의 한계나 주의력 분산 문제를 해결합니다.
- 대화 기록을 브리핑으로 압축하고 정보를 요약하여 토큰 사용량을 최적화함으로써 비용을 절감하고 속도를 향상시킵니다.
- 사용자가 모델이나 검색 도구를 직접 선택하고 구성할 수 있는 유연성을 제공합니다.

오픈 딥 리서치는 사람이 하면 몇 시간 또는 며칠이 걸리는 리서치 업무를 자동화하여 깊이 있고 구조화된 결과물을 빠르게 얻는 데 특화되어 있습니다. 기업에서는 이를 통해 슈퍼 에이전트를 개발할 수도 있습니다. 이 기능을 자세히 연구하여 R&D, 설계, 개발 업무에 적용하면 큰 도움이 될 것입니다.

오픈AI Agents SDK

SDK Software Development Kit 란 소프트웨어를 개발하는 도구로, 마치 레고 블록 키트를 사서 블록을 조립하면 자동차나 로켓을 마음대로 만들 수 있는 것과도 같습니다. 오픈AI Agents SDK는 오픈AI가 직접 개발한 공식 에이전트 제작 도구로, 파이썬 SDK 형태로 되어 있습니다. GPT 모델을 활용하여 도구를 사용하는 AI 에이전트를 더 쉽고 안정적으로 만들 수 있도록 지원하는 데 목적이 있습니다. 이는 과거 'Swarm'이라는 이름으로 알려졌던 멀티 에이전트 협업 프레임워크를 흡수하여 발전한 것입니다.

- **개발자 친화성**: 복잡한 설정 없이 파이썬 함수에 데코레이터(@function_tool) 하나만 추가하면 LLM이 사용할 수 있는 도구로 쉽게 변환할 수 있습니다.
- **에이전트 루프 관리**: 에이전트가 목표를 달성할 때까지 여러 단계에 걸쳐 생각하고 도구를 사용하는 반복 과정을 내부적으로 손쉽게 처리해 줍니다.
- **에이전트 간 핸드오프**: 특정 작업을 다른 전문 에이전트에게 넘겨 주는 멀티 에이전트 워크플로를 지원합니다. 예를 들면 사용자 요청 분석 에이전트가 데이터 검색 에이전트에게 작업을 넘기는 구성이 가능합니다.
- **추적 및 디버깅**: 에이전트의 생각, 도구 호출, 결과 등 모든 실행 흐름을 시각적으로 추적할 수 있어 디버깅이 용이합니다.

오픈AI Agents SDK의 장점은 다음과 같습니다.

- 오픈AI 모델과의 최적화 및 최고의 호환성을 가집니다.
- 직관적이고 간결한 코드로 빠른 에이전트 프로토타입 제작이 가능합니다.
- 멀티 에이전트 협업을 위한 공식 기능을 지원합니다.

반면 오픈AI Agents SDK의 단점은 다음과 같습니다.

- 오픈AI 생태계에 굉장히 의존적입니다.
- 랭체인에 비해 아직은 기능의 다양성이나 커뮤니티 규모가 작습니다.

CrewAI: 협업하는 에이전트 세계

CrewAI는 여러 AI 에이전트가 마치 하나의 팀 Crew 처럼 협력하여 복잡한 과업을 수행하는 데 특화된 프레임워크입니다. 각 에이전트에게 고유한 역할 Role, 목표 Goal, 배경 스토리 Backstory를 부여하여 마치 실제 팀원처럼 유기적으로 상호작용하도록 설계되었습니다.

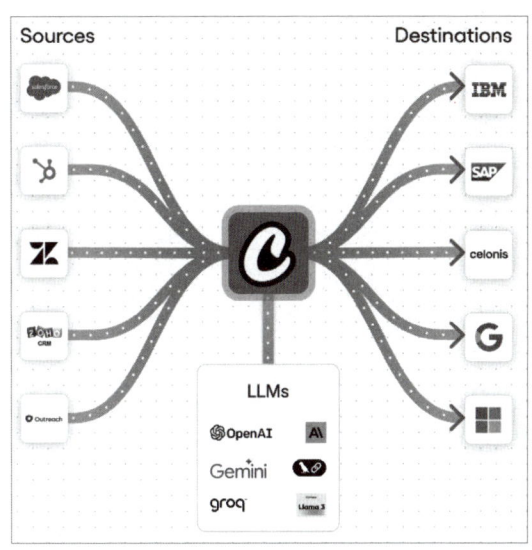

다양한 LLM을 활용해 여러 시스템의 데이터를 받아 처리하거나 저장할 수 있는 Crew AI

- **역할 기반 에이전트 설계**: 리서처, 작성자, 비평가 등 명확한 역할을 가진 각 에이전트들을 정의하고, 이들을 조합하여 팀을 구성합니다.
- **프로세스 관리**: 각 에이전트들이 작업을 수행하는 방식을 정의합니다. 한 에이전트의 결과물을 다음 에이전트가 이어받아 처리하는 순차 Sequential 프로세스가 기본입니다.
- **자율적 위임**: 한 에이전트가 자신의 능력을 벗어나는 작업을 다른 에이전트에게 위임하는 기능에 중점을 둡니다.
- **사람과 같은 협업 모델**: 실제 인간 팀의 업무 방식을 모방한 역할 분담과 협업

을 통해 단일 에이전트로는 달성하기 어려운 고품질의 결과물을 만들어 내는 것을 목표로 합니다.

CrewAI의 장점은 다음과 같습니다.

- 멀티 에이전트 시스템을 매우 직관적이고 체계적으로 설계할 수 있습니다.
- 콘텐츠 생성, 여행 계획 수립, 비즈니스 전략 분석 등 복합적인 문제 해결에 강합니다.
- 랭체인과 같은 다른 프레임워크와도 통합하여 사용할 수 있습니다.

바이브 코딩

다양한 바이브 코딩 도구들은
현업 중심의 AI를 꽃피우게 합니다.

바이브 코딩 Vibe Coding 이란 개발자가 AI와 함께 분위기나 흐름을 타며 가벼운 마음으로 코드를 작성하는 방식을 말합니다. 하지만 사전에 체계적인 개발 방법론, 기존 시스템과의 연동, 프롬프팅 기법 등이 표준화되어야 여러 개발자가 함께 바이브 코딩을 활용할 수 있습니다.

바이브 코딩 개발 도구에는 AI 에이전트가 내장되어 있어 코드 작성 시 이를 적극 활용합니다. 개발자가 자연어로 요청하면 AI 에이전트 기반 도구가 코드를 생성하고 터미널 명령을 실행하며 웹 브라우저를 조작하는 등 실제 개발 업무를 대신 처리해 줍니다. 이는 개발자가 '지시자 Director'가 되고, 개발 도구가 '행위자 Agent' 역할을 담당하는 새로운 개발 패러다임입니다.

바이브 코딩 도구들은 코드 작성 및 품질 관리(커서, 클로드 코드), 터미널 조작(클라인, 제미나이 CLI), 웹 브라우징(윈드서프) 등 개발자의 핵심 업무 영역을 대체하거나 지원합니다. 개발자는 이 도구들을 통해 생산성을 크게 향상시킬 수 있습니다.

커서: 비주얼 스튜디오 코드 기반의 대표적인 바이브 코딩 도구

커서Cursor는 처음부터 AI와의 협업을 염두에 두고 설계된 코드 에디터IDE입니다. 비주얼 스튜디오 코드를 기반으로 제작되어 기존 개발자들에게 친숙하면서도 훨씬 더 강력하고 직관적인 AI 기능을 제공합니다.

- **자연어 코딩**: 채팅창에 "langchain 기반의 간단한 챗봇을 만들어 줘"라고 지시하면 커서가 131줄의 코딩을 알아서 해 줍니다. 또한 별다른 프롬프트를 쓰지 않았는데도 챗봇의 주요 기능을 알려 주고 API 키 설정 및 필요한 랭체인 패키지를 설치하고 사용하는 방법까지 알려 줍니다. 코드를 실행하면 에러 없이 깨끗하게 실행되는 것을 볼 수 있습니다.
- **코드 베이스 전체에 대한 질문**: "이 코드가 어떤 역할을 하는지 설명해 줘"라고 질문하면 커서가 해당 파일을 분석하여 관련 코드와 함께 요약된 설명을 제공합니다. 이는 커서가 프로젝트 전체를 이해하는 '코드 분석 에이전트' 역할을 수행하는 것입니다.

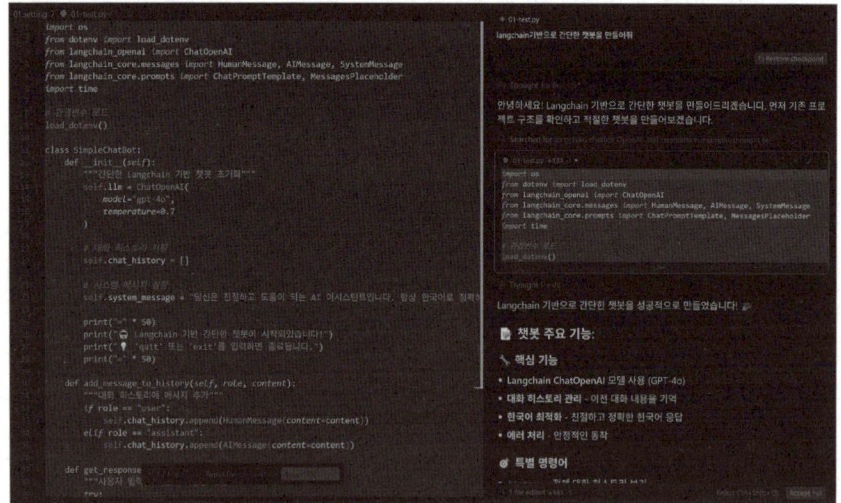

커서에 프롬프트로 요구 사항을 전달해 작성한 코드

```
(ai4ceo-py3.11) C:\Users\donch\ai4ceo\01.setting>python 01-test.py
================================================
🤖 Langchain 기반 간단한 챗봇이 시작되었습니다!
💡 'quit' 또는 'exit'를 입력하면 종료됩니다.
================================================

📋 사용 가능한 명령어:
  • 'history' - 대화 히스토리 보기
  • 'clear' - 대화 히스토리 초기화
  • 'quit' 또는 'exit' - 챗봇 종료
  • Ctrl+C - 강제 종료

💬 질문을 입력하세요: 제주도관광을 2박3일로 하려는데 일정표를 짜줘.

🤔 생각 중...

🤖 AI: 제주도 2박 3일 여행 일정을 짜드리겠습니다. 제주도는 자연경관이 아름답고 다양한 관광지가 많
아 다양한 코스로 즐길 수 있습니다. 여기에 제안하는 일정은 기본적인 코스이므로, 개인의 취향에 맞춰
조정하시면 좋습니다.

### 1일차
- **오전**
  - 제주공항 도착
```

커서로 만든 코드를 실행한 결과

- **지능적인 디버깅**: 코드에서 에러 발생 시 해당 부분을 선택하고 복사해서 오른쪽 프롬프트창에 "이 에러가 왜 발생했는지 알려 주고 수정해 줘"라고 요청하면 AI가 원인을 분석하고 수정 코드를 제안합니다.
- **기능 단위 생성**: 수정하고 싶은 코드를 마우스로 선택해서 Ctrl+K 를 누른 다음 만들고 싶은 기능이나 로직을 자연어로 입력하면 그에 맞는 코드를 즉시 생성하여 삽입해 줍니다.

클로드 코드: 앤트로픽의 코딩 전문 AI

클로드 코드Claude Code는 앤트로픽이 자사의 LLM인 클로드를 코딩 작업에 특화시켜 만든 코드 생성, 디버깅 및 관리 소프트웨어입니다. 일반적인 코드 생성뿐만 아니라 코드의 품질과 안정성을 높이는 데 중점을 둡니다. 또한 커서와 함께 바이브 코딩에서 가장 많이 사용합니다. 화면이 옛날 MS-DOS 같은 텍스트 기반이어서 처음에는 다소 낯설 수 있지만, 자주 사용하다 보면 이것이 편할 때도 있습니다.

```
 Welcome to Claude Code!

 /help for help, /status for your current setup

 cwd: C:\Users\donch\Claude

 Tip: Want Claude to remember something? Hit # to add preferences, tools, and instructions to Claude's memory
> langchain기반의 간단한 챗봇을 만들어줘

● LangChain 기반의 간단한 챗봇을 만들어드리겠습니다.

● Update Todos
  ⎿  [ ] Create basic LangChain chatbot structure
     [ ] Set up environment and dependencies
     [ ] Implement chat interface
     [ ] Add conversation memory
     [ ] Test the chatbot functionality

● Update Todos
  ⎿  [ ] Create basic LangChain chatbot structure
     [ ] Set up environment and dependencies
     [ ] Implement chat interface
     [ ] Add conversation memory
     [ ] Test the chatbot functionality

● Write(requirements.txt)
  ⎿  Wrote 1 lines to requirements.txt
     langchain==0.1.0
     langchain-openai==0.0.2
     python-dotenv==1.0.0
     streamlit==1.29.0

● Write(.env.example)
  ⎿  Wrote 1 lines to .env.example
     OPENAI_API_KEY=your_openai_api_key_here

● Write(chatbot.py)
  ⎿  Create file
     chatbot.py
     import os
     from dotenv import import load_dotenv
     import streamlit as st
```

클로드 코드의 실행 화면

- **테스트 케이스 자동 생성**: 작성된 함수나 클래스 코드를 보여 주고 "이 코드에 대한 유닛 테스트 케이스를 작성해 줘"라고 요청하면 정상적인 경우와 예외적인 경우Edge Case를 모두 고려한 테스트 코드를 생성해 줍니다. 이는 'QA 에이전트'의 역할을 대신하는 것입니다.

- **코드 개선**: 기존 코드를 제시하며 "이 코드를 더 효율적이고 읽기 쉽게 리팩토링해 줘"라고 지시하면 성능 저하 요소를 개선하고 변수명이나 구조를 더 명확하게 변경하는 등 코드 품질을 향상시키는 작업을 수행합니다.

- **문서화 자동화**: 완성된 코드에 대해 "이 함수의 작동 방식에 대한 문서를 마크다운 형식으로 작성해 줘"라고 요청하면 매개변수, 반환값, 주요 로직에 대한 설명을 포함한 문서를 자동으로 생성합니다.

제미나이 CLI: 구글 AI 기반의 커맨드라인 도우미

제미나이 CLI Gemini CLI는 구글의 제미나이 모델을 터미널 환경에서 직접 사용할 수 있도록 만든 도구로, 클로드 코드와 비슷한 인터페이스를 갖추고 있습니다. 기존 구글 드라이브 데이터와 파일을 읽고 쓸 수 있으며, 구글 워크스페이스의 다양한 도구들도 활용할 수 있습니다.

```
이 코드는 다음을 수행합니다.
1. .env 파일에서 OpenAI API 키를 로드합니다.
2. ChatOpenAI 모델을 초기화합니다.
3. 사용자 입력을 받아 챗봇의 응답을 출력하는 루프를 실행합니다.
4. 사용자가 "exit"를 입력하면 프로그램이 종료됩니다.

? WriteFile Writing to langchain-chatbot\app.py ←

 1
 2  import os
 3  from dotenv import load_dotenv
 4  from langchain_openai import ChatOpenAI
 5  from langchain.prompts import ChatPromptTemplate
 6  from langchain.schema.runnable import RunnablePassthrough
 7  from langchain.schema.output_parser import StrOutputParser
 8
 9  # .env 파일에서 환경 변수 로드
10  load_dotenv()
11
12  # ChatOpenAI 모델 초기화
13  model = ChatOpenAI()
14
15  # 프롬프트 템플릿 설정
16  prompt = ChatPromptTemplate.from_template("{question}")
17
18  # 체인 구성
19  chain = {"question": RunnablePassthrough()} | prompt | model | StrOutputParser()
20
21  print("안녕하세요! 저는 LangChain 챗봇입니다. 무엇이든 물어보세요.")
22  print("종료하려면 'exit'를 입력하세요.")
23
24  while True:
25      # 사용자 입력 받기
26      user_input = input("You: ")
27
28      if user_input.lower() == "exit":
29          print("챗봇을 종료합니다.")
30          break
31
32      # 챗봇의 응답 생성 및 출력
33      response = chain.invoke(user_input)
34      print(f"Bot: {response}")

Apply this change?
● 1. Yes, allow once
  2. Yes, allow always
  3. Modify with external editor
  4. No (esc)
```

제미나이 CLI

- GCP 연동 작업: "현재 실행 중인 구글 클라우드 스토리지 버킷 목록을 보여 줘"와 같이 구글 클라우드 CLI 관련 복잡한 명령어를 자연어로 실행할 수 있습니다. 이는 '클라우드 관리 에이전트' 역할을 수행하는 것과 같습니다.
- 코드 및 명령어 생성: "파이썬으로 현재 날씨를 가져오는 간단한 스크립트를 만들어 줘" 또는 "도커 컨테이너를 백그라운드에서 실행하는 명령어가 뭐야?"와 같은 질문에 대해 즉시 코드나 명령어를 생성해 줍니다.
- 대화형 상호작용: 터미널을 벗어나지 않고도 제미나이와 직접 대화하며 아이디어를 얻거나 복잡한 개념에 대한 설명을 들을 수 있습니다.

노코드
도구

현업에서 바이브 코딩을 어려워한다면
강력한 노코드 도구를 선택해도 됩니다.

기존 업무에서 이미 마이크로소프트, AWS, 구글을 사용하고 있다면 같은 계열의 도구를 사용하는 것이 좋습니다. 데이터가 해당 기업의 클라우드에 있을 가능성이 높기 때문입니다. 그렇지 않을 경우 최근 인기 있는 도구로는 n8n과 디파이^{dify}가 있습니다.

마이크로소프트 코파일럿 스튜디오: AI 챗봇과 에이전트를 만드는 데 최적화

코파일럿 스튜디오^{Copilot Studio}는 기존의 Power Virtual Agents를 확장한 플랫폼으로, 마이크로소프트 팀즈, 아웃룩, 쉐어포인트 등 업무용 서비스에 바로 적용할 수 있는 AI 챗봇(코파일럿)과 에이전트를 만드는 데 최적화되어 있습니다.

- **그래픽 기반 토픽 디자인:** 코딩 대신 '토픽^{Topic}'이라는 대화 흐름 단위를 시각적으로 설계합니다. 사용자의 특정 질문이나 키워드를 트리거^{Trigger}로 설정하

고 질문, 정보 제공, 액션 수행 등의 노드를 연결하여 대화 시나리오를 완성합니다.

- **생성형 AI 활용**: 간단한 설명이나 웹사이트 주소만 입력하면 이를 기반으로 AI가 자동으로 대화 토픽과 응답을 생성해 주는 생성형 작업 Generative Actions 기능을 제공합니다.
- **강력한 연동성**: 600개 이상의 사전 구축된 커넥터 Power Automate 를 통해 세일즈포스, 워크데이 등 외부 시스템의 데이터를 읽거나 쓰는 자동화 워크플로를 손쉽게 연결합니다.
- **단일 책임 원칙**: 주로 고객 서비스 응대, 사내 IT 헬프데스크, 업무 보조 등 명확한 목적을 가진 코파일럿을 만드는 데 강점을 보입니다.

구글 에이전트 빌더: 데이터 검색 기반 AI 에이전트 개발 플랫폼

에이전트 빌더 Agent Builder 는 구글의 버텍스 AI Vertex AI, 검색 기술, 대화형 AI Dialogflow 를 통합하여 비정형 데이터를 포함한 방대한 정보에서 답을 찾아주는 똑똑한 AI 에이전트를 구축하도록 도와주는 개발 플랫폼입니다.

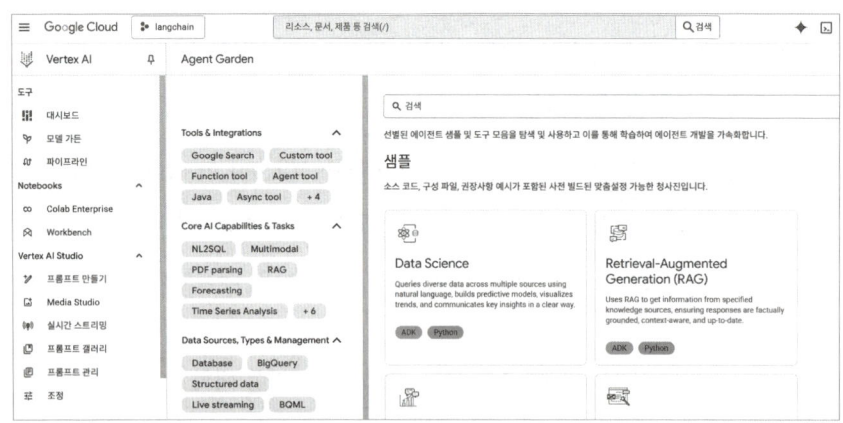

구글 버텍스 AI의 에이전트 빌더

출처: https://console.cloud.google.com/vertex-ai/Agents/Agent-garden?hl=ko&inv=1&invt=Ab3q6w&project=langchain-424806

- **데이터 저장소 기반**: 웹사이트, 문서(PDF, DOCX), 데이터베이스 등 기업의 내부 데이터를 연결하면 별도의 대화 흐름을 설정하지 않아도 AI가 해당 데이터 저장소를 스스로 검색하고 요약하여 사용자의 질문에 답변하는 RAG 기반 에이전트를 쉽게 만들 수 있습니다.
- **도구 사용**: API 엔드포인트를 도구로 등록하여 에이전트가 외부 시스템과 상호작용하도록 할 수 있습니다. 예를 들어, 항공권 예약 API를 도구로 등록하면 "내일 제주도 가는 비행편을 찾아 줘"라는 요청을 처리할 수 있습니다.
- **멀티모달 지원**: 텍스트뿐만 아니라 이미지, 음성 등 다양한 형태의 입력을 처리하는 에이전트를 만들 수 있습니다.
- **노코드 콘솔**: 모든 과정이 웹 기반의 직관적인 콘솔에서 이루어지며, 코딩 없이도 데이터 연결, 에이전트 설정, 테스트, 배포가 가능합니다.

AWS 베드락 에이전트 코어: 7개 모듈로 구성된 종합 AI 에이전트 플랫폼

AWS 베드락 에이전트 코어는 기업의 AI 에이전트 구현 분야에서 AWS에 리더십을 확보하기 위해 만든 플랫폼입니다. AI 에이전트를 만들고 활용하는 거의 모든 것을 포괄하고 있으며 7개의 모듈로 구성되어 있습니다. 이 7가지 기능들은 서로 유기적으로 연동되어 개발자가 AI 에이전트의 핵심 비즈니스 로직에만 집중할 수 있는 강력한 기반을 제공합니다.

- **에이전트가 작동하는 환경(AgentCore Runtime)**: 복잡한 AI 에이전트들을 동시에, 그리고 독립적으로 실행할 수 있도록 설계된 핵심 환경입니다. 여러 사용자가 동시에 다양한 에이전트를 사용할 경우 세션 정보나 데이터가 서로 노출되지 않도록 하며, 각 사용자에게 영향을 주지 않고 독립적으로 실행됩니다.

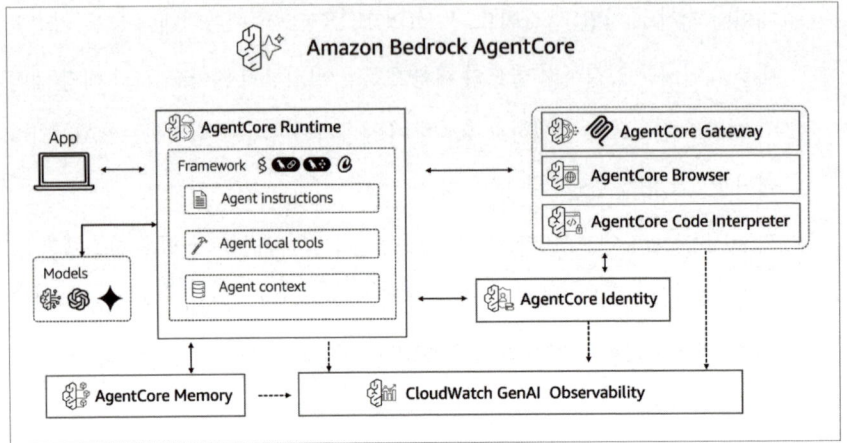

AWS 베드락 에이전트 코어
출처:https://github.com/awslabs/amazon-bedrock-Agentcore-samples/tree/main/01-tutorials

- **고객과의 대화를 기억(AgentCore Memory)**: 에이전트가 대화의 맥락을 이해하고 과거 경험으로부터 학습하는 지능형 비서가 되도록 하는 핵심 요소입니다. 현재 대화 세션의 정보를 저장하는 단기 기억과 벡터 DB를 활용해 과거 대화 내용과 사용자 선호도를 저장하는 장기 기억을 제공하며, 개발자가 별도로 구현하지 않아도 자동으로 관련 정보를 컨텍스트에 추가해 줍니다.

- **사내 시스템에 에이전트가 로그인할 수 있도록 함(AgentCore Identity)**: 에이전트가 사용자를 대신하여 실제 시스템에서 권한을 가지고 작업할 수 있도록 하는 보안 게이트웨이입니다. 사용자의 민감한 계정 정보를 직접 저장하지 않고도 구글 캘린더, 회사 내부 ERP 등 외부 서비스에 안전하게 로그인할 수 있게 해 줍니다.

- **에이전트의 활동을 추적(AgentCore Observability)**: AI 에이전트의 복잡한 의사 결정 과정을 투명하게 들여다볼 수 있게 해 주는 기능입니다. 에이전트가 여러 도구를 순차적으로 호출하며 복잡한 작업을 수행할 때 어느 단계에서 오류가 발생했는지를 추적하여 왜 이런 답변을 했고 어디서 작업이 실패했는지를 파악할 수 있게 합니다.

- 타 시스템과 연결(AgentCore Gateway): 기업의 기존 내부 시스템과 API를 AI 에이전트가 즉시 사용할 수 있는 도구로 손쉽게 변환해 주는 연결 기능입니다. 앤트로픽의 MCP, 구글의 에이전트 간 데이터 통신 표준인 A2A 등 도구의 표준 연결을 지원합니다.
- 웹 탐색 가능(AgentCore Browser): 에이전트가 사람처럼 웹사이트를 탐색하고 정보를 읽으며 양식을 작성하는 등의 작업을 수행할 수 있게 합니다. 각 브라우저 세션이 독립된 환경에서 실행되어 악성 스크립트나 데이터 유출로부터 안전하며, 1초 미만의 빠른 지연 시간으로 실시간 웹 브라우저 사용이 가능합니다.
- 코드 실행(AgentCore Code Interpreter): 에이전트가 생성한 코드를 안전하게 실행할 수 있는 격리된 환경입니다. 데이터 분석, 통계 처리에 자주 사용되는 라이브러리들이 미리 설치되어 있어 에이전트가 별도 설정 없이도 데이터 분석, 시각화, 복잡한 계산 등 지적인 작업을 즉시 수행할 수 있습니다.

n8n: 노코드 워크플로 자동화 도구

n8n(엔에잇엔, 엔8엔)은 엄밀히 말하면 AI 에이전트 빌더라기보다는 강력한 워크플로 자동화 도구에 AI 기능을 통합한 형태입니다. 수많은 앱과 서비스를 레고 블록처럼 연결하여 복잡한 자동화 시나리오를 만드는 데 탁월합니다.

- 노드 기반 비주얼 워크플로: '새로운 이메일이 오면(트리거) → 내용을 오픈AI로 요약하고(액션) → 결과를 노션에 저장한다(액션)'와 같은 흐름의 노드를 드래그 앤 드롭으로 연결하여 구축합니다.
- AI 에이전트 템플릿: AI를 활용한 웹 스크래핑, 데이터 요약, 자동 응답 등 미리 만들어진 워크플로 템플릿을 제공하여 빠르게 시작할 수 있습니다. 현재 약 5,300개 정도의 템플릿을 활용할 수 있습니다.

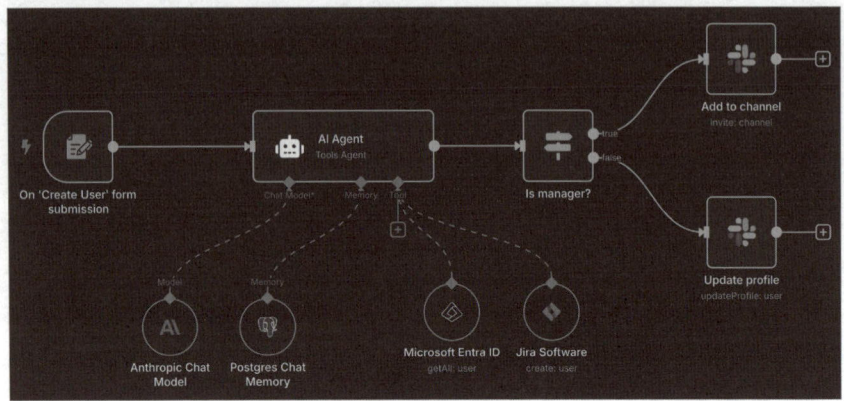

n8n 화면
출처: https://n8n.io

- **유연성과 확장성**: HTTP 요청 노드를 통해 거의 모든 API와 연동이 가능하며, 필요시 자바스크립트 코드를 추가하는 로우코드 방식도 지원하여 자유도가 매우 높습니다.
- **자체 호스팅(Self-hosting) 가능**: 오픈 소스 기반이므로 클라우드 버전을 사용하거나 직접 서버에 설치하여 데이터를 안전하게 관리할 수 있습니다.
- **n8n MCP(www.n8n-mcp.com)**: 커서, 클로드 코드, 윈드서프 등이 바이브 코딩으로 n8n 소스를 자동으로 만들어 주면 화면에 들어가서 작업할 필요 없이 원하는 업무를 잘 정의하기만 해도 n8n MCP가 만들어 줍니다.

디파이: LLM 기반 애플리케이션 개발을 위한 올인원 노코드 플랫폼

디파이Dify는 챗봇, RAG 기반 Q&A, AI 에이전트 등 LLM을 활용한 애플리케이션을 개발하고 운영하는 데 필요한 모든 기능을 시각적인 인터페이스로 제공하는 오픈 소스 플랫폼입니다.

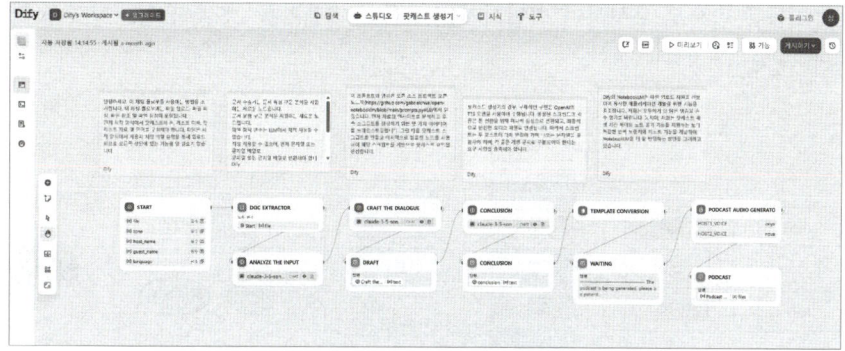

디파이로 구현한 팟캐스트 생성기

- **직관적인 프롬프트 엔지니어링**: 변수, 컨텍스트 등을 활용하여 정교한 프롬프트를 GUI 환경에서 쉽게 작성하고 테스트할 수 있습니다. 지식 만들기를 통해 RAG를 쉽게 구현하고, 도구 만들기를 통해 검색, 논문 요약, 웹 스크래핑, 개발 등 이미 만들어진 도구를 사용하거나 직접 도구를 만들 수도 있습니다.
- **스튜디오에서 챗봇, 에이전트, 워크플로 만들기**: 사용자의 목표에 따라 사용할 도구를 LLM이 스스로 판단하고 실행하는 '에이전트 모드'를 지원합니다. 구글 검색, Dall-E 등 사전에 통합된 도구를 사용하거나 새로운 API를 도구로 추가할 수 있습니다.
- **워크플로 오케스트레이션**: 디파이의 가장 강력한 기능입니다. 여러 LLM과 로직 블록을 연결하여 실제 업무의 복잡한 워크플로를 시각적으로 설계하고, 이를 하나의 API 엔드포인트로 배포할 수 있습니다.
- **백엔드 서비스 제공**: 앱 운영에 필요한 로그 분석, 사용자 피드백 관리, 비용 관리 등의 기능을 내장하여 개발부터 운영까지 한 번에 해결할 수 있습니다.

어시웍스: 한국 기업 실무에 특화된 노코드 AI 에이전트 플랫폼

한국의 AI Factory에서 개발한 어시웍스^{AssiWorks}는 개별 AI 에이전트를 만들고 이들을 팀으로 구성하여 협업시키는 독특한 콘셉트를 가진 국산 노코드 플랫폼입니다.

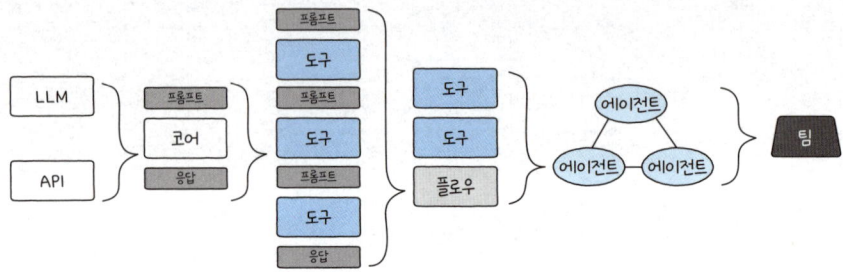

한국의 AI Factory에서 개발한 노코드 툴, 워시웍스
출처: https://aifactory.space/guide/8/14

- **도구 생성**: API 호출, DB 조회 등 가장 작은 단위의 기능을 노코드로 정의합니다.
- **에이전트 생성**: 생성된 도구 목록 중에서 특정 에이전트가 사용할 도구를 선택하고, 자연어로 역할(예: "너는 IT 기기 재고조사 전문가야")을 부여합니다.
- **팀 구성**: 여러 에이전트를 하나의 팀으로 묶고 '팀장' 에이전트를 지정하여 복잡한 업무를 지시하면, 팀장이 업무를 분해하여 각 전문 에이전트에게 할당하고 결과를 취합하는 방식으로 작동합니다.
- **시각적 에디터**: 모든 도구, 에이전트, 팀 생성 및 설정 과정이 드래그 앤 드롭 방식의 웹 에디터에서 이루어집니다.
- **온프레미스 지원**: 기업 내부 서버에 직접 설치하여 민감한 데이터를 외부로 노출하지 않고도 안전하게 AI 에이전트를 운영할 수 있습니다.
- **한국어에 최적화**: 국내 기업의 실무 환경과 한국어 처리에 대한 높은 이해도를 바탕으로 개발되었습니다.

기존 시스템과의
AI 에이전트 통합

AI 에이전트와 기존 시스템 통합은
지능형 기업으로 도약하는 핵심 열쇠입니다.

　많은 사람들이 AI, 특히 LLM을 독립적으로 작동하는 만능 해결사로 오해하지만, 이는 AI의 가치를 10%도 이해하지 못하는 접근입니다. AI가 기업의 진정한 두뇌 역할을 하려면 기업의 모든 정보가 흐르는 내부 시스템(ERP, SCM, MES, CRM 등)과의 완벽한 통합이 반드시 선행되어야 합니다.

　고객의 질문과 임직원의 질문을 통해 그 이유를 살펴보겠습니다.

단순 정보 조회: AI 단독으로도 가능한 영역

고객의 질문

"휴대폰 요금제를 좀 더 저렴한 것으로 바꾸려고 하는데, 어떻게 하면 되나요?"

　AI는 KMS(지식 관리 시스템)나 공개된 상품 정보만으로도 이 질문에 충분히 대응할 수 있습니다. 고객에게 더 저렴한 요금제 종류를 알려 주고 변경 절차를 안내하는 것은 정형화된 지식을 검색하여 답하는 수준입니다. 이는 업무 자동화

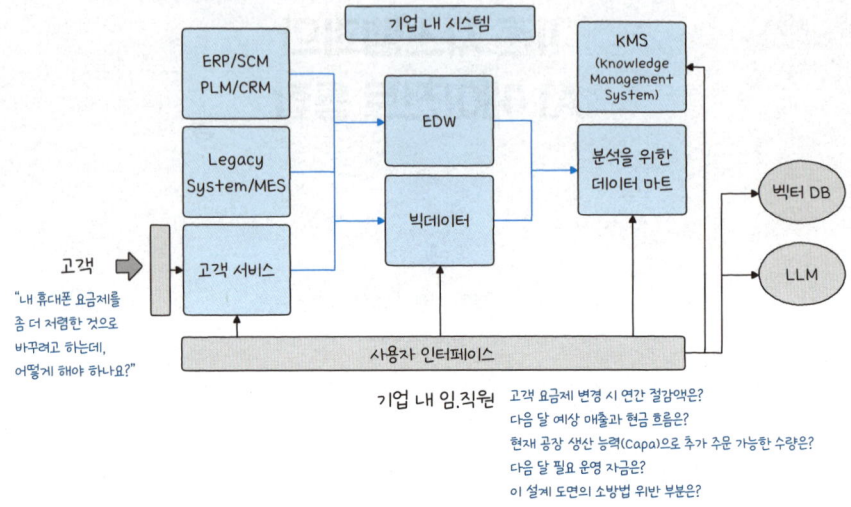

업무 최적화는 AI가 기업 내 시스템과 통합되어 있을 때만 가능하다

단계에 가까우며, 고객 경험을 일부 개선할 수는 있지만 기업의 이익을 극대화하는 최적화와는 거리가 멉니다.

최적화: 시스템 통합 없이는 불가능한 영역

임직원의 질문

"고객 요금제 변경 시 연간 절감액은?"

"다음 달 예상 매출과 현금 흐름은?"

"현재 공장 생산 능력으로 추가 주문 가능한 수량은?"

"다음 달 필요 운영 자금은?"

"설계 도면의 소방법 위반 부분은?"

이 질문들은 서로 연결된 하나의 복합적인 비즈니스 문제입니다. 이 질문에 답하려면 AI는 기업의 중앙 신경망처럼 작동해야 합니다.

- "고객 요금제 변경 시 연간 절감액은?" → 고객의 현재 사용량 데이터는 CRM에서, 요금제 정보는 상품 DB에서 가져와 계산합니다.
- "다음 달 예상 매출과 현금 흐름은?" → 과거 매출 실적은 ERP에서, 현재 영업기회 정보는 CRM에서, 시장 정보는 외부 데이터에서 가져와 예측 모델을 돌립니다.
- "현재 공장 생산 능력으로 추가 주문 가능한 수량은?" → 실시간 재고와 생산라인 현황을 SCM/MES에서 가져와 분석합니다.
- "다음 달 필요 운영 자금은?" → 위에서 계산된 현금 흐름 예측치와 ERP의 재무 데이터를 통합해 시뮬레이션합니다.
- "설계 도면의 소방법 위반 부분은?" → KMS나 벡터 DB에 저장된 법규 지식과 도면 데이터를 비교하여 판단합니다.

임직원의 질문에 답하는 것은 단순히 정보를 찾는 것이 아닙니다. 전사적 자원 관리ERP, 공급망 관리SCM, 생산 관리MES, 고객 관계 관리CRM 등 파편화된 모든 시스템에 실시간으로 접근하여 데이터를 통합하고, 그 관계를 이해하며, 예측과 시뮬레이션을 거쳐 최적의 답안을 추론해 내는 과정입니다.

왜 통합이 최적화의 핵심인가

AI 통합 플랫폼/AI 에이전트는 바로 이 역할을 수행합니다. 각 시스템에 흩어진 데이터를 하나로 연결하여 비즈니스라는 큰 그림을 이해하고, 이를 바탕으로 가장 수익성 높은 의사결정을 내리도록 돕는 '총괄 지휘자'입니다.

만약 AI가 기존 시스템과 통합되지 않는다면 AI는 그저 인터넷 검색이나 문서 요약만 해 주는 외부 조력자에 머물 것입니다. 하지만 완벽하게 통합될 때 비로소 기업의 모든 혈관에 흐르는 데이터를 실시간으로 분석하고 미래를 예측하며, 가장 이로운 길을 찾아내는 비즈니스 최적화를 위한 토대를 만들 수 있습니다.

AI 에이전트 통합으로 얻는 혁신적인 이득

AI가 기존 시스템과 잘 통합되면 기업의 운영 방식 자체를 바꾸는 강력한 이점을 제공할 수 있습니다.

데이터 사일로의 완벽한 해소와 통합적 인사이트 도출

Before '다음 달 예상 매출과 필요 운영 자금 규모'를 알려면 현업팀 직원은 ERP에서 매출 데이터를, 재무팀 직원은 회계 시스템에서 현금 흐름 데이터를 각각 따로 추출하여 엑셀에서 수작업으로 합쳐야 했습니다. 이 과정은 몇 시간 혹은 며칠이 걸렸습니다.

After AI 에이전트는 ERP, SCM, 회계 시스템을 동시에 조회하고 종합하여 "다음 달 예상 매출은 50억 원이며, 원자재 구매 대금 등을 고려한 필요 운영 자금은 15억 원으로 예상됩니다"라는 통합된 인사이트를 즉시 제공합니다.

잠자던 비정형 데이터의 자산화

Before "이 설계 도면에서 소음 방지법을 위반하는 부분이 어디지?"라는 질문에 답하려면 담당자가 수백 페이지짜리 PDF 설계도와 법규 문서를 직접 읽고 대조해야 했습니다. KMS는 단순한 파일 창고에 불과했습니다.

After AI 에이전트는 질문의 의도를 파악하고 벡터 DB에 저장된 설계도와 법규 문서를 의미 기반으로 검색하여 "도면 37페이지의 A-1 부품이 유럽 소음 규정 기준치를 5dB 초과합니다"라고 정확한 위치와 내용을 즉시 찾아줍니다.

전 직원의 데이터 분석가화

Before 데이터 분석은 SQL을 다룰 줄 아는 IT 부서나 데이터 분석팀의 전유물이었습니다. 현업 부서는 데이터 요청 후 답변을 받기까지 오랜 시간을 기다려야 했습니다.

After 이제는 모든 임직원이 자신의 업무에 필요한 질문을 자연어로 던지기만 하면 됩니다. AI 에이전트가 복잡한 쿼리 작성과 시스템 조작을 대신해 주므로 누구나 데이터에 기반한 의사결정을 신속하게 내릴 수 있습니다.

업무 생산성의 비약적인 향상

Before 고객이 "휴대폰 요금제를 더 저렴한 것으로 바꾸고 싶어요"라고 문의하면 상담원은 고객의 현재 사용량, 약정 기간, 결합 할인 여부 등을 여러 시스템 화면을 오가며 확인하고, 가장 적합한 요금제를 머릿속으로 계산하여 추천해야 했습니다.

After AI 에이전트는 상담원을 대신해 필요한 모든 정보를 종합하고, 고객에게 가장 유리한 요금제와 그에 따른 예상 절감액까지 한 번에 제시하여 상담 시간을 획기적으로 단축시키고 고객 만족도를 높입니다.

이처럼 AI 에이전트를 통한 시스템 통합은 단절된 데이터를 연결하고, 숨겨진 지식을 활용하며, 모든 직원의 데이터 활용 능력을 상향 평준화시킵니다. 이는 기업이 더 빠르고 현명한 의사결정을 내리는 지능형 기업 Intelligent Enterprise 으로 도약하는 핵심 열쇠가 됩니다.

AI 에이전트
vs 에이전틱 AI

AI 에이전트에서 더 발전한 에이전틱 AI의 등장은
진정한 의미의 AI 활용에 대한 새로운 지평을 열고 있습니다.

AI 에이전트라는 개념은 2023년부터 지속적으로 논의되며 발전해 왔습니다. AI 에이전트의 점점 기능이 많아지고 복잡해지면서 단독 에이전트만 활용하는 것이 아닌 서로 다른 목적을 가진 여러 에이전트들을 결합해서 업무를 처리하는 멀티 에이전트 Multi-Agent 가 등장하게 되었습니다. 이러한 멀티 에이전트 전체를 통합하고 조절하는 시스템을 에이전틱 AI Agentic AI 라고 합니다.

AI 에이전트와 에이전틱 AI의 개념 비교

그렇다면 기존 AI 에이전트와 에이전틱 AI의 차이점은 무엇이고, 에이전틱 AI를 만들 때는 무엇을 더 중요시해야 할까요?

다음은 AI 에이전트와 에이전틱 AI의 개념을 비교한 것입니다.

- AI 에이전트는 주어진 환경과 상호작용하여 특정 과업을 자율적으로 수행하는 AI 프로그램입니다.
- 에이전틱 AI는 복잡한 목표를 달성하기 위해 다수의 전문화된 AI 에이전트와 도구들을 조율Orchestration 하는 시스템입니다.

따라서 AI 에이전트가 자율성이 있는 작은 규모의 AI 프로그램이라면, 에이전틱 AI는 실제 비즈니스 문제를 해결하는 거대한 워크플로를 자동화하는 시스템이라고 생각하면 됩니다.

현재 업계의 추세를 보면 에이전틱 AI의 '시스템 관점'에 무게를 두고 있습니다. 단일 AI의 지능을 높이는 것보다는 여러 AI와 디지털 도구를 엮어 '단순 과업 자동화'에서 '복잡한 프로세스 자동화'로 나아가는 것이 훨씬 더 큰 부가가치를 창출하기 때문입니다.

이를 표로 정리하면 다음과 같습니다.

구분	AI 에이전트	에이전틱 AI
핵심 개념	환경과 상호작용하여 특정 과업을 수행하는 자율적 프로그램	복잡한 목표를 달성하기 위해 다수의 에이전트, 도구, 데이터를 자율적으로 조율하는 시스템
범위	단일 범위 내에서의 도메인 과업(예: 요약, 추천, 분류, 코드 작성)	여러 도메인에 걸친 복잡한 다단계 프로세스(예: 시장 분석 보고서 작성, 소프트웨어 계열 전체)
작동 방식	직접 실행: 주어진 로직과 규칙에 따라 직접 작동	분해, 위임, 조율: 기본 목표를 하위 과업으로 분할하고, 적절한 전문 에이전트나 도구에게 위임하고, 전체 과정을 관리 및 감독
비유	오케스트라의 바이올리니스트	오케스트라의 지휘자
지향점	과업 자동화	프로세스 및 워크플로 자동화

AI 에이전트와 에이전틱 AI의 비교

에이전틱 AI의 사례

최근에 나오는 사례들은 모두 에이전틱 AI의 사례라고 할 수 있습니다.

Cognition AI의 Devin

이 프로젝트의 비전 자체가 에이전틱 AI의 교과서라고 할 수 있습니다. '이러이러한 앱을 만들어 줘'라는 높은 수준의 목표를 받으면 각 에이전트가 기술 리서치부터 개발 계획 수립, 코딩, 디버깅, 배포까지 소프트웨어 개발의 전 과정을 스스로 처리합니다. 이는 리서처, 코더, 테스터 등 여러 전문 에이전트의 역할을 하나로 묶어 유기적으로 협업하도록 설계되어 있습니다.

기업용 AI 오케스트레이터(세일즈포스, 팔란티어 등)

많은 대기업들이 자사의 모든 제품을 연결하는 에이전틱 AI를 구축하고 있습니다. 예를 들어, 세일즈포스닷컴의 고객 서비스 채널에서 부정적인 피드백이 감지되면 AI 오케스트레이터가 자동으로 영업 담당자에게 후속 조치 과업을 할당하고, 해당 고객을 위한 맞춤형 할인 쿠폰이 포함된 마케팅 이메일 초안을 작성합니다. 동시에 재무팀에는 잠재적 이탈 리스크를 보고하는 등 기업의 전체 비즈니스 프로세스에 걸쳐 작동합니다.

에이전틱 AI의 오케스트레이션 기능

기업에서 여러 직원에게 각각의 임무와 도구를 주고 일을 시키면 이를 통합하고 조정하는 일이 생각보다 쉽지 않습니다. 에이전틱 AI도 마찬가지입니다. 여러 에이전트에게 각각의 목표와 도구를 주고 임무를 수행하게 하면 AI이므로 당연히 알아서 잘 통합하고 조율할 것이라고 생각하겠지만, 실제로는 그렇지 않습니다.

여기서 주목할 것은 에이전틱 AI의 오케스트레이션 기능이 원래 LLM이 가진 똑똑한 기능인지, 아니면 여러 에이전트를 나누고 임무를 부여하며 통합하는 것을 사람이 해야 하는지를 구분하는 것입니다. 이는 기업에서 사용할 에이전틱 AI를 설계할 때 반드시 고려해야 할 중요한 차이점입니다.

사람(에이전틱 AI 개발자)과 똑똑한 LLM의 관계는 경기장의 설계자와 그 안에서 뛰는 스타 플레이어의 관계로 비유할 수 있습니다.

사람의 역할: 불변의 규칙과 안정적 환경 설계

사람이 수행하는 에이전틱 AI 설계는 예측 불가능한 LLM 플레이어가 마음껏 뛰놀 수 있도록 안전하고 예측 가능하며 확장 가능한 '경기장' 그 자체를 건설하는 것입니다. 주된 관심사는 시스템 전체의 안정성, 일관성, 보안성입니다.

- 시스템의 뼈대 정의
  - 어떤 종류의 전문 에이전트들이 존재하는가? (예: 리서치 에이전트, 코딩 에이전트)
  - 어떤 도구(API, 데이터베이스)들을 사용할 수 있는가?
  - 이들을 어떻게 모듈화하고 연결할 것인가? (예: 마이크로서비스 구조 채택)
- 상호작용 규칙 수립
  - 에이전트 간에 어떻게 정보를 주고받을 것인가? (API 명세, 데이터 포맷, 통신 프로토콜 정의)
  - 공유 메모리에 어떤 형식으로 상태를 기록하고 읽을 것인가? (데이터 모델 및 스키마 정의)
- **안전 장치 및 제약 조건 설계**: 에이전트가 절대로 넘어서는 안 될 선을 설정합니다(예: 개인 정보 데이터베이스 직접 접근 금지, 예산 한도를 초과하는 API 호출 금지, 무한 루프 방지를 위한 실행 시간 제한). 또한 시스템 전체에 장애가

발생했을 때의 복구 절차나 예외 처리 로직을 명시적으로 코딩합니다.
- **추적 가능성 확보**: 시스템의 모든 동작을 추적하고 분석할 수 있도록 로깅Logging, 모니터링Monitoring, 추적Tracing 시스템을 구축합니다. 문제가 생겼을 때 원인을 파악하려면 이러한 시스템이 반드시 필요합니다.

LLM의 역할: 규칙 안에서 최적의 판단을 수행

LLM의 역할은 인간이 설계한 안정적인 경기장 안에서 주어진 목표를 달성하기 위해 매 순간 최적의 플레이를 펼치는 '스타 플레이어'가 되는 것입니다. 주된 관심사는 목표 달성의 효율성, 적응성, 창의성입니다.

- **전략 수립**: 사용자의 입력 프롬프트에서 사용자의 모호한 목표를 명확히 이해하고, 아키텍처가 제공하는 에이전트와 도구들을 활용해 목표 달성을 위한 구체적인 실행 계획을 동적으로 생성합니다.
- **다음 행동 결정**: 현재 상태(공유 메모리의 정보)를 바탕으로 지금 이 순간 어떤 에이전트를 호출하고 어떤 도구를 사용하는 것이 가장 효율적인지 실시간으로 판단합니다.
- **예측 불가능성에 대응**: 에이전트의 실행 결과가 예상과 다르거나 외부 환경이 변했을 때 기존 계획을 폐기하고 새로운 전략(재계획)을 즉석에서 수립합니다. 인간이 모든 경우의 수를 코드로 작성할 수 없는 영역을 LLM의 유연한 추론 능력으로 메우는 것입니다.
- **콘텐츠 생성**: 최종 결과물(보고서 텍스트, 이메일 초안, 컴퓨터 코드)을 직접 생성하거나 다른 에이전트가 생성한 결과물을 인간이 이해할 수 있는 형태로 종합하고 편집합니다.

Skywork와 Genspark의 비교

Skywork와 Genspark은 개인과 기업을 위해 연구 보고서 작성, 프레젠테이션 제작, 코딩 등을 처리하는 대표적인 에이전틱 AI 서비스입니다. 두 서비스를 비교하면 인간과 LLM의 역할 분담에 대한 중요한 통찰을 얻을 수 있어 함께 소개하고자 합니다.

자체 기술 개발로 전문성을 쌓는 Skywork와 기존의 최고 기술들을 결합해 성과를 창출하는 Genspark는 현재 AI 업계의 가장 주목할 만한 전략적 경쟁 구도이자, AI 시대 비즈니스 전략의 서로 다른 방향성을 잘 보여줍니다.

Skywork: 수직 통합을 통한 깊이와 정밀성 추구

Skywork는 자체 개발한 오픈 소스 LLM을 중심으로 한 수직 통합 모델을 추구합니다. 에이전틱 AI 분야에서는 모델 자체가 핵심 경쟁력입니다.

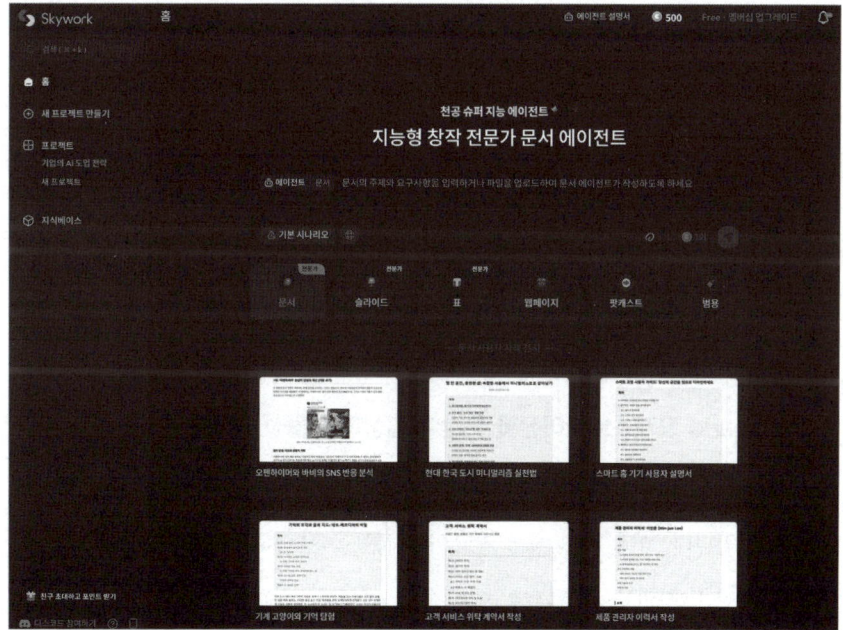

Skywork의 시작 화면

- DeepSeek-R1-Distill 모델을 파인튜닝하여 Skywork-OR1-32B 모델을 자체 개발했습니다. 또한 Qwen2.5 coder 32B 모델을 업그레이드한 Skywork-SWE-32B와 MOE ^{Mixture of Expert} 기능을 탑재한 skywork-MOE 146B 대형 모델도 구축했습니다. 이를 통해 정보 수집부터 교차 검증까지 다각적이고 전문적인 연구가 가능해졌습니다.
- 자체 LLM 엔진을 사용함으로써 결과물의 품질과 톤을 일관되게 유지할 수 있습니다. 외부 모델의 업데이트나 정책 변경에 휘둘리지 않고, 출처와 내용이 정확한 연구 보고서 수준의 결과물을 안정적으로 생산할 수 있습니다.
- 자체 개발한 딥 리서치 엔진을 중심으로 문서 작성 에이전트, 데이터 분석 에이전트 등 전문화된 에이전트들을 유기적으로 연결했습니다.
- 다른 에이전트들이 어떤 작업을 하든, 그 작업의 근거가 되는 정보와 데이터는 Skywork 딥 리서치 엔진을 통해 공급됩니다. 이를 통해 모든 결과물이 검증 가능하고 신뢰할 수 있는 정보에 근거하도록 만드는 것이 핵심입니다.
- 프레젠테이션 제작 에이전트는 딥 리서치가 수집한 신뢰도 높은 데이터를 기반으로 슬라이드와 차트를 생성합니다. 이로써 사용자는 AI가 임의로 만든 내용이 아닌 실제 데이터에 기반한 결과를 얻을 수 있습니다.
- 높은 신뢰성과 깊이, 일관성을 갖춘 검증 가능한 결과물은 기업 환경이나 전문가의 고부가가치 업무에 적합합니다. 단순한 'AI 조수'가 아닌 신뢰할 수 있는 '디지털 전문가' 또는 'AI 컨설턴트'를 지향합니다.

Genspark: 오케스트레이션을 통한 유연성과 효율성 극대화

Genspark의 전략은 최고 기술들을 조합하는 지능적 오케스트레이션 모델을 만드는 것입니다. 이는 시장에서 최고의 부품들을 조달해 궁극의 성능을 내는 하이엔드 조합 방식과도 같습니다. 에이전틱 AI에서는 오케스트레이션 자체가 핵심 경쟁력이 됩니다.

Genspark의 시작 화면

- **Mixture-of-Agents(MoA) 아키텍처**: Genspark의 핵심 역량은 LLM 모델을 직접 만드는 것이 아닌 기존의 최고 모델들을 가장 효과적으로 활용하는 능력입니다. GPT-5, 클로드 3, 제미나이 등 SOTA 모델들을 API로 연결하고, 작업 유형 따라 최적의 모델을 동적으로 선택합니다.

  사용자의 요청이 들어오면 Genspark의 슈퍼 에이전트가 문제를 분석해 하위 작업으로 나누고, 각 작업에 가장 적합한 모델을 할당합니다.

- **중앙 지휘자와 독립적 외부 전문가들**: Genspark는 중앙의 오케스트레이터(지휘자)가 다양한 SOTA 모델(각 분야의 최고 전문가들)에게 작업을 지시하고, 그 결과를 통합해 최종 결과물을 생성하는 구조입니다.

  이 구조의 핵심은 유연성과 효율성입니다. 내일 당장 새로운 모델이 나온다 해도 Genspark는 새로운 API만 연결하면 되며, 자체 모델 개발 비용 없이도 항상 최신 기술을 활용할 수 있습니다. 또한 간단한 요약에는 저렴한 모델을,

복잡한 분석에는 고비용 모델을 사용해 비용을 최적화할 수도 있습니다.

결론적으로 Skywork와 Genspark의 차이는 '무엇이 더 우월한가'가 아니라 '어떤 가치를 우선시 할 것인가'에 대한 전략적 선택에 달려 있습니다. Skywork는 '정확성'을 위해 통제와 깊이를 택했고, Genspark는 '최고의 성능과 다양성'을 위해 개방성과 유연성을 택했습니다. 두 선두 업체의 경쟁은 에이전틱 AI 시장이 앞으로 어떤 방향으로 발전할지를 보여 주는 중요한 지표가 됩니다.

구분	Skywork.ai(수직 통합 모델)	Genspark(오케스트레이션 모델)
웹사이트	https://skywork.ai	https://genspark.ai
핵심 철학	자체 개발한 LLM을 중심으로 깊이와 신뢰성 확보	최고 기술들을 지능적으로 엮어 성과 극대화
장점	통일성, 신뢰성, 검증 가능성, 일관성	고성능, 유연성, 최신 기술 적응력, 비용 효율성
아키텍처	중앙 자체 엔진(딥 리서치) 중심	중앙 오케스트레이터가 외부 SOTA 모델을 지휘
핵심 역량	고품질 모델 및 전문 기능 개발 능력	최적의 도구를 선택하고 조합하는 능력
작업의 깊이	기업, 금융, 법률, 연구 등 정확도와 신뢰도가 중요한 전문가 시장	일반 사용자, 마케터, 기획자 등 최고의 결과와 속도가 중요한 시장
주요 타깃 고객	기업, 전문가, 지식 노동자, 교수 등(전문가 시장)	개인, 크리에이터, 소상공인(대중 시장)
수익 창출 방식	기업 대상의 고가 플랜 및 맞춤형 계약	무료 사용자를 유료 개인 구독자로 전환
핵심 차별점	신뢰성, 깊이, 검증 가능성(틀리지 않고 깊이 있게)	다재다능함, 속도, 접근성(무엇이든 빠르게)

에이전틱 AI를 리딩하는 Skywork와 Genspark의 비교

오픈AI의 ChatGPT 에이전트

사실 오픈AI가 GenAI 분야를 만들었다 해도 과언이 아니고 자타가 공인하는 AI 분야 리더라고는 하지만, Devin, Manus, Genspark, Skywork 등 AI 에이전트를 활용한 솔루션들이 대대적으로 나오자 오픈AI 역시 이 분야를 석권하고

싶은 마음으로 2025년 7월에 ChatGPT 에이전트를 내놓았습니다. Skywork가 전문가용, Genspark가 기업 대상이라면 ChatGPT 에이전트는 일반 사용자를 위한 대중 시장을 겨냥하고 있습니다.

기존 오퍼레이터와 딥 리서치의 통합

지금까지 ChatGPT가 사용자 질문에 답하거나 정보를 요약해 주는 도우미 역할을 했다면, ChatGPT 에이전트는 직접 행동하는 능동적 시스템으로 진화했습니다. 예를 들어 "회의 일정을 정리해 줘", "아침 식사를 위한 재료를 계획하고 주문해 줘", "경쟁사 분석 PPT를 만들어 줘"와 같은 요청을 받으면 ChatGPT는 웹사이트를 탐색하고 데이터를 수집해 각종 보고서와 프레젠테이션, 스프레드시트를 생성합니다.

이는 오픈AI의 오퍼레이터와 딥 리서치를 통합한 결과입니다. 오퍼레이터는 웹 클릭과 스크롤 등 상호작용 능력을, 딥 리서치는 심층 분석과 요약 능력을 제공하며, ChatGPT 에이전트는 이것과 함께 ChatGPT의 고도화된 추론 및 대화 능력을 결합해 인공지능 비서 역할을 수행합니다.

ChatGPT 에이전트는 인터넷에서 직접 정보를 수집하고 쇼핑몰에서 상품을 구매할 수 있으며, 지메일, 구글 캘린더, 깃허브 등의 앱과 연결해 실제 업무를 처리합니다. 사용자는 언제든 작업을 중단하거나 개입할 수 있으며, 카드 결제나 이메일 발송 등 민감한 작업 전에 반드시 명시적 승인을 요구할 수도 있습니다.

이는 단순한 기술적 진보에 그치지 않고, 반복적이거나 시간이 많이 소요되는 작업을 아주 잘 처리할 수 있는 기술이라고 볼 수 있습니다.

AI 에이전트의 문제점

AI 에이전트의 문제점을 해결하기 위한 방안이
여러 방면으로 연구되고 있습니다.

AI 에이전트는 엄청난 잠재력을 가지고 있는 동시에 여러 기술적인 한계와 문제점도 안고 있습니다. AI 연구 업계에서는 이러한 문제들을 해결하기 위해 다양한 접근법을 시도하고 있습니다.

AI 에이전트의 주요 문제점들

먼저 현재 AI 에이전트가 겪는 근본적인 문제들을 이해해야 합니다.

- **환각 및 사실성 부족**: LLM의 근본적인 문제로, 존재하지 않는 사실을 만들어 내거나 없는 도구를 호출하려 하는 등 부정확한 행동을 보일 수 있습니다. 실제 시스템을 조작하는 에이전트에게 이는 치명적인 문제입니다.
- **계획 부족 및 근시안적 판단**: 단순한 에이전트는 복잡한 다단계 작업을 해결하는 데 어려움을 겪습니다. 다음 한 단계만 고려하다 보니 전체 계획 없이 비효율적인 행동을 반복하거나 막다른 길에서 무한 루프에 빠지는 경우가 많습니다.

- **비효율성과 높은 비용 및 응답 지연**: 에이전트는 '생각 → 행동 → 관찰'의 각 단계마다 LLM을 호출합니다. 이 과정이 과도해지면 응답 시간이 길어지고, API 호출 비용이 기하급수적으로 증가해 실시간 서비스 적용이 어려워집니다. 특히 계획 차질로 인한 무한 루프에 빠질 경우 총 토큰 사용량을 제한해야 합니다.
- **불안정한 도구 사용**: 정해진 명세와 조금만 다른 API 응답이나 도구 선택이 모호한 상황이 오면 쉽게 실패합니다. 또한 도구에 필요한 인자를 잘못된 형식으로 전달하는 경우도 빈번합니다.
- **자기 개선 능력의 부재**: 대부분의 에이전트는 한 번 실패한 작업을 재시도해도 똑같은 방식으로 실패합니다. 또한 실패 경험을 학습해 다음 행동을 개선하는 능력도 부족합니다.

AI 에이전트의 문제점을 해결하는 방안들

AI 에이전트의 문제점을 해결하기 위해서는 다음과 같은 방안들이 필요합니다.

에이전트의 환각 문제 해결 방안

- **도구의 검증 및 성찰**: 도구 호출 전에 해당 도구의 사용 가능성과 필요한 인자를 확인하는 단계를 추가합니다. 또한 도구 호출 후 반환된 결과가 예상과 다를 경우 이를 검토하고 행동을 수정하는 '자기 교정 루프 Self-correction Loop'를 도입합니다. 예를 들면 Groundedness Check가 있습니다.
- **RAG의 활용**: 에이전트가 행동을 결정하기 전에 신뢰할 수 있는 외부 데이터 소스(위키피디아, 내부 문서 DB) 나 인터넷 검색, 내부 벡터 DB 검색 등을 통해 관련 정보를 먼저 검색합니다. 이 정보를 컨텍스트에 포함시켜 AI 에이전트의 최종 답변에 반영하도록 합니다.

LLM 컴파일러

기존 AI 에이전트는 ReAct^{Reasoning-Action} 방식으로 작동합니다. 즉 주어진 정보를 분석하고 다음 행동을 결정하는데, 이는 비효율적인 계획인 데다 실행 자체가 다소 근시안적입니다. 따라서 비효율적인 사고 과정을 최적화된 실행 계획으로 변환하는 AI 에이전트가 필요합니다.

LLM 컴파일러는 기존 AI 에이전트의 ReAct 비효율성을 극복하기 위한 진보된 접근법입니다. 프로그래밍 언어의 컴파일러가 인간이 작성한 코드를 효율적인 기계어로 변환하듯, LLM 컴파일러는 에이전트의 전체 작업 흐름을 미리 계획하고 최적화하여 LLM 호출을 최소화합니다.

핵심 아이디어

채팅하듯 한 단계씩 LLM과 상호작용하는 대신, 전체 작업을 하나의 실행 그래프로 미리 컴파일한 뒤 한 번에 실행합니다.

작동 방식

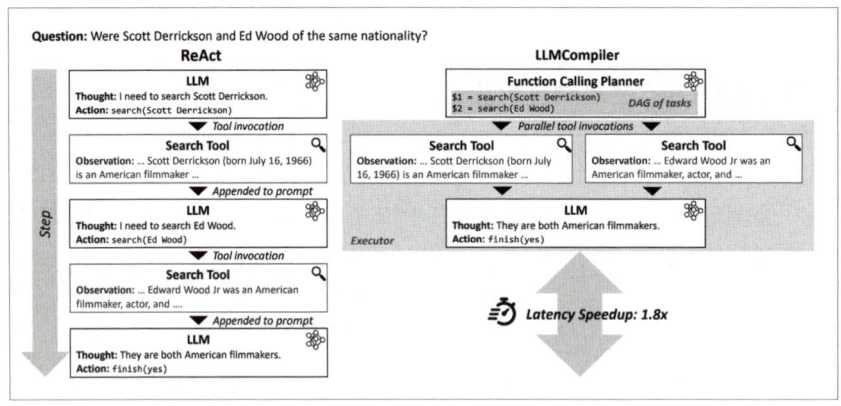

기존 ReAct와 LLM 컴파일러 비교 그림
출처: An LLM Compiler for Parallel Function Calling, 김세훈, et. al, 2024

계획

사용자 요청을 받으면 ReAct처럼 즉시 행동하지 않고 LLM을 이용해 전체 작업 계획을 수립합니다. 이때 서로 의존성이 없는 작업들은 병렬 실행이 가능하도록 계획합니다.

예시

"Scott Derrickson과 Ed Wood는 같은 국적인가?"라는 질문을 받으면 기존의 ReAct는 한 사람씩 순차적으로 웹사이트를 검색해 국적을 확인합니다. 반면 LLM 컴파일러는 두 사람을 동시에 검색해 한 번에 국적이 같다는 결과를 얻습니다. 이렇게 하면 ReAct보다 속도가 약 1.8배 빠릅니다.

이처럼 LLM 컴파일러는 질문에 대한 최적화된 계획(그래프)을 먼저 세우고 이에 따라 도구들을 실행하며, 꼭 필요한 경우에만 LLM을 호출하여 결과를 종합합니다. 그 결과 비효율성, 높은 비용 및 응답 지연, 계획 부족 문제를 직접적으로 해결할 수 있습니다. 또한 불필요한 LLM 호출을 대폭 줄여 에이전트의 응답 속도와 비용 효율성을 크게 향상시킨다는 장점도 있습니다.

자기 개선 AI 에이전트: Reflexion

자기 개선 AI 에이전트는 모든 에이전트 연구의 궁극적인 목표 중 하나로, AI가 자신의 성공과 실패 경험을 데이터로 활용해 스스로의 행동 방식과 능력을 개선해 나가는 에이전트를 뜻합니다.

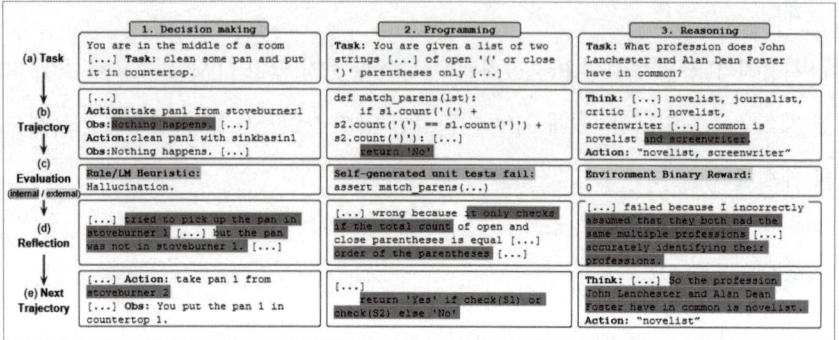

과거의 잘못으로부터 스스로 배우는 AI 에이전트

출처: Reflexion: Language Agents with Verbal Reinforcement Learning, Noah Shinn et. al, 2023.
코드: https://github.com/noahshinn/reflexion

핵심 아이디어

에이전트가 수행한 모든 작업 기록(성공/실패 로그, 사용한 도구, 결과)과 개선 사항을 자연어로 기록해 메모리에 저장합니다. 이를 바탕으로 반성Reflection하여 더 나은 행동 전략을 스스로 학습합니다.

작동 방식

여기에는 네 가지 절차가 있습니다.

- 행위자(Actor): 사용자의 지시를 받아 텍스트나 행동을 생성합니다. 소프트웨어 개발 자동화 에이전트라면 코드 작성이나 빌드/테스트 명령을 실행합니다. 기존 LLM을 기반으로 프롬프트에 현재 상태, 사용자 목표, 이전 자기 반성 내용을 포함한 맥락을 제공합니다. 복잡한 문제라면 Chain-of-Thought나 ReAct처럼 중간 추론 과정을 명시하도록 프롬프트를 설계하는 것이 효과적입니다.

- 평가자(Evaluator): 행위자가 생성한 실행 궤적의 품질을 평가해 보상 점수를 계산합니다. 이때 간단한 규칙 기반 휴리스틱(같은 행동 반복 감지 등)이나

별도 LLM을 활용할 수 있습니다.
- **자기 반성(Self-Reflection)**: 평가 결과와 실행 궤적을 분석해 개선할 사항을 자연어로 기술합니다. 실패 원인, 잘못된 행동 선택, 다음 시도 전략 등을 제안합니다. 평가자에 의해 실패로 판정나면 '무엇을 잘못했는가? 다음에 무엇을 다르게 할 것인가?' 형태의 프롬프트를 받아 답변을 생성합니다. 생성된 텍스트는 장기 기억에 저장한 뒤 다음 에피소드의 행위자 입력에 추가합니다.
- **기억(Memory) 관리**: 단기 기억에는 직전 에피소드의 궤적을 저장해 현재 컨텍스트를 제공하고, 장기 기억에는 자기 반성 텍스트를 저장합니다.

반복

새로운 에피소드에서 행위자는 단기·장기 기억을 입력받아 더 나은 행동을 계획합니다. 그리고 평가에서 성공 판정을 받을 때까지 이 과정을 반복합니다. 핵심은 평가 결과를 자연어로 저장하고, 이를 통해 자기 반성을 하는 것입니다.

현재 AI 연구 동향은 스스로 업그레이드하는 AI 에이전트에 집중되고 있어, 이 분야의 개선 사항들이 지속적으로 나올 것으로 예상됩니다.

AI 에이전트의 트렌드

AI 브라우저와 앰비언트 에이전트 등
점점 더 능동적인 AI가 대세로 떠오르고 있습니다.

AI 브라우저 전쟁

AI 에이전트가 활약할 수 있는 가장 큰 시장은 바로 이커머스 e-Commerce 입니다. 지금까지 인터넷을 통해서 구축된 어마어마한 시장들이 모두 인터넷 기반이고, 이들의 인터페이스는 모두 웹 브라우저이기 때문입니다.

쿠팡에서 구매를 지원하는 마이크로소프트 엣지 코파일럿

예를 들어 엣지 브라우저에서 쿠팡에 접속해 '트레일 러닝화 남성'을 검색한 후 코파일럿에 "쿠션감이 좋고 발볼이 좁으며 20만 원 이하인 남성용 트레일러닝화를 추천해 줘. 단, 가격이 너무 저렴하거나 중국 제품으로 의심되는 것은 제외해 줘"라고 요청해 봤습니다.

그러자 코파일럿은 이를 빠르게 검토해서 제외 기준을 적절히 세워 4개 제품을 추천했습니다. 구매까지 가능한지 물었더니, 아직 구매 기능은 없지만 구매 가능한 링크와 제품 특징을 잘 정리해 주었습니다.

현재 이와 유사한 AI 브라우저 기능을 제공하는 것은 마이크로소프트 엣지 외에도 Genspark AI 브라우저, Opera Aria, Perplexity Comet Browser, Fellou 등이 있습니다. 하지만 브라우저 시장이 구글 크롬과 마이크로소프트 엣지로 양분되어 있어, 이 두 브라우저의 AI 기능이 현저히 부족하지 않는 한 새로운 AI 브라우저가 시장에 진입하기는 어려울 것으로 보입니다.

이 시장이 중요한 이유는 웹 브라우저를 통해 원하는 물건을 찾고 예약하고 구매하는 과정이 사실 매우 번거롭기 때문입니다. 인터넷에는 불필요한 정보와 원하지 않는 물품들이 넘쳐나기 때문에 이를 피해 원하는 정보를 찾는 일이 매우 귀찮아졌습니다. AI 브라우저는 사용자가 원하는 정보 검색이나 상품 구입, 예약 등을 효율적으로 대신 처리해 주는 역할을 합니다. 따라서 이런 기능을 누가 먼저 확보하느냐가 거대한 AI 이커머스 시대의 출발점이 될 것입니다.

앰비언트 에이전트

2025년 5월, 실리콘밸리의 벤처회사 랭체인에서는 앰비언트 에이전트Ambient Agent라는 개념과 구현 방안을 제시했습니다. 기존 AI 에이전트가 사용자 지시에 수동적으로 반응했다면, 앰비언트 에이전트는 특정 이벤트가 발생하면 능동적으로 대응하는 AI 에이전트입니다. 주요 특징은 다음과 같습니다.

- **지속성**: 사용자와 대화가 끊어져도 계속 정보를 모니터링하고 처리합니다.
- **자율성**: 스스로 판단해 예정된 작업을 시작합니다.
- **사람의 개입(human in the loop)**: 자체 판단이 어려운 경우 사람의 개입을 요청합니다.
- **상황 인지**: 현재의 상황, 위치, 시간, 대화 내용 등 다양한 맥락을 기억합니다.

사례 이메일에 자동으로 답장 보내기

이 다이어그램은 이메일 작업 처리 루프를 보여 줍니다. 일반적인 AI 에이전트가 "인터넷을 검색해서 내용을 요약하고 그 결과를 이메일로 보내"라는 프롬프트에 대응한다면, 앰비언트 에이전트는 "이메일이 오면 주어진 요구 사항에 따라 이메일을 작성해 보내"라는 방식으로 작동합니다. 세부 과정은 다음과 같습니다.

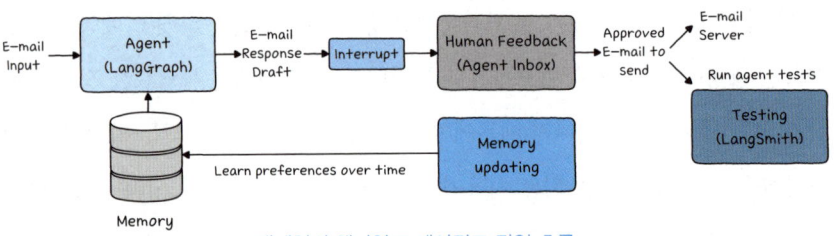

랭체인의 앰비언트 에이전트 작업 흐름
출처: https://github.com/langchain-ai/ambient-Agent-101
https://devocean.sk.com/blog/techBoardDetail.do?ID=167635&boardType=techBlog

01 이메일을 받으면 에이전트가 먼저 반응합니다.

① **입력(Input)**: 새로운 이메일 수신과 같은 외부 이벤트가 작업의 시작점 trigger 입니다.

② **에이전트(Agent)**: 이 에이전트는 랭그래프로 구현됩니다. 여기서는 입력된 이메일의 내용을 분석하여 응답 초안을 생성하는 역할을 합니다.

02 E-mail Response을 위해 초안을 작성하고 사람의 피드백을 받습니다.

- ❸ 초안 생성(Response Draft): 에이전트는 이메일을 바로 발송하는 것이 아니라 먼저 응답 초안을 작성합니다. 이는 자율 에이전트가 일으킬 수 있는 실수를 방지하고 사용자의 의도를 정확히 반영하기 위한 매우 중요한 단계입니다.
- ❹ 개입(Interrupt): 자동화된 흐름을 의도적으로 멈추는 지점입니다. 이는 HITL[Human-in-the-Loop] 철학의 핵심으로, 최종 결정권을 사용자에게 부여하여 시스템의 안정성과 신뢰도를 극대화합니다.
- ❺ 인간 피드백(Human Feedback): 사용자는 Agent Inbox와 같은 인터페이스를 통해 에이전트가 생성한 초안을 검토합니다. 여기서 사용자는 세 가지 행동(승인, 수정, 거절)을 할 수 있습니다.

03 승인을 받는 이메일을 보냅니다.

- ❻ 작업 실행: 사용자가 초안을 승인하면 에이전트는 비로소 Gmail API와 같은 외부 서비스를 통해 이메일을 발송합니다. 이로써 하나의 작업 사이클이 완료됩니다.

04 인간의 피드백을 받아서 메모리를 업데이트 합니다.

- ❼ 피드백 수집: 사용자의 승인, 수정, 거절이라는 피드백은 단순한 일회성 명령이 아니라 귀중한 학습 데이터가 됩니다. 예를 들어, 사용자가 특정 문구를 '더 정중하게'라고 수정했다면 이는 에이전트가 선호하는 소통 스타일을 알려 주는 명시적인 신호입니다.

이때 랭스미스[LangSmith]는 랭체인 기반 애플리케이션을 위한 디버깅, 모니터링, 평가 플랫폼입니다. 이것은 개발 단계뿐만 아니라 운영 중에도 에이전트의 성능을 지속적으로 테스트하고 평가하는 트러블 슈팅 과정을 의미합니다. 예를 들어 새로운 학습 로직이 추가되면 에러는 없는지, 기존 성능을 해치지는 않는지, 특정 유형의 이메일에 대해 얼마나 정확한 초안을 생성하는지 등을 평가할 수 있습니다.

❽ **메모리 업데이트(Memory updating)**: 수집된 피드백은 에이전트의 메모리를 업데이트하는 데 사용됩니다. 이 메모리는 벡터 데이터베이스나 관계형 데이터베이스^{RDB} 등 다양한 형태로 구현될 수 있으며, 사용자의 선호도, 과거 상호작용 기록, 자주 사용하는 정보 등을 저장합니다.

05 인간의 피드백에 따른 선호도를 기억하고 다음 번 이메일에 보내기에 활용합니다.

❾ **선호도 학습(Learn preferences over time)**: 에이전트는 업데이트된 메모리를 바탕으로 시간이 지남에 따라 사용자의 선호도를 학습합니다. 예를 들어, "항상 이메일 마지막에 '감사합니다'를 붙여 줘"와 같은 피드백이 누적되면 에이전트는 이 규칙을 내재화하여 다음 초안 작성 시 자동으로 반영합니다. 이는 에이전트를 점차 개인화시켜 적은 수정으로도 사용자를 만족시키는 결과를 냅니다.

❿ **학습 결과 반영**: 학습된 선호도는 다음 작업 사이클에서 ❷ 에이전트(랭그래프)가 더 나은 초안을 생성하는 데 직접적으로 활용됩니다. 이는 앞에서 언급한 자기 개선 AI 에이전트의 Reflexion과도 유사합니다.

AI 에이전트 시대의
앱 스토어, MCP

전 세계 누구나 자신이 개발한 MCP를
공유할 수 있는 플랫폼이 등장했습니다.

MCP Model Context Protocol 는 앤트로픽에서 개발한 표준 프로토콜로, AI 모델이 외부 도구나 데이터 소스와 안전하고 표준화된 방식으로 연결할 수 있도록 하는 통신 규약입니다. 앞서 설명한 AI 에이전트와 기본 동작 원리는 동일하지만, 도구를 어디서 가져오는지에 대한 개념을 확장한 이 아키텍처에 대해 알아보겠습니다.

MCP 서버와 연동된 AI 에이전트의 작동 방식

다음은 MCP 서버를 통해 AI 에이전트의 능력이 어떻게 무한히 확장될 수 있는지를 보여 주는 그림입니다. 사용자가 "현재 서울 날씨는 어때?"라고 질문했을 때 AI 에이전트가 개방형 도구인 MCP 서버를 활용하여 답변을 찾아내는 과정을 보여 줍니다.

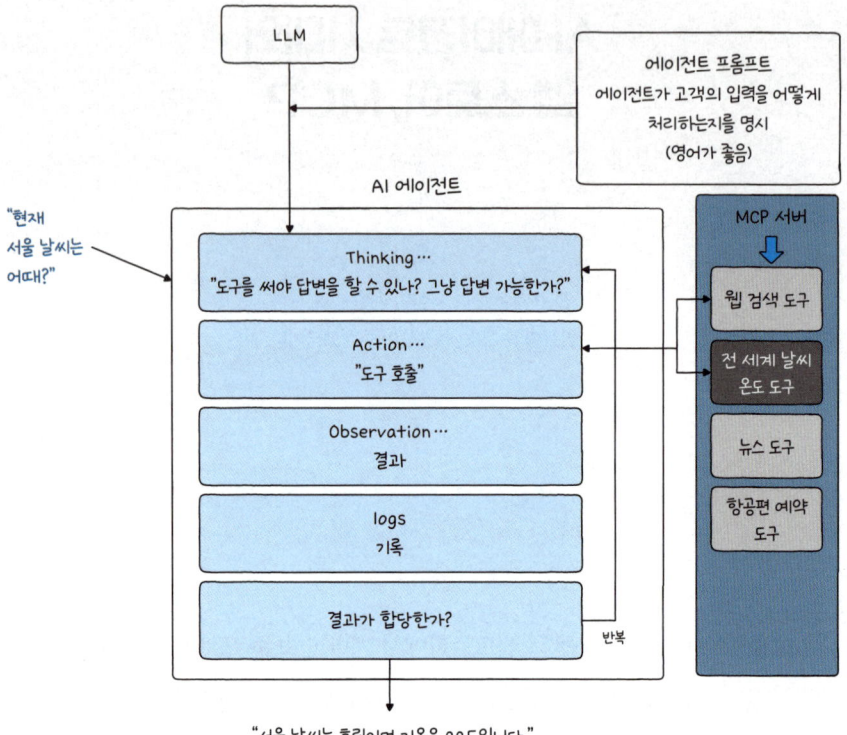

AI 에이전트의 내부 구조 및 순서도 중 MCP 서버의 역할

AI 에이전트의 프로젝트 분석: Thinking

사용자의 질문을 받은 AI 에이전트는 '이 질문에 답하려면 외부의 실시간 정보가 필요하므로 도구를 사용해야 한다'고 판단합니다. 여기까지는 기본적인 에이전트의 동작과 동일합니다.

MCP 서버에서 도구 탐색 및 호출: Action

이 아키텍처의 핵심이 바로 이 단계에 있습니다. AI 에이전트는 내부에 고정된 도구 목록을 참조하는 대신, 외부의 MCP 서버에 어떤 도구들이 있는지를 탐색합니다.

smithery.ai에서 필요한 MCP 서버들을 미리 설치해 두면 AI 에이전트는 거기에서 '서울 날씨'라는 목적에 가장 적합한 '전 세계 날씨 온도 도구'를 발견하고 이 도구를 원격으로 호출(실행)합니다.

결과 확인 및 최종 답변 생성: Observation & Response

호출된 도구로부터 "서울: 흐림, 22도"라는 결과를 전달받은 에이전트는 이 정보가 사용자의 질문에 대한 합당한 답변임을 확인합니다. 이 데이터를 바탕으로 "서울 날씨는 흐림이며 기온은 22도입니다"라는 자연스러운 문장을 생성하여 사용자에게 전달합니다.

MCP 서버와 smithery.ai

smithery.ai나 mcp.so 등은 AI 에이전트가 사용할 수 있는 모든 종류의 도구들이 모여 있는 플랫폼입니다. 가장 중요한 특징은 특정 개발사나 개인에 국한되지 않고 전 세계 누구나 자신이 개발한 도구를 이곳에 등록하고 공유할 수 있다는 점입니다. 마치 스마트폰의 앱 스토어와 같이 AI 에이전트를 위한 도구 스토어라고 할 수 있습니다.

- 개방형 생태계: 개발자들이 각자 전문 분야의 도구(항공편 예약, 주식 시세 조회, 특정 게임 공략 등)를 만들어 등록하고 공유하는 거대한 개방형 생태계를 만듭니다.
- 에이전트 능력의 무한 확장: AI 에이전트 개발자는 더 이상 세상의 모든 기능을 직접 개발할 필요가 없습니다. 자신의 에이전트가 MCP 서버에 접속할 수 있게만 해 주면 전 세계 개발자들이 만들어 놓은 수십, 수백만 개의 도구를 즉시 활용하여 사용자의 어떤 요구에도 대응할 수 있게 됩니다.

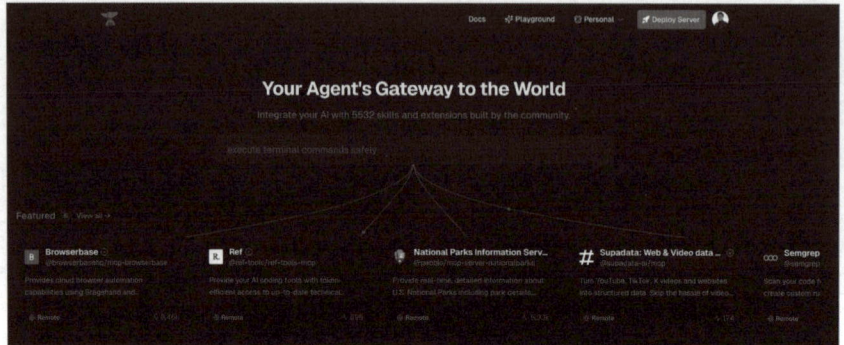

MCP 도구들을 모아 놓은 Smithery.ai. 앱스토어와도 유사합니다.

이처럼 AI 에이전트가 MCP 서버라는 개방형 도구 플랫폼과 결합하면 그 능력이 한계를 넘어 무한히 확장될 수 있으며, 이는 특정 기업이 독점하는 기술이 아닌 모두가 참여하고 공유하는 거대한 AI 생태계의 시작을 의미합니다.

MCP의 아키텍처

MCP 아키텍처는 AI 에이전트가 외부 세계의 다양한 도구 및 데이터 소스와 표준화된 방식으로 안전하게 상호작용하도록 설계되었습니다. 이는 크게 MCP 서버, MCP 호스트, MCP 클라이언트의 세 가지 핵심 요소로 구성됩니다.

MCP 서버: 도구를 제공하는 전문가

MCP 서버는 AI 에이전트가 사용할 개별 도구의 실제 기능을 제공하고 실행하는 주체입니다. 각 서버는 하나 또는 여러 개의 특정 목적을 가진 도구를 외부에 노출하는 역할을 합니다. 이는 '날씨 전문가(날씨 서버)', '예약 전문가(예약 서버)', '데이터베이스 전문가(DB 서버)'가 각자의 사무실에서 대기하다가 요청이 오면 자신의 전문 기술을 제공하는 것과 유사합니다.

- **도구 제공 및 실행**: '실시간 날씨 조회', '항공권 예약 API 호출', '로컬 파일 시스템 접근', '데이터베이스 쿼리' 등 특정 기능을 수행하는 프로그램을 탑재하고 있습니다. AI 에이전트로부터 요청이 오면 해당 기능을 실행하고 결과를 반환합니다.
- **기능 명세 제공**: 자신의 서버가 어떤 도구를 제공하며, 그 도구를 사용하기 위해 어떤 정보(파라미터)가 필요한지를 표준화된 형식으로 알려 줍니다. 이를 통해 AI 에이전트는 처음 보는 서버라도 '이 서버는 이런 일을 할 수 있구나'라고 스스로 파악할 수 있습니다.
- **보안 및 인증**: 특정 도구를 사용하기 위한 인증 절차나 권한 관리를 담당하여 허가된 에이전트만 기능에 접근하도록 제어합니다.

MCP 호스트: AI 에이전트를 품은 지휘 본부

MCP 호스트는 실제 AI 에이전트 또는 LLM이 실행되는 환경이자 전체 작업을 조율하는 지휘 본부입니다. 사용자의 요청을 가장 먼저 받아 최종 목표를 달성하기 위해 어떤 서버의 어떤 도구가 필요한지 결정하고, 그 결과를 종합하여 최종 응답을 만듭니다.

- **AI 에이전트 실행**: 사용자의 자연어 요청을 해석하고 목표를 달성하기 위한 계획을 수립하는 LLM이 동작하는 곳입니다.
- **작업 오케스트레이션**: 목표 달성을 위해 여러 MCP 서버에 작업을 요청하고, 그 결과를 종합하여 다음 행동을 결정하는 등 전체 워크플로를 관리합니다. 예를 들어 '출장 계획'이라는 목표를 위해 '항공권 예약 서버'와 '호텔 예약 서버'에 순차적으로 작업을 지시할 수 있습니다.
- **클라이언트 관리**: MCP 클라이언트를 내부에 포함하거나 관리하며, 통신을 시작하고 제어합니다.

MCP 클라이언트: 통신을 담당하는 중개인

MCP 클라이언트는 MCP 호스트(AI 에이전트)와 여러 MCP 서버(도구) 사이에서 실제 통신을 담당하는 기술적인 중개인입니다. 표준화된 MCP 프로토콜에 맞춰 서로 메시지를 주고받는 역할을 수행합니다.

- **표준화된 통신**: AI 에이전트의 요청을 MCP 프로토콜에 맞는 형식으로 변환하여 MCP 서버에 전달하고, 서버의 응답을 다시 에이전트가 이해할 수 있는 형태로 변환하여 전달합니다.
- **연결 관리**: 여러 MCP 서버와의 연결(세션)을 관리하고, 데이터가 원활하게 오고 갈 수 있도록 통신 채널을 유지합니다.
- **통신 과정 추상화**: MCP 호스트가 각 서버의 복잡한 통신 방식(HTTP, 웹소켓 등)을 일일이 알 필요 없이 마치 내부에 있는 기능처럼 쉽게 도구를 호출할 수 있도록 통신 과정을 추상화하여 숨겨줍니다.

MCP의 핵심 가치

AI 에이전트가 기업의 필수 도구로 자리 잡는 미래에는 MCP가 AI 도입의 패러다임을 바꾸고 새로운 비즈니스 생태계를 창조하는 핵심적인 역할을 할 것입니다. 그 핵심 가치는 다음과 같습니다.

스마트폰 앱처럼 AI 에이전트를 선택하고 즉시 도입하다

과거 기업에서는 특정 기능이 필요할 때마다 수개월에 걸쳐 자체 소프트웨어를 개발하거나 값비싼 패키지를 구매해야 했습니다. 스마트폰 앱 스토어는 이 모든 것을 바꾸었습니다. MCP는 AI 에이전트 시대에 바로 이 '엔터프라이즈 앱 스토어'의 역할을 수행합니다.

Before(MCP 이전)

기업에서 '리드 발굴 자동화'가 필요하다면 전문 개발자를 채용하고 CRM/ERP 시스템을 분석하며 수개월간의 개발 프로젝트를 진행해야 했습니다. 이는 높은 비용과 시간, 실패의 리스크를 동반합니다.

After(MCP 스토어의 등장)

이제 기업은 MCP 스토어에 접속하여 필요한 기능을 검색합니다. 마치 우리가 필요할 때마다 스마트폰에서 지도 앱, 은행 앱, 게임 앱을 골라 설치하듯이 기업은 필요한 AI 에이전트를 즉시 설치하거나 구독하여 현업에 바로 적용하면 됩니다. 이는 AI 도입의 장벽을 획기적으로 낮추는 결정적인 변화입니다.

빠르고 다양한 AI 도입으로 비즈니스 민첩성을 극대화하다

급변하는 현대 비즈니스 환경에서 속도는 생명입니다. MCP는 기업이 AI를 활용하는 속도와 범위를 극대화하여 비즈니스 민첩성을 전례 없는 수준으로 끌어 올립니다.

- 속도의 가치(Fast): 시장 트렌드 분석, 긴급한 고객 수요 대응 등 단기적인 프로젝트가 발생했을 때 몇 달씩 걸리는 개발 기간을 기다릴 필요가 없습니다. MCP 스토어에서 관련 에이전트를 찾으면 단 몇 시간, 몇 분 만에 문제를 해결할 수 있습니다. 이는 기회를 놓치지 않고 위기에 신속하게 대응하는 '애자일Agile' 조직의 필수 조건입니다.
- 다양성의 가치(Diverse): 한 기업이 세상의 모든 분야에 전문성을 가질 수는 없습니다. 하지만 MCP 생태계에는 특정 산업(제약, 법률, 해운 등)이나 매우 세분화된 직무(특허 분석, 반도체 설계 검증 등)에 고도로 특화된 전문가들이

만든 에이전트들이 존재합니다. 회사 내부에서는 상상도 못 했던 다양한 종류의 AI 전문가를 즉시 '고용'하여 활용하는 효과를 누릴 수 있습니다.

새로운 비즈니스 가치를 창출하고 거대한 생태계를 구축하다

MCP는 새로운 비즈니스 모델과 가치를 창출하는 경제적인 플랫폼입니다.

- 비용 절감과 ROI 극대화: AI 도입을 위한 막대한 초기 투자(R&D, 인력 채용)가 필요 없어집니다. 구독형 SaaS 모델을 통해 사용한 만큼만 비용을 지불하므로, 최소한의 리스크로 AI의 가치를 검증하고 투자 대비 수익 ROI을 극대화할 수 있습니다.
- 전 직원의 생산성 향상: 모든 직원이 자신의 업무를 도와주는 개인 비서, 즉 '디지털 동료'를 갖게 됩니다. 직원들은 데이터 수집, 보고서 작성과 같은 반복적이고 소모적인 업무에서 해방되어 창의적이고 전략적인 고부가가치 활동에 집중할 수 있습니다.
- 개발사/개발자의 수익 창출: 특정 분야에 전문성을 가진 중소기업이나 개인 개발자도 자신의 노하우를 AI 에이전트로 만들어 MCP 스토어에서 판매하면 새로운 수익을 창출할 수 있습니다.
- 기업 경쟁력 확보: 수많은 개발자가 경쟁하며 만들어 내는 혁신적인 에이전트를 통해 이전에는 불가능했던 새로운 방식으로 비즈니스 문제를 해결하고 경쟁 우위를 확보할 수 있습니다.

MCP는 AI를 '소유'의 대상에서 '구독'과 '활용'의 대상으로 바꾸는 패러다임을 보여주고 있습니다. 이는 기업이 AI 기술을 도입하고 활용하는 방식을 근본적으로 바꾸어 더 빠르고, 더 똑똑하며, 더 가치 있는 비즈니스를 만들어 나가는 핵심 동력이 될 것입니다.

MCP의 단점

MCP는 AI 에이전트의 대중화를 이끌 엄청난 잠재력을 지니고 있지만, 그 장밋빛 미래 이면에는 반드시 해결해야 할 현실적인 단점과 프로젝트들이 존재합니다. 스마트폰 앱 스토어가 편리함 이면에 여러 문제를 안고 있듯이 기업 환경에 적용될 MCP 역시 훨씬 더 높은 수준의 신뢰와 안정성을 요구하기 때문입니다. MCP가 성공하기 위해 극복해야 할 주요 단점은 다음과 같습니다.

보안 및 안정성

기업의 핵심 시스템과 데이터에 접근하는 만큼 보안 문제는 MCP 모델의 성패를 좌우하는 가장 큰 허들입니다.

- **악성 에이전트의 위협**: 누구나 만들어 올릴 수 있다는 개방성은 곧 악의적인 개발자가 기업의 데이터를 탈취하거나 시스템을 파괴할 목적으로 만든 '트로이 목마' 에이전트를 유포하는 경로가 될 수 있습니다.
- **안정성 및 장애 문제**: 특정 에이전트의 개발사가 서비스를 중단하거나 서버 장애가 발생하면 해당 에이전트에 의존하던 기업의 핵심 업무가 그대로 멈춰버리게 됩니다. 이는 기업 입장에서 통제 불가능한 리스크입니다.
- **데이터 유출 경로**: 에이전트가 정상적으로 동작하더라도 데이터를 처리하는 과정에서 민감한 기업 정보(고객 명단, 재무 정보)가 에이전트 개발사 서버로 유출될 가능성을 배제할 수 없습니다.

품질 통제 및 성능의 불확실성

앱 스토어에 수많은 저품질 앱이 존재하는 것처럼 MCP 스토어에 있는 에이전트 역시 성능이 천차만별일 수밖에 없습니다.

- **성능 불균형**: 어떤 에이전트는 매우 똑똑하게 작동하는 반면, 어떤 에이전트는 환각이 심하거나 엉뚱한 결과를 내놓는 등 성능이 크게 떨어질 수 있습니다. 기업은 좋은 에이전트를 발굴하기 위해 여러 번의 시행착오와 비용을 지불해야 할 수 있습니다.
- **검증 및 책임의 부재**: MCP 스토어에 등록된 모든 에이전트의 품질과 결과를 일일이 검증하고 책임지기는 현실적으로 어렵습니다. 또한 에이전트의 잘못된 분석으로 기업이 금전적 손실을 본 경우 그 책임 소재가 불분명해질 수 있습니다.
- **기대치와의 괴리**: 플러그 앤 플레이 Plug-and-Play를 기대하고 도입했지만 실제 성능이 기대에 미치지 못해 결국 사용하지 않게 되는, 이른바 플러그 앤 프레이 Plug-and-Pray 상황이 발생할 수 있습니다.

통합 및 커스터마이징의 현실적 어려움

모든 기업의 시스템 환경과 업무 프로세스는 조금씩 다릅니다. 범용으로 만들어진 에이전트가 모든 기업에 완벽하게 들어맞기는 어렵습니다.

- **'설치하면 끝'이 아닌 현실**: MCP 스토어에서 다운로드한 에이전트가 우리 회사의 독특한 ERP 구조나 레거시 시스템과 곧바로 연동되지 않을 수 있습니다. 결국 이를 위한 별도의 연동 개발 및 커스터마이징 작업이 필요하게 되어 신속한 도입이라는 장점이 퇴색될 수 있습니다.
- **기능 개선의 한계**: 우리 회사에 꼭 필요한 특정 기능이 에이전트에 없을 경우 전적으로 해당 에이전트 개발사의 업데이트 계획에 의존해야 합니다. 자체적으로 기능을 수정하거나 확장하는 데는 한계가 있습니다.

MCP 서버 추천

지금부터 기업에서 가장 많이 사용하는 MCP 서버들을 추천하겠습니다. 여기에 있는 것은 클로드 데스크톱에서 직접 사용할 수도 있고, 각 회사에 맞는 AI 애플리케이션을 만들 때도 사용할 수 있습니다. 요리 재료가 좋으면 음식이 맛있는 것처럼, MCP의 기능이 풍부하면 할 수 있는 것이 많아집니다.

Smithery.ai에서 찾아 설치할 때는 서버 이름에 유의하세요. MCP 분야는 빠르게 개발 및 확장되고 있어서 유사한 이름의 MCP 서버가 많습니다. 따라서 설치하기 전에 다운로드 수를 먼저 확인하는 것이 좋습니다.

Desktop Commander

가장 인기가 높은 MCP로, AI가 사용자의 PC에서 직접 업무를 수행하게 합니다. AI는 단순 정보 조회를 넘어 파일 관리, 프로그램 실행, 시스템 설정 등 반복적인 데스크톱 작업을 자동화하여 사용자가 고부가가치 업무에 집중할 수 있도록 합니다. 이는 마치 내 PC를 직접 조작할 AI가 로컬 사용자처럼 작동하게 합니다.

Sequential Thinking

AI에게 복잡한 문제를 단계별로 해결하도록 합니다. 복잡한 과업을 논리적 단계로 분해하고, 조건에 따라 다른 해결 방안을 모색하는 계획 수립 능력을 AI에 부여합니다. 이는 단선적인 추론 방식의 한계를 보완하기 때문에 여러 변수를 고려해야 하는 복잡한 비즈니스 문제 해결이나 리포트 생성 등에 도움이 됩니다. 즉, AI가 스텝 바이 스텝으로 차분히 생각하게 되는 것입니다.

Exa Search

"이런 느낌의 글을 찾아줘"와 같이 키워드로는 표현하기 어려운 추상적인 아이디어를 문장 형태로 입력하면 미적으로 유사한 콘텐츠를 찾아 줍니다. 이는 AI가 사용자의 미묘한 의도를 파악하여 창의적인 리서치를 수행하는 데 결정적인 역할을 합니다. 키워드에만 의존하는 대신 "이런 의도의 자료"와 같은 문장 형태의 추상적인 질의를 이해하여 관련성 높은 정보를 찾아 줍니다. 이는 명확한 검색어가 없는 신규 사업 기획이나 초기 단계의 시장 조사에서 새로운 아이디어나 영감을 얻는 데 매우 효과적입니다.

Context7

이 MCP는 바이브 코딩으로 애플리케이션을 개발할 때 사용하는 라이브러리나 패키지들의 최신 버전을 업데이트해 줍니다. AI가 코딩을 해줄 때 반드시 최신 공식 문서를 참조하도록 강제하여 정보의 정확성을 확보하는 장치입니다. 특히 기술이나 규정과 같이 버전 관리가 중요한 분야에서 AI가 낡은 정보를 기반으로 잘못된 답변을 내놓는 리스크를 방지합니다.

Supabase MCP Server

기업에서 애플리케이션을 만들 때는 사용자 정보, 고객 정보, 상품 정보, 판매 정보 등 매우 많은 데이터를 보관하고 업데이트합니다. 이를 담당하는 부분을 백엔드 backend 라고 합니다. 또한 눈에 보이는 화면의 생김새나 사용자가 정보를 입력하고 클릭하는 부분을 프론트엔드 frontend 라고 합니다.

Supabase는 백엔드 개발을 간소화해 주는 도구로, AI가 직접 애플리케이션의 백엔드를 만들고 관리할 수 있게 합니다. 예를 들어, 사용자와의 대화 내용을 바탕으로 AI가 직접 사용자 계정을 생성하거나 제품 정보를 DB에 추가하고 인

중 규칙을 설정하는 등의 작업을 수행할 수 있습니다. 이를 통해 간단한 기업용 애플리케이션을 만들거나 프로토타입을 신속하게 구축하고 운영하는 것이 가능해집니다.

Talk to Figma MCP

피그마Figma는 사용자가 보는 화면을 만들어 주는 프론트엔드 도구입니다. Figma MCP는 AI가 화면을 원하는 대로 만들 수 있게 합니다. "모바일 앱용 로그인 화면을 세 가지 스타일로 만들어 줘" 또는 "우리 회사 디자인 시스템에 맞춰 데이터 대시보드 화면을 구성해 줘"와 같은 자연어 명령을 즉시 실제 디자인 시안으로 변환합니다. 이를 통해 신속한 프로토타이핑과 A/B 테스트가 가능하며, 개발팀과 디자인팀 간의 협업 속도를 빠르게 올릴 수 있습니다.

Naver Search MCP

네이버 사이트에 있는 뉴스, 블로그, 쇼핑, 사진 등에 대한 정보를 제공해 줍니다. 이외에도 Naver Maps Directions Server는 지도 서비스를, Naver Datalab MCP Server는 네이버의 검색어, 지역, 댓글 트렌드에 대한 데이터를 분석해 줍니다.

Kakao PlayMCP(playmcp.kakao.com)

네이버와 유사하게 카카오가 만든 MCP입니다. 도보 길찾기, 자전거 길찾기, 대중교통 길찾기, 키워드로 장소 검색 등 총 네 가지 도구가 제공됩니다.

"광화문 2번 출구에서 한옥 파스타까지 걸어가는 길을 알려 줘"라고 입력하면 도보 길찾기 툴을 활용한 검색 답변을 얻을 수 있습니다.

YouTube Transcript Server

유튜브의 스크립트를 텍스트로 변환해 주는 MCP입니다. 이를 통해 요약, 번역, 검색 등 다양한 작업을 할 수 있습니다. 원하는 유튜브 영상의 URL을 입력하고 "이 영상을 요약해 줘"라고 하면 스크립트를 텍스트로 변환하고 그 내용을 요약해 줍니다. 또한 "보고서를 만들어 줘", "HTML로 시각화해 줘"라고 하면 그에 따라 멋지게 결과물을 만들어 줍니다.

n8n-MCP

n8n 워크플로를 만들어 주는 MCP로, LLM 환경에서 직접 워크플로를 관리 및 실행하고 인증 정보를 처리하며, 보안 감사도 수행합니다. AI는 상세한 노드 속성이나 각종 작업 및 문서를 포함한 n8n 워크플로 자동화 노드에 포괄적으로 접근할 수 있습니다. 이를 통해 n8n 워크플로를 효율적으로 제작, 검색, 검증하는 것이 가능합니다. 또한 기존에 만들어진 노드들도 활용할 수 있습니다.

Dify Workflow MCP Server

노코드 도구로, n8n과 마찬가지로 디파이 워크플로를 자동으로 만들어 줍니다. 기업 내 기획자나 현업 담당자가 "우리 회사 제품 매뉴얼을 학습해서 고객 질문에 답변하는 챗봇이 필요해"라고 말만 하면 AI 에이전트가 이 MCP를 사용하여 디파이에 해당 챗봇을 몇 분 안에 자동으로 구축합니다. 이는 아이디어 구상부터 실제 프로토타입 제작까지 걸리는 시간을 획기적으로 단축시켜 기업의 AI 도입 및 실험 속도를 비약적으로 향상시킵니다.

AI 에이전트의 활용 방안

각 산업별, 업무별 특성을 반영한 AI 에이전트가
세상을 놀랍게 변화시키고 있습니다.

AI 에이전트는 다양한 산업과 업무 영역에서 혁신적인 변화를 이끌고 있습니다. 금융, 제조, 유통, 헬스케어 등 주요 산업에서는 각 분야의 고유한 특성에 맞춘 전문화된 AI 에이전트를 통해 효율성과 정확성을 크게 향상시키고 있습니다. 또한 인사 관리, 재무 회계, 고객 관리, 설계 생산 등 기업 내 핵심 업무 프로세스에서도 반복적이고 복잡한 작업을 자동화하여 직원들이 더 창의적이고 전략적인 업무에 집중할 수 있도록 돕습니다. 특히 연구 개발 분야에서는 방대한 데이터 분석과 시뮬레이션을 통해 혁신의 속도를 가속화하고 있습니다.

이처럼 AI 에이전트는 각 산업별, 업무별 특성을 반영한 맞춤형 솔루션으로 진화하며 디지털 전환의 핵심 동력이 되고 있습니다.

AI 에이전트의 산업별 활용 방안

AI 에이전트는 각 산업에서 다음과 같이 활용될 수 있습니다.

금융 산업

금융 분야에서는 데이터 기반의 정밀한 의사결정과 자동화를 통해 효율성을 극대화하고 새로운 고객 경험을 창출하는 데 초점을 맞춥니다.

- **개인화 금융 비서**: 고객의 소비 패턴이나 투자 성향을 분석하여 맞춤형 금융 상품을 추천하고, 자산 관리 포트폴리오를 제안합니다. 또한 계좌 조회, 이체, 공과금 납부 등 일상적인 금융 업무를 대화형으로 처리합니다.
- **이상 거래 탐지(FDS)**: AI 에이전트가 실시간으로 거래 데이터를 모니터링하며, 평소와 다른 비정상적인 금융 거래 패턴을 즉시 식별하고 차단하여 금융 사기를 예방합니다.
- **AI 기반 대출 심사**: 신청자의 신용 정보, 과거 거래 내역 등 방대한 데이터를 분석하여 대출 상환 능력을 정밀하게 예측하고, 심사 과정을 자동화하여 시간과 비용을 절감합니다.

제조 산업

제조업에서는 생산 공정의 최적화, 품질 관리, 예측 기반 유지 보수를 통해 생산성과 안정성을 높이는 데 핵심적인 역할을 합니다.

- **예측 기반 유지 보수**: 공장 설비에 부착된 센서 데이터를 실시간으로 분석하여 기계의 고장 징후를 사전에 예측하고, 최적의 정비 시점을 알려주어 갑작스러운 생산 라인 중단을 방지합니다.
- **품질 검사 자동화**: 고해상도 카메라와 컴퓨터 비전 기술을 결합한 AI 에이전트가 생산 라인에서 제품의 미세한 결함까지 자동으로 식별하여 불량률을 낮추고 일관된 품질을 유지합니다.

- **생산 공정 최적화:** 생산 과정에서 발생하는 수많은 데이터를 분석하여 에너지 효율, 원자재 사용량, 생산 속도 등 공정 전반의 최적화 방안을 도출하고 자동으로 제어합니다.

유통 및 물류 산업

수요 예측의 정확도를 높이고 복잡한 공급망과 물류 프로세스를 효율적으로 관리하는 데 AI 에이전트가 적극적으로 활용됩니다.

- **수요 예측 및 재고 관리:** 과거 판매 데이터, 날씨, 소셜 미디어 트렌드 등 다양한 변수를 분석하여 미래 수요를 정확하게 예측하고, 이를 바탕으로 최적의 재고 수준을 자동으로 유지하여 결품 및 과잉 재고를 방지합니다.
- **공급망 최적화:** 원자재 조달부터 생산, 배송에 이르는 공급망 전체 과정을 실시간으로 모니터링하고, 교통 상황, 유가 변동 등 외부 요인을 반영하여 가장 효율적인 물류 경로와 운송 수단을 제안합니다.
- **자율 배송:** 자율주행 트럭, 드론, 배송 로봇 등을 제어하여 물류 창고에서 최종 목적지까지의 배송 과정을 자동화하고 효율성을 높입니다.

헬스케어 산업

진단 보조, 개인 맞춤형 치료, 병원 운영 효율화 등 의료 서비스의 질을 높이고 환자 중심의 의료 환경을 구축하는 데 기여합니다.

- **의료 영상 분석 및 진단 보조:** MRI, CT, X-ray와 같은 의료 영상을 분석하여 인간 의사가 발견하기 어려운 질병의 징후를 찾아내고 진단의 정확성과 속도를 향상시키는 보조적인 역할을 수행합니다.

- **가상 건강 도우미**: 환자의 건강 상태를 실시간으로 모니터링하고, 복약 시간을 알려주거나 건강 관련 질문에 24시간 답변하며, 필요시 의료진과 연결해 주는 개인 비서 역할을 합니다.
- **병원 운영 최적화**: 환자 입원 및 퇴원 데이터, 병상 가동률 등을 분석하여 병원 자원의 배치를 최적화하고, 수술 일정을 효율적으로 관리하여 환자의 대기 시간을 줄입니다.

AI 에이전트의 업무별 활용 방안

기업 내 다양한 부서의 업무 프로세스를 자동화하고 데이터 기반의 전략적 의사결정을 지원합니다.

인사 관리(HR)

채용부터 퇴직까지 인사관리 전반의 프로세스를 자동화하고 직원 경험을 향상시킵니다.

- **채용 프로세스 자동화**: AI 에이전트가 이력서를 분석하여 직무에 적합한 후보자를 추천하고, 면접 일정을 조율하며, 기본적인 질문에 답변하는 챗봇 역할을 수행합니다.
- **직원 문의 응대**: 휴가, 복리후생, 급여 정책 등 직원들의 반복적인 질문에 24시간 자동으로 응답하여 HR 부서의 업무 부담을 줄입니다.
- **개인화된 경력 개발 추천**: 직원의 역량, 성과, 관심사를 분석하여 맞춤형 교육 프로그램을 추천하거나, 적합한 사내 직무 이동 기회를 제안합니다.

재무 및 회계

반복적인 회계 업무를 자동화하고, 실시간 데이터 분석을 통해 재무 건전성을 높입니다.

- **송장 및 경비 처리 자동화**: 송장, 영수증 등에서 데이터를 자동으로 추출하고 규정에 따라 검증한 후 회계 시스템에 입력하고 결재를 진행합니다.
- **재무 보고서 생성**: 각종 재무 데이터를 자동으로 취합하고 분석하여 월별, 분기별 재무 보고서를 생성하고, 이상 징후 발생 시 경영진에게 알림을 보냅니다.
- **규정 준수 모니터링**: 실시간으로 거래 내역을 감시하며, 자금 세탁 방지 등 내부 통제 및 외부 규정 준수 여부를 자동으로 점검합니다.

고객 관리(CRM)

고객 데이터를 기반으로 초개인화된 경험을 제공하고, 고객 서비스의 효율성을 극대화합니다.

- **지능형 챗봇 및 콜봇**: 고객 문의의 의도를 정확히 파악하여 24시간 실시간으로 응대하고 단순 문의는 직접 해결하며, 복잡한 문제는 담당 상담사에게 정확한 정보를 전달하며 연결합니다.
- **고객 이탈 예측**: 고객의 서비스 이용 패턴, 구매 내역, 문의 기록 등을 분석하여 이탈 가능성이 높은 고객을 사전에 식별하고, 이탈 방지를 위한 맞춤형 프로모션을 제안합니다.
- **영업 활동 지원**: 잠재 고객 데이터를 분석하여 구매 가능성이 높은 고객을 발굴하고, 고객과의 이메일 초안 작성, 미팅 일정 조율 등 영업 사원의 반복 업무를 자동화하여 핵심 영업 활동에 집중하도록 돕습니다.

설계 및 생산

설계 최적화부터 생산 라인 운영까지 전 과정의 효율성과 정확성을 높입니다.

- **생성형 설계**: 설계자가 원하는 조건(무게, 강도, 재료 등)을 입력하면 AI 에이전트가 수천 개의 설계 대안을 생성하고 최적의 디자인을 제안하여 혁신적인 제품 개발을 지원합니다.
- **스마트 팩토리 운영**: 생산 계획 수립, 자재 투입, 로봇 제어, 품질 검사 등 스마트 팩토리 운영의 전반을 자율적으로 관리하고 최적화합니다.
- **작업자 지원**: 복잡한 조립 공정에서 AR(증강현실) 기기와 연동하여 작업자에게 정확한 작업 순서와 방법을 안내하거나, 위험한 환경에서 작업자를 대신하여 임무를 수행합니다.

협력사 관리(SCM)

공급망의 가시성을 높이고 협력사와의 원활한 소통과 리스크 관리를 지원합니다.

- **협력사 리스크 관리**: 협력사의 재무 상태, 납기 준수율, 뉴스 기사 등을 지속적으로 모니터링하여 공급망에 영향을 줄 수 있는 잠재적 리스크를 사전에 경고합니다.
- **발주 및 납기 관리 자동화**: 재고 수준과 생산 계획에 따라 최적의 협력사를 선정하여 자동으로 발주하고, 실시간으로 납기 일정을 추적하고 관리합니다.
- **협력사 커뮤니케이션 자동화**: 신규 협력사 등록, 계약 관리, 대금 지급 문의 등 협력사와의 반복적인 커뮤니케이션을 자동화하여 효율적인 협업 관계를 유지합니다.

연구 개발(R&D) 분야

방대한 양의 데이터와 논문을 분석하고 복잡한 시뮬레이션을 자동화하여 연구 개발의 속도와 성공 가능성을 높입니다.

- 지능형 문헌 분석: 수많은 논문, 특허, 연구 보고서를 신속하게 분석하고 핵심 내용을 요약하여 연구자가 최신 기술 동향을 파악하고 새로운 연구 아이디어를 얻도록 돕습니다.
- 신약 및 신소재 개발: 수많은 화합물 데이터를 분석하여 신약 후보 물질을 발굴하거나 원하는 특성을 가진 신소재의 조합을 시뮬레이션을 통해 예측함으로써 개발 기간과 비용을 획기적으로 단축합니다.
- 연구 프로세스 자동화: 복잡한 실험 설계, 데이터 수집 및 분석, 결과 보고서 작성 등 반복적이고 시간이 많이 소요되는 연구 과정을 자동화하여 연구원이 핵심 연구에 더 집중할 수 있도록 지원합니다.

기업에서 AI를 도입하는 다양한 방안

국내 기업의 AI 도입은 망분리 의무화라는 독특한 제약 조건 하에서 이루어집니다. 따라서 기업들은 데이터 보안 정책과 아키텍처 선택 사이에서 전략적 절충점을 찾아야 하며, 클로즈드 소스 LLM 활용(A타입), 오픈 소스 LLM 구축(B타입), 하이브리드 접근(C타입), 기업형 ChatGPT 도입(D타입) 등 다양한 방안을 데이터 민감도와 보안 요구사항에 따라 선택적으로 적용할 필요가 있습니다. 결국 기업의 AI 전략은 완전한 폐쇄형 운영과 글로벌 서비스 의존 사이에서 현실적인 균형점을 찾는 것이 핵심입니다.

국내 기업의 망분리 현황

망분리는 국내 기업의 AI 도입 전략에
강력한 제약 조건일 수밖에 없습니다.

망분리란 보안을 위해 외부 인터넷망과 내부 업무망을 물리적 또는 논리적으로 분리하는 보안 조치를 의미합니다. 국내에서는 공공기관, 금융회사, 대규모 개인정보 처리업체, 국가 기반시설 운영기관 등이 법적으로 망분리를 의무화하고 있습니다. 이는 기업의 AI 도입 전략에 결정적인 영향을 미치고 있습니다.

특히 망분리 환경에서는 외부 클라우드 기반 AI 서비스 활용이 극히 제한되어 온프레미스 방식의 AI 도입을 사실상 강제하고 있습니다. 이러한 규제 환경은 한국 기업이 글로벌 AI 트렌드를 따라가는 데 구조적인 제약으로 작용하며, 보안과 혁신 사이의 딜레마를 심화시키고 있습니다.

따라서 국내 기업의 AI 전략을 이해하기 위해서는 먼저 망분리 의무 대상과 그 특징을 정확히 파악해야 합니다.

망분리 의무 대상 상세 분석

국내 망분리 의무는 업종과 규모에 따라 서로 다른 법적 근거와 기준을 적용합니다. 공공 부문, 금융 부문, 정보통신서비스 제공자, 주요정보통신기반시설 등 각 영역별로 망분리의 강도와 방식이 다르기 때문에 기업의 AI 도입 전략도 이에 맞춰 차별화될 수밖에 없습니다.

공공 부문

- **주요 대상**: 중앙행정기관, 지방자치단체, 교육청, 공기업 등 모든 국가 및 공공 기관
- **법적 근거**: 국가정보보안 기본 지침(국가정보원 훈령)
- **목적 및 특징**: 국가 중요 정보 및 행정 정보를 사이버 위협으로부터 보호하는 것이 최우선 목적입니다. 일반적으로 외부 인터넷망과 내부 업무망을 물리적으로 분리하는 엄격한 방식을 사용합니다. 최근 클라우드 및 AI 도입을 위해 '다층보안체계MLS'로의 전환이 논의되고 있지만, 여전히 강력한 분리 원칙이 적용됩니다.

금융 부문

- **주요 대상**: 은행, 증권사, 보험사, 카드사 등 대부분의 금융회사 및 전자금융업자
- **법적 근거**: 전자금융감독규정(금융위원회 고시)
- **목적 및 특징**: 2013년 대규모 금융 전산 사고를 계기로 매우 엄격한 망분리 규제가 도입되었습니다. 고객의 민감한 금융 정보와 금융 시스템 자체를 보호하기 위해서입니다. 특히 전산센터 내의 개발, 운영, 보안 관련 단말기는 물리적 망분리가 원칙이어서 외부 클라우드 서비스와의 연동이 극히 제한적입니다. 이 규제로 인해 금융권의 AI 도입이 더디다는 지적이 많아 최근 규제 샌드박스 등을 통한 완화 움직임이 보이고 있습니다.

정보통신서비스 제공자

- **주요 대상**: 일정 규모 이상의 개인 정보를 처리하는 기업(포털, 이커머스, SNS 등)
- **법적 근거**: 개인정보보호법 및 하위 고시 「개인정보의 안전성 확보조치 기준」
- **목적 및 특징**: 모든 정보통신서비스 제공자가 대상은 아닙니다. 법적으로는 아래 기준을 충족하는 경우 개인정보처리시스템에 접근하는 개인정보취급자의 컴퓨터에 망분리를 적용해야 합니다.
  - 100만 명 이상의 개인정보를 저장·관리하는 경우
  - 정보보호관리체계(ISMS) 인증 의무 대상자 중 정보통신서비스 부문 전년도 매출액이 100억 원 이상인 경우

이는 대규모 개인 정보 유출 사고를 방지하는 것이 주 목적이며, 공공/금융 부문에 비해 상대적으로 유연한 논리적 망분리가 허용되는 경우가 많습니다.

주요정보통신기반시설

- **주요 대상**: 에너지, 교통, 의료, 통신 등 국가 기반 시설을 운영하는 기관
- **법적 근거**: 정보통신기반 보호법
- **목적 및 특징**: 정부가 국가 안보, 경제, 사회에 중대한 영향을 미치는 시설을 '주요정보통신기반시설'로 지정합니다. 지정된 시설의 제어·관리 시스템은 외부 공격으로부터 보호하기 위해 엄격한 보안 조치(망분리 포함)를 취해야 합니다.

망분리가 기업의 AI 활용에 어떤 제약을 주는가

한국 기업의 AI 전략을 논할 때는 '망분리'라는 강력한 제약 조건을 반드시 고려해야만 전체적인 그림을 정확하게 이해할 수 있습니다.

- **온프레미스 선택의 강제성**: 앞에서 언급한 업종 기업들에게 온프레미스 또는 사설 클라우드Private Cloud 기반의 AI 도입은 단순히 선호도를 떠나 법규를 준수하기 위한 필수 요건입니다. 망이 분리된 환경에서는 외부 상용 LLM API를 내부 업무 시스템과 연동하는 것 자체가 거대한 기술적, 규제적 장벽으로 작용합니다.

- **규제 준수와 혁신의 딜레마**: 법적으로 망분리가 강제된 기업들은 최신 AI 기술을 활용한 혁신과 기존의 강력한 보안 규제 준수 사이에서 훨씬 더 큰 딜레마에 빠지게 됩니다. 이것이 바로 '한국 기업이 세계 AI 흐름에서 멀어졌다'는 우려가 나오는 구조적인 원인 중 하나라고 볼 수 있습니다.

데이터 보안과
아키텍처의 선택

기업의 AI 아키텍처는
보안과 혁신 사이에서 균형을 찾아야 합니다.

기업에서 AI를 도입할 때 반드시 고려해야 할 사항은 글로벌 LLM 서비스 업체의 보안 정책입니다. 최근 오픈AI도 보안 정책을 크게 강화했습니다. 다음은 오픈AI 홈페이지에서 제공하는 제품별 보안 세부 사항으로, 각 서비스별 데이터 보안 내용을 명확하게 정리하고 있습니다. 이를 바탕으로 오픈AI와 앤트로픽, 구글, xAI의 데이터 보안과 데이터 프라이버시 정책을 분석해 보겠습니다.

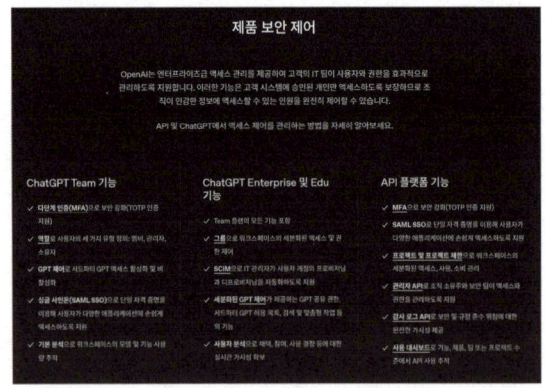

기업 데이터에 대한 오픈AI의 보안 정책
출처: https://OpenAI.com/ko-KR/business-data

데이터 보안: 데이터를 지키는 방법(How)

데이터 보안Data Security은 허가되지 않은 접근, 사용, 변경, 파괴로부터 데이터를 보호하는 모든 기술적, 물리적, 관리적 조치를 말합니다. 즉, 데이터라는 '자산'을 지키는 성벽과 같습니다. 데이터를 안전하게 지킬 수 있는 방법은 다음 세 가지 측면에서 찾을 수 있습니다.

- 기밀성(Confidentiality): 인가된 사용자만 정보에 접근할 수 있도록 보장합니다(예: 도어락).
- 무결성(Integrity): 데이터가 위조 또는 변조되지 않고 정확성과 완전성을 유지하도록 보장합니다(예: 집 안 물건 훼손을 방지하는 CCTV).
- 가용성(Availability): 인가된 사용자가 필요할 때마다 데이터에 접근할 수 있도록 보장합니다(예: 필요할 때마다 제대로 작동하는 도어락).

대부분의 서비스 제공업체는 각 요금제에 따라 다양한 방식의 데이터 보안을 적용합니다.

데이터 프라이버시: 데이터를 다루는 규칙(What & Why)

데이터 프라이버시Data Privacy는 개인 및 기업정보의 수집, 처리, 이용, 공유에 관한 개인의 권리를 다룹니다. 어떤 데이터를 왜 수집하며, 누구와 공유하고, 어떻게 사용할지에 대한 사회적, 법적 규범과 개인의 통제권을 의미합니다.

여기서 가장 중요한 질문은 '입력된 기업 데이터를 LLM 서비스 제공자가 수집하고 학습에 사용해도 되는가?'입니다. 이를 위해 각 서비스 제공업체별, 접근 방식별, 요금제별 정책을 다음과 같이 표로 정리했습니다. 이 자료는 각 서비스 제공업체 홈페이지의 데이터 프라이버시 정책을 조사하여 정리한 내용입니다.

제공사	접근 방식	대상 서비스/요금제	현재 요금(USD)	기업 데이터 학습 사용 여부
오픈AI	웹 UI	Free	무료	○
		Plus	월 $20	×
		Pro	월 $200	×
		Team	월 $25/사용자(연간 계약 시)	×
		Enterprise	영업팀 문의	×
	API	모든 사용자	(GPT-4o 기준) 1M 토큰당 $5(입력)/$15(출력)	×
앤트로픽	웹 UI	Pro	월 $20(또는 연간 $200 선불)	×
		Team	월 $30/사용자(연간 구독 시 $25)	×
		Enterprise	영업팀 문의	×
	API	모든 사용자	(Claude 3.5 Sonnet 기준) 1M 토큰당 $3(입력)/$15(출력)	×
구글	웹 UI	Gemini(일반 계정)	무료	○
		Gemini for Workspace	(Gemini Business 기준) 월 $20 / 사용자	×
	API	Vertex AI	(Gemini 1.5 Pro 기준) 1M 토큰당 $3.5(입력) / $10.5(출력)	×
xAI	웹 UI	Grok (xAI Premium+)	(X Premium+ 구독) 월 $16	○
	API	초기 사용자	비공개(초대 기반)	×

AI 서비스 업체별 보안 정책 비교표

이 표에서 주목할 점은 오픈AI 무료 버전, 제미나이 무료 버전, xAI의 Grok 무료 버전에서 입력한 프롬프트나 파일 등의 데이터는 학습에 사용된다는 것입니다. 이를 제외한 나머지 서비스는 학습에 사용되지 않는 것으로 확인됐습니다.

또한 요금제와 관계없이 API를 통해 애플리케이션을 개발하는 경우 모든 서비스에서 입력된 데이터를 학습에 사용하지 않는 것으로 나타났습니다.

다음 질문은 '데이터 보안 및 프라이버시를 AI 도입 아키텍처에 어떻게 반영할 것인가'입니다. 여기에는 두 가지 선택이 있습니다.

- "그래도 우리는 못 믿겠다. 완전히 내부망에서만 운영하겠다"

  앞서 살펴본 4개 글로벌 LLM 서비스 제공업체의 보안 정책을 믿지 않는 경우입니다. 이렇게 하면 모든 서비스가 방화벽 내에서만 구현됩니다. 그럼 완벽한 기능 구현이 어려울 뿐만 아니라 빠르게 변화하는 글로벌 서비스를 외면하게 되고, 인터넷 검색을 활용할 수 없으며, RAG, AI 에이전트, MCP 활용 등에 큰 제약이 생깁니다. 또한 응답 결과도 만족스럽지 못한데 상당한 GPU 서버 구매 비용까지 발생한다는 점이 큰 약점으로 작용합니다.

- "우리는 글로벌 서비스의 보안 정책을 믿겠다"

  다양한 솔루션과 아키텍처를 활용하는 데 열려 있는 경우입니다. 이렇게 하면 구현 비용이나 운영 비용을 절약할 수 있고, 지속적인 업그레이드를 통해 세계적인 AI 흐름을 파악하며 인터넷 검색 등을 통해 빠르게 대응할 수 있습니다.

전략적 절충과 하이브리드의 필요성

기업의 AI 도입 전략은 보안과 혁신 사이에서 균형을 찾아야 합니다. 완전한 폐쇄형 운영과 글로벌 서비스 의존 사이에서 현실적인 절충안이 필요한데, 데이터 민감도에 따른 하이브리드 접근법이 최적의 해답이 될 수 있습니다.

온프레미스/오픈 소스 전략(B타입)

기업들이 이러한 접근을 하는 데에는 망분리라는 법적 규제뿐 아니라 나름의 합리적인 이유가 있습니다.

- 데이터 주권 및 보안: 반도체 설계도, 금융 고객 데이터, 신약 개발 정보 등 기업의 핵심 자산이 외부 상용 LLM API를 통해 유출될 수 있다는 우려가 있습

니다. 데이터가 방화벽 외부로 나가는 것을 원천적으로 차단하는 것이 가장 확실한 보안책입니다.
- **내부 역량 강화**: LLM을 구축하고 운영하면서 자연스럽게 내부 AI 전문가를 양성하고 기술을 내재화하는 기회가 될 수 있습니다.

단, 성능이 좋은 최신 풀사이즈 오픈 소스 LLM을 구동하고 유지하려면 대량의 GPU 클러스터 구축에 많은 비용이 들며, 이를 다룰 인력이 별도로 필요합니다. 또한 오픈 소스를 기반으로 자체적으로 구축한 환경은 글로벌 LLM 생태계의 지원을 받기 어렵다는 단점도 있습니다.

글로벌 LLM 서비스를 API로 연결하는 전략(A타입)

기업이 보안 이슈에도 불구하고 다음과 같은 이유로 글로벌 상용 LLM 서비스를 비교적 안전한 API로 연결해서 자체 AI 애플리케이션을 만드는 전략입니다.

- **최신 기술의 빠른 적용**: 오픈AI, 구글, 앤트로픽 등이 발표하는 최첨단 LLM의 발전 속도는 대단히 빠릅니다. 이들은 막대한 자본과 인재를 투입하여 모델의 성능을 기하급수적으로 끌어올리고 있습니다. 이는 AI가 제공하는 분석, 추론, 창의성의 질적 차이로 이어지며, 기업은 이를 API로 연결해서 바로 성능 업그레이드를 할 수 있습니다.
- **인프라 및 운영 인력 불필요**: 글로벌 LLM 서비스를 활용하기 때문에 내부적으로 대형 인프라를 구축할 필요가 없으며, 이를 운영할 인력도 필요하지 않습니다.
- **LLM 생태계**: 상용 LLM은 강력한 API와 개발 도구, 방대한 커뮤니티 등 잘 갖춰진 생태계를 통해 빠르게 서비스를 구축할 수 있도록 지원합니다.

하이브리드 전략(C타입)

한국 기업이 세계 AI 흐름에서 멀어지지 않기 위해서는 하이브리드 전략을 추구할 필요가 있습니다.

- 민감한 데이터의 처리: 기업의 핵심 IP, 고객의 개인 정보 등 보안이 생명인 데이터와 관련된 업무는 내부망의 온프레미스 LLM으로 처리합니다. 이는 보안을 확보하고 규제를 준수하기 위한 최선의 선택입니다.
- 일반 업무 및 창의적 작업: 마케팅 문구 작성, 시장 조사, 내부 문서 요약, 코드 생성 등 보안 민감도가 낮은 업무나 최신 기술의 창의성이 필요한 영역에서는 외부 상용 LLM API를 적극 활용합니다.

이러한 하이브리드 접근은 보안과 혁신이라는 두 마리 토끼를 잡을 수 있는 가장 현실적인 방법입니다. 이를 통해 기업은 보안 리스크를 최소화하면서도 직원들이 글로벌 최고 수준의 AI 기술을 경험하고 활용하여 생산성을 극대화하도록 도울 수 있습니다.

결론적으로, 한국 기업들이 보안을 이유로 온프레미스에만 머무른다면 이는 '안전한 우물' 안에 스스로를 가두어 글로벌 경쟁에서 뒤처지는 결과를 낳을 수 있습니다. 지금은 위험을 인지하고 통제하면서도 과감하게 외부의 혁신을 수용하고 결합하는 방향으로 가야 합니다.

AI 도입을 위한 다양한 아키텍처

기업의 망분리와 데이터 보안 정책에 따라
네 가지 주요 아키텍처의 장단점을 잘 고려해야 합니다.

기업의 AI 도입은 데이터 보안 정책과 기술적 제약에 따라 네 가지 주요 아키텍처로 구분됩니다. 클로즈드 소스 LLM을 활용하는 A타입은 외부 상용 LLM API와 RAG를 결합하여 최신 기술을 빠르게 적용할 수 있으나 데이터 보안 우려가 존재하며, 오픈 소스 LLM 기반의 B타입은 완전한 내부망 운영으로 보안을 보장하지만 높은 구축 비용과 성능 한계를 갖습니다. 하이브리드 C타입은 데이터 민감도에 따라 내외부 시스템을 선택적으로 활용하여 보안과 혁신의 균형을 추구하며, D타입 기업형 ChatGPT는 별도 개발 없이 즉시 도입 가능한 완성형 솔루션을 제공합니다. 지금부터 각 타입의 상세 구조 및 장점, 단점을 살펴보겠습니다.

A타입: 클로즈드 소스 LLM

A타입의 핵심은 기업의 민감한 원본 데이터를 LLM에게 직접 학습시키지 않고, 질문과 관련된 정보만을 실시간으로 제공하여 답변의 정확성과 관련성을 높

이는 것입니다. 랭체인은 이러한 일련의 과정을 원활하게 연결하고 자동화하는 프레임워크 역할을 합니다.

전체적인 흐름은 다음과 같습니다.

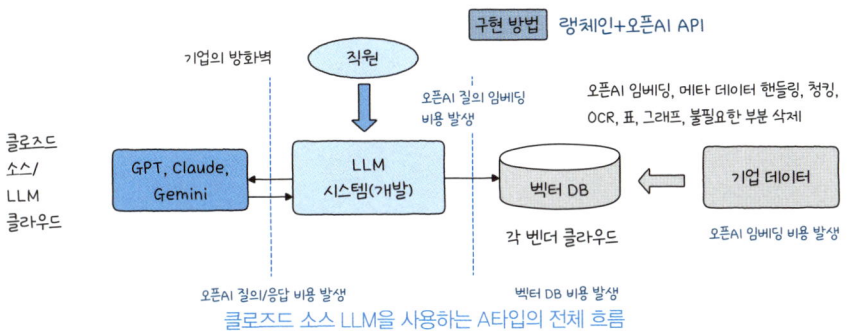

클로즈드 소스 LLM을 사용하는 A타입의 전체 흐름

기업 데이터의 전처리

먼저 기업 내부에 존재하는 다양한 형태의 데이터(문서, 표, 그래프 등)를 전처리합니다. 이 과정에는 OCR(광학 문자 인식), 불필요한 정보 제거, 그리고 데이터를 의미 있는 단위로 나누는 청킹 작업이 포함됩니다.

임베딩 및 벡터 DB 저장

처리된 데이터 조각들은 오픈AI 임베딩 모델을 통해 각각 수치적인 표현, 즉 벡터로 변환됩니다. 이 벡터들은 메타 데이터(원본 출처, 페이지 번호, 저작자 등)와 함께 벡터 DB에 저장됩니다. 이 과정에서 오픈AI 임베딩 비용과 벡터 DB 운영 비용이 발생합니다.

임베딩 비용

기업 데이터를 임베딩(벡터로 변환)하는 비용이 발생합니다. 초기 구축 및 데이터 업데이트 시 오픈AI 임베딩 대용량 고성능 모델을 사용하는 경우에는 100만 토큰당 0.13달러입니다. 이는 300페이지짜리 책 한 권을 임베딩하는 데 약 30원이 드는 수준입니다. 표준으로 Small 모델을 사용하면 4.5원입니다.

사용자 질의 처리

직원이 LLM에게 질문을 하면 이 또한 임베딩 모델을 통해 벡터로 변환됩니다.

유사도 검색 및 정보 검색

시스템은 사용자의 질문 벡터와 벡터 DB에 저장된 데이터 벡터들 간의 유사도(코사인 유사도 등)를 계산하여 질문과 가장 관련성이 높은 데이터 조각vector을 찾아냅니다.

LLM을 통한 답변 생성

검색된 관련성 높은 데이터들을 사용자의 원본 질문과 함께 프롬프트(명령어) 형태로 구성하여 GPT, 클로드, 제미나이와 같은 외부 폐쇄형 LLM에 전달합니다. LLM은 이 정보를 바탕으로 사용자가 이해하기 쉬운 자연스러운 문장 형태의 답변을 생성합니다. 이 과정에서 토큰 비용이 발생하며, 데이터는 기업 방화벽을 통과하여 외부 LLM과 통신합니다.

다음은 A타입의 장점입니다.

- **최신 LLM 성능**: 빠르게 변화하고 업그레이드되는 클로즈드 소스 LLM의 능력을 그대로 활용하여 수준 높은 답변을 생성할 수 있습니다. 특히 AI 에이전트를 개발하고 활용할 때 월등한 성능 차이를 보여줍니다.

- **유연하고 LLM 중립적인 아키텍처**: 향후 더 발전된 LLM이 출시되더라도 시스템의 핵심 아키텍처를 변경할 필요 없이 API 연동 부분만 교체하여 쉽게 업그레이드할 수 있습니다.
- **낮은 추론 인프라 비용**: 모델의 추론이나 사고를 위한 별도의 고사양 GPU 서버를 자체적으로 구축하고 유지할 필요가 없습니다. API 호출 시 토큰 비용만 지불하면 되므로 초기 투자 및 관리 부담이 적습니다. 또한 사용한 만큼 내기 때문에 경제적입니다.
- **최신 데이터 유지**: 기업 데이터가 변경되거나 추가될 때마다 해당 부분만 다시 임베딩하여 벡터 DB에 업데이트하면 되므로 LLM을 재학습시키는 것보다 훨씬 빠르고 저렴하게 최신 정보를 답변에 반영할 수 있습니다.

반면 A타입의 단점은 다음과 같습니다.

- **상이한 모델별 토큰 비용**: 사용자가 질문할 때마다 LLM 모델에 따라 토큰 비용이 다르게 책정됩니다. 따라서 질문의 종류에 따라서 다양한 모델을 쓰도록 해야 합니다. 예를 들어 오픈AI의 추론을 위한 o1-pro라는 모델은 100만 토큰당 600달러가 듭니다. 그런데 사고도 해주면서 일반 질의에 대한 성능도 괜찮은 Gemini 2.5 flash 모델의 비용은 2.5달러입니다. 이렇게 가격 차이가 크기 때문에 질문의 성격을 잘 파악해서 적절한 모델을 써야 합니다.
- **벡터 DB 비용 발생**: 벡터 데이터를 저장하고 운영하는 클라우드 서비스 비용이 듭니다.
- **데이터 보안 문제**: 기업의 내부 데이터를 외부 클라우드에 위치한 벡터 DB에 업로드하고, 외부 LLM API와 통신해야 합니다. 이 과정에서 기업 방화벽을 통과해야 하므로 데이터 유출이나 보안에 대한 부담이 존재합니다.

- 데이터 보안 및 프라이버시 우려: 프롬프트에 포함된 데이터가 외부 LLM 서비스 제공자(예: 오픈AI)에게 전송됩니다. 오픈AI는 정책상 이 데이터를 모델 학습에 사용하지 않는다고 명시하고 있지만, 아직 이에 대한 신뢰와 우려가 동시에 존재합니다.

A-1타입: 오픈AI의 Assistant API 사용

A-1타입은 개발자가 직접 구현해야 했던 RAG의 복잡한 과정 대부분을 오픈AI의 Assistant API가 내부적으로 처리하도록 위임하는 것이 가장 큰 특징입니다.

전체적인 흐름은 다음과 같습니다.

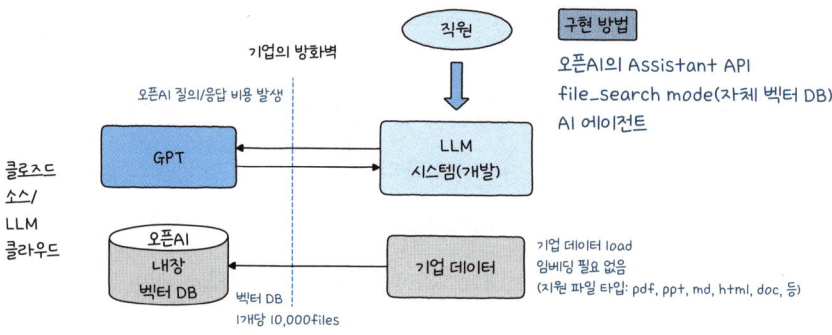

오픈AI의 Assistant API를 사용하는 A-1타입의 전체 흐름

단순화된 데이터 업로드

개발자는 기업 데이터를 직접 청킹 또는 임베딩하거나 외부 벡터 DB에 저장할 필요가 없습니다. 대신 pdf, ppt, md, html, doc 등 다양한 파일 형태의 기업 데이터를 오픈AI의 API를 사용해서 오픈AI에 직접 업로드하기만 하면 됩니다.

오픈AI 내부 처리(블랙박스)

오픈AI API는 업로드된 파일을 받아 자체적으로 데이터를 분석하고 청킹 및 임베딩하여 내부의 벡터 DB에 저장합니다. 이 모든 과정이 오픈AI 내부에서 자동으로 처리되므로 개발자는 신경 쓸 필요가 없습니다. 오픈AI에서는 내부 벡터 DB 한 개당 1만 개의 파일을 처리할 수 있습니다.

내장된 RAG 기능

사용자가 질문을 하면 Assistant API의 file_search 기능이 활성화됩니다. 이 기능은 오픈AI에 의해 만들어진 RAG 파이프라인을 통해 내부적으로 수행됩니다.

다음은 A-1타입의 장점입니다.

- **개발의 단순성 및 속도**: 데이터 전처리, 임베딩, 벡터 DB 관리, RAG 파이프라인 구축 등 복잡한 과정을 직접 구현할 필요가 없어 개발 시간과 노력을 획기적으로 줄일 수 있습니다.
- **부담 없는 인프라 관리**: 자체적인 GPU 서버나 외부 벡터 DB를 구축하고 관리할 필요가 전혀 없습니다. 모든 인프라는 오픈AI가 관리합니다.
- **최적화된 성능에 대한 기대**: 오픈AI가 자사의 모델과 시스템에 가장 최적화된 방식으로 RAG를 구현했기 때문에 준수한 성능을 기대할 수 있습니다.
- **유연한 아키텍처**: 기반이 되는 GPT 모델이 업그레이드되더라도 API 사용 방식은 그대로 유지되므로 아키텍처 변경 없이 최신 모델의 혜택을 누릴 수 있습니다.

반면 A-1타입의 단점은 다음과 같습니다.

- **데이터 보안 및 프라이버시 우려**: 기업 데이터를 직접 오픈AI 서버에 업로드해야 한다는 점이 가장 큰 단점입니다. 오픈AI는 이 데이터를 모델 학습에 사용하지 않는다고 정책적으로 명시하고 있지만 아직 이에 대한 신뢰와 우려가 동시에 존재합니다.
- **블랙박스 문제**: RAG의 세부 과정(청킹 전략, 임베딩 모델, 검색 방식 등)이 모두 오픈AI 내부에 감춰져 있어 개발자가 직접 제어하거나 커스터마이징할 수 없습니다.
- **비용 문제**: 사용자가 API를 호출하여 처리하는 토큰 양과 저장되는 파일 용량에 따라 지속적으로 비용이 발생합니다. 사용량이 많아지면 총 비용이 자체 구축 방식보다 높아질 수 있습니다. 비용은 1일 1GB당 0.1달러입니다.
- **외부 의존성**: 전체 시스템의 성능과 안정성이 전적으로 오픈AI 서비스에 의존하게 되면서 오픈AI의 장애나 정책 변경에 직접적인 영향을 받습니다. 만약 오픈AI에서 장애가 발생하는 경우, 해당 장애가 복구될 때까지 시스템을 사용할 수 없습니다.

B타입: 오픈 소스 LLM 사용

B타입은 외부 클라우드 서비스에 대한 의존성을 최소화하고, 기업 방화벽 안에서 모든 데이터 처리와 AI 추론이 이루어지도록 설계되었습니다. 이 구조의 핵심은 완벽한 데이터 통제권 확보입니다. 초기 구축 비용과 관리 부담은 높지만, 장기적으로는 외부 의존성 없이 안정적이고 안전하게 AI 시스템을 운영할 수 있습니다.

전체적인 흐름은 다음과 같습니다.

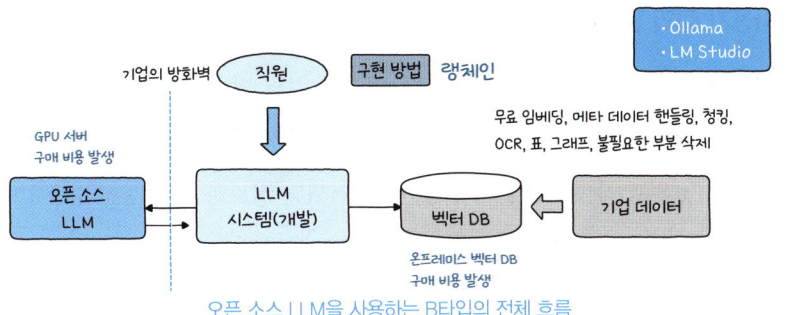

오픈 소스 LLM을 사용하는 B타입의 전체 흐름

기업 데이터의 전처리

이전 아키텍처와 마찬가지로 기업 내부 데이터를 OCR, 불필요한 정보 제거, 청킹 등의 과정을 거쳐 전처리합니다.

임베딩 및 벡터 DB 저장

외부 API를 사용하지 않고 무료 오픈 소스 임베딩 모델을 활용하여 데이터를 벡터로 변환합니다. 이 벡터들은 기업 내부 서버에 직접 구축한 온프레미스 벡터 데이터베이스에 저장됩니다. 이 과정에서 초기 서버 구축 비용은 발생하지만 별도의 외부 서비스 사용료는 없습니다.

LLM 시스템 구축

유명한 국내 모델인 LG의 Exaone, 업스테이지의 Solar Pro 2 등이나 글로벌 시장에서 유명한 문샷의 Kimi K2, DeepSeek R1, 구글의 Gemma 3와 같은 강력한 오픈 소스 LLM을 기업 내부 서버에 직접 설치하여 운영합니다. 이 정도 성능을 위해서는 H100, GB100 같은 고사양 GPU가 필요합니다. Ollama나 LM Studio 같은 도구들은 이러한 오픈 소스 모델을 더 쉽게 설치하고 관리할 수 있도록 도와줍니다.

사용자 질의 및 답변 생성

직원이 LLM에게 질문하면 전체 프로세스가 기업 방화벽 안에서 처리됩니다. 질문은 내부 임베딩 모델(예; bge-m3)로 벡터화되며, 온프레미스 벡터 DB에서 관련성 높은 문서를 검색합니다. LLM은 검색된 정보와 질문을 조합하여 내부 서버의 오픈 소스 LLM에 전달하고 최종 답변을 생성합니다.

보안

모든 데이터와 모델, 시스템이 기업 방화벽 내에서만 작동하므로 민감한 정보가 외부로 유출될 가능성이 원천적으로 차단됩니다.

다음은 B타입의 장점입니다.

- 강화된 보안: 모든 시스템이 기업 방화벽 안에서 작동하므로 외부로의 데이터 유출 위험이 없습니다. 이는 금융, 의료, 국방 등 보안이 매우 중요한 산업군에 적합합니다.
- 안전한 프롬프트 데이터: 사용자의 질문(프롬프트)과 LLM에 전달되는 모든 데이터가 기업 내부에만 머무르므로 완벽한 프라이버시를 보장합니다.
- 비용 통제 가능: 초기 구축 비용 이후에는 API 호출에 따른 종량제 비용이 발생하지 않아 용량이 많아질수록 비용 효율성이 높아집니다.

반면 B타입의 단점은 다음과 같습니다.

- 성능 저하 문제: 최근 들어 오픈 소스 LLM의 성능이 매우 좋아지기는 했지만, 아직은 덩치가 커서(파라미터 500B 정도) VRAM이 많은 고사양 GPU 서버가 필요합니다. 그렇다고 파라미터를 30B 이하로 낮추면 성능이 떨어질 수 있

습니다. 더구나 RAG, AI 에이전트를 개발하는 경우에도 사고 성능은 클로즈드 소스 LLM보다는 떨어집니다.

- **높은 초기 투자 비용**: LLM의 사고를 위한 고사양 GPU 서버 구매 비용이 크게 발생합니다. 또한 온프레미스 벡터 DB와 전체 시스템을 구축하고 안정적으로 운영하기 위한 인프라 비용 부담이 큽니다.
- **내부 운영의 부담**: 하드웨어, 소프트웨어, 모델 등을 직접 설치하고 유지보수해야 하므로 전문적인 내부 IT 및 AI 인력이 필수입니다. 또한 RAG와 AI 에이전트 애플리케이션을 개발하려면 다양한 도구, MCP, 바이브 도구, 도커 등을 사용해야 하는데, 인터넷망과 연결이 안 되면 작동이 불가능하거나 다운로드해야 하는 것들이 기능하지 않기도 합니다. 그럼 여기에 또 다시 들어가는 많은 시간과 노력, 비용이 부담으로 작용할 수 있습니다.
- **마이그레이션의 어려움**: 만약 미래에 오픈AI와 같은 외부 API 기반 아키텍처로 전환할 경우 기존에 사용하던 오픈 소스 임베딩 모델과 호환되지 않아 벡터 DB 전체를 재구축해야 하는 큰 작업이 필요합니다.
- **복잡한 기술 문제**: 랭체인을 사용하더라도 다양한 오픈 소스 모델과 라이브러리를 조합하여 안정적인 시스템을 구축하는 것은 기술적으로 복잡하고 많은 노력이 필요합니다.
- **인터넷 검색 및 요약 불가**: LLM을 사용하는 중요한 목적 중 하나는 인터넷, 유튜브에 있는 많은 정보와 자료를 빠르게 요약하고 이해하는 것입니다. 그러나 내부망에서는 인터넷 검색이 불가능하니 이를 사용할 수 없습니다.

B-1타입: 오픈 소스 LLM + 클라우드 사용

B-1타입은 오픈 소스 LLM의 유연성과 클라우드 호스팅의 편리함을 결합한 방식으로, 데이터 저장소(벡터 DB)는 기업 내부에 On-premise, AI 모델 추론 LLM

은 외부 전문 호스팅 서비스에 두는 것이 핵심입니다. 고가의 GPU 서버를 직접 구매하고 운영하는 부담을 외부 전문 업체에 맡기면서 데이터 주권은 어느 정도 유지하는 균형 잡힌 접근 방식입니다. 물론 외부 클라우드 서버에 기업 데이터를 보내는 부분에서는 여전히 보안 문제가 있습니다. 그러나 B타입으로 시스템을 구축할 때 테스트 용도로 쓰기에는 매우 좋습니다.

전체적인 흐름은 다음과 같습니다.

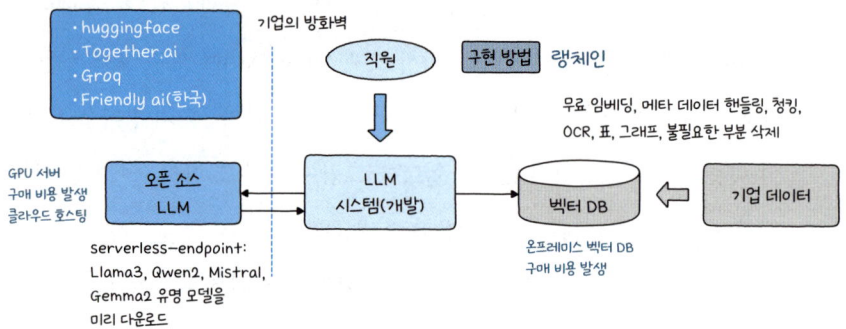

오픈 소스 LLM + 클라우드를 사용하는 B-1 타입의 전체 흐름

내부 데이터 처리 및 저장

이전의 온프레미스 방식과 동일하게 기업 데이터를 무료 임베딩 모델로 벡터화하여 기업 내부의 벡터 DB에 저장합니다. 따라서 민감한 기업의 원본 데이터는 방화벽 외부로 유출되지 않습니다.

외부 오픈 소스 LLM 활용

Exaone, Solar Pro, Llama, Qwen, Mistral, Gemma와 같은 오픈 소스 LLM을 직접 서버에 설치하는 대신 Hugging Face, Together.ai, Groq와 같은 외부 전문 호스팅 서비스를 이용합니다. 이 서비스들은 특정 모델을 즉시 사용할 수 있는 API 엔드포인트 Serverless Endpoint를 제공합니다. 한국에서는 friendly.ai가 유사한 서비스를 하고 있습니다.

비용 구조

기업 내부 벡터 DB 구축 및 운영 비용이 발생하며, 외부 LLM 호스팅 서비스에 API 호출량에 따른 사용료(GPU 서버 호스팅 비용)를 지불합니다.

다음은 B-1타입의 장점입니다.

- **효율적인 비용**: 고가의 GPU 서버를 직접 구매할 필요가 없으며, 시간당 사용료를 지불하기 때문에 큰 부담은 없습니다. 다만 접속한 다음에는 사용하지 않아도 비용이 지출되기 때문에 스케줄링을 잘해야 합니다.
- **운영 부담 감소**: GPU 서버 구매, 세팅, 드라이버 및 라이브러리 관리 등 복잡하고 수고스러운 인프라 관리 업무를 외부 전문 서비스가 대신해 줍니다.
- **신속한 개발 및 테스트**: 랭체인을 활용하여 이미 준비된 LLM API 엔드포인트에 연결하기만 하면 되므로 LLM 애플리케이션을 매우 빠르게 개발하고 테스트할 수 있습니다.
- **다양한 모델 선택**: 호스팅 서비스가 제공하는 다양한 최신 오픈 소스 LLM을 손쉽게 선택, 변경하고 테스트하며 프로젝트에 가장 적합한 모델을 선택할 수 있습니다.

반면 B-1타입의 단점은 다음과 같습니다.

- **외부 서비스 보안 정책 검토**: 기업 데이터의 원본이 아닌 질문과 관련된 일부 데이터(프롬프트)가 외부 클라우드 서비스로 전송됩니다. 따라서 해당 호스팅 서비스 업체의 데이터 처리 및 보안 정책을 면밀히 검토하고 신뢰할 수 있는지 확인해야 한다는 부담이 있습니다.

- **외부 서비스 의존성**: LLM의 응답 속도, 안정성 등이 전적으로 외부 호스팅 서비스의 품질에 의존하게 됩니다. 따라서 해당 서비스에 장애가 발생하면 시스템 전체가 영향을 받습니다. 또한 기업 데이터가 저장된 내부망과 LLM이 있는 호스팅 서비스 간에 데이터를 주고받아야 하므로 네트워크 상태에 따라 응답 지연이 발생할 수 있습니다.

C타입: A타입 + B타입 하이브리드

C타입은 기업의 보안 요구 사항과 AI 기술 활용이라는 두 가지 목표를 동시에 달성하기 위해 데이터의 민감도에 따라 처리 경로를 이원화하는 '선택적 하이브리드 LLM 시스템'입니다. 이는 기업 내부망의 데이터 보안을 지키는 동시에 외부망을 통해서 글로벌 서비스를 연결함으로써 글로벌 트렌드를 따라갈 수 있도록 한 것입니다. 즉, A타입과 B타입을 하나로 합친 하이브리드 형태입니다.

전체적인 흐름은 다음과 같습니다.

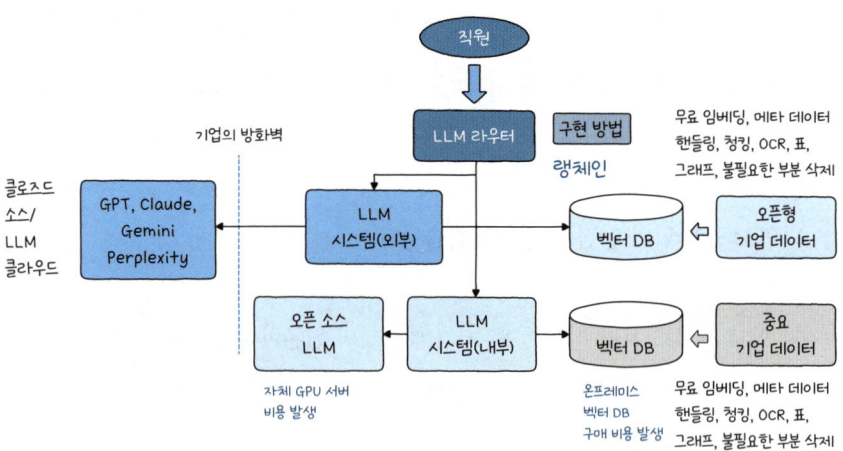

클로즈드 소스 LLM과 오픈 소스 LLM을 동시에 사용하는 C타입의 전체 흐름

요청 접수

직원이 LLM에게 질문을 하면 LLM 라우터가 가장 먼저 요청을 받습니다. LLM 라우터는 질문의 의도와 내용에 따라 처리 경로를 결정하는 신호등 역할을 합니다. 라우터는 질문을 다음 두 가지 경로 중 하나로 보냅니다.

- **외부 경로(Public/Open Data)**: 일반적인 정보나 시장 동향, 비민감 데이터 관련 질문일 경우 외부 LLM 시스템으로 요청을 전달합니다.
- **내부 경로(Private/Critical Data)**: 기업의 중요 데이터, 기밀 문서 관련 질문일 경우 내부 LLM 시스템으로 요청을 전달합니다.

외부 경로 처리 과정

LLM 시스템(외부)은 랭체인 프레임워크를 통해 작동합니다. 먼저 오픈AI의 임베딩 모델을 사용하여 질문을 벡터로 변환하고, 이와 관련된 정보를 벡터 DB에서 검색합니다. 이 DB에는 사전에 '오픈형 기업 데이터'가 임베딩되어 저장되어 있습니다.

검색된 관련 정보와 원본 질문을 조합하여 외부의 고성능 상용 LLM(GPT, 클로드, 제미나이 등)에 전달합니다. 상용 LLM은 이 정보를 바탕으로 최종 답변을 생성하여 사용자에게 전달합니다.

내부 경로 처리 과정

LLM 시스템 역시 랭체인을 기반으로 작동하지만, 모든 구성 요소는 기업의 방화벽 내부에 존재합니다. 따라서 자체 구축한 오픈 소스 임베딩 모델을 사용하여 질문을 벡터로 변환하고, 내부 벡터 DB에서 관련 정보를 검색합니다. 이 DB에는 중요 기업 데이터가 안전하게 저장되어 있습니다.

이어서 검색된 정보와 원본 질문을 조합하여 자체 GPU 서버에서 운영되는 오픈 소스 LLM에 전달하면, 오픈 소스 LLM이 최종 답변을 생성하여 사용자에게 전달합니다. 이 모든 과정은 외부 인터넷과 완전히 차단된 상태에서 이루어집니다.

다음은 C타입의 장점입니다.

- **최적화된 보안**: 하이브리드 모델의 장점으로, 중요한 기업 데이터는 물리적으로 분리된 내부망에서만 처리되므로 외부 유출 가능성을 원천적으로 차단합니다. 이는 망분리 규제가 엄격한 금융, 공공 부문에서도 적용 가능한 강력한 보안 모델입니다.
- **성능 극대화**: 창의적인 아이디어나 최신 정보가 필요할 때는 외부의 상용 LLM의 성능을 최대한 활용하고, 기업 내부의 특화된 지식이 필요할 때는 내부 오픈 소스 LLM을 사용하여 답변의 전문성을 높일 수 있습니다.
- **직원의 만족도 증가**: 직원들이 내외부망을 자유롭게 오고가면서 원하는 정보를 추출, 요약, 활용할 수 있으면서 보안을 걱정하지 않아도 됩니다.

반면 C타입의 단점은 다음과 같습니다.

- **LLM 라우터의 성능 의존 문제**: C타입의 성패는 LLM 라우터가 얼마나 똑똑하게 사용자의 의도를 파악하고 정확한 경로로 라우팅하느냐에 달려있습니다. 만약 라우터가 중요한 데이터를 외부 경로로 잘못 보내거나 그 반대의 실수를 저지르면 시스템 전체의 목적(보안, 성능)이 훼손될 수 있습니다. 따라서 라우터의 정교한 설계와 지속적인 성능 개선은 C타입의 핵심 프로젝트입니다.
- **복잡한 이중 관리 문제**: 외부와 내부, 두 개의 LLM 시스템과 벡터 DB를 별도로 구축하고 운영 및 유지 보수해야 합니다. 이는 기술적으로도 복잡할 뿐만

아니라 데이터 동기화, 모델 버전 관리, 보안 패치 등에서 두 배의 관리 비용과 노력이 발생할 수 있음을 의미합니다.
- **비싼 초기 구축 비용**: 내부 시스템 구축을 위한 GPU 서버와 온프레미스 벡터 DB 구매에 상당한 초기 투자 비용이 발생합니다. 따라서 이 비용을 감당할 수 있는 특정 규모 이상의 기업에 더 적합합니다.

종합적으로 보면 C타입은 기업의 현실적인 제약과 이상적인 목표 사이에서 매우 지능적으로 균형을 맞춘 훌륭한 설계입니다. 다만 이 시스템이 성공적으로 안착하려면 앞서 언급한 고려 사항들, 특히 LLM 라우터의 지능과 복잡한 이중 관리 문제를 어떻게 해결할지에 대한 깊이 있는 후속 계획이 반드시 필요합니다.

D타입: 오픈AI의 기업형 ChatGPT

D타입은 오픈AI가 직접 기업을 대상으로 제공하는 B2B 서비스입니다. 기업용 ChatGPT는 최신 GPT 모델을 기반으로 하며 관리자 기능을 포함하고 있습니다. 즉, 직원들이 기업 내부 데이터에 접근하여 안전하게 AI를 활용할 수 있도록 설계된 솔루션입니다.

핵심은 직원들의 프롬프트나 기업 데이터가 외부로 유출되지 않는다는 점입니다. UI는 기존 ChatGPT와 유사하여 별도의 개발 없이 바로 사용할 수 있으며, 마이크로소프트의 Bing Chat Enterprise와 유사한 콘셉트의 서비스입니다.

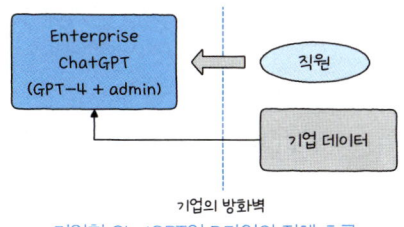

기업형 ChatGPT인 D타입의 전체 흐름

다음은 D타입의 장점입니다.

- **강력한 보안 및 데이터 프라이버시**: SOC2 보안 표준을 준수하고 데이터를 암호화하여 안전합니다. 직원들이 입력하는 프롬프트와 기업 데이터는 오픈AI의 모델 학습에 절대 사용되지 않으므로 기업 정보 유출의 위험이 없습니다. 또한 기업의 자체 방화벽 안에서 운영되므로 보안을 강화할 수 있습니다.
- **고성능 모델의 무제한 사용**: 최신 GPT-5 모델을 무제한으로 사용할 수 있습니다. 기존 모델 대비 두 배 빠른 속도와 1M의 큰 토큰 사이즈를 지원하여 더 길고 복잡한 문서 처리 및 분석이 가능합니다.
- **강화된 기능 및 관리**: 파일 업로드 및 데이터 분석이 가능한 Advanced Data Analytics(구 Code Interpreter) 기능을 사용할 수 있습니다. 또한 기업 내부 사용자를 관리할 수 있는 별도의 관리자 기능과 UI가 제공됩니다.
- **높은 확장성 및 편의성**: 별도의 UI 개발 없이 익숙한 오픈AI의 UI를 그대로 사용할 수 있어 직원 교육이 용이합니다. 또한 오픈AI의 API와 Function Calling 기능을 사용하여 각 기업의 필요에 맞게 커스터마이징하고 다른 시스템과 연동할 수 있습니다.
- **검증된 신뢰성**: Bain & Company, Shopify, PwC 등 수천 개 이상의 유수 기업들이 이미 사용하고 있어 신뢰도가 높습니다.

반면 D타입의 단점은 오픈AI가 Enterprise ChatGPT의 가격을 공개하지 않는다는 점입니다. 이는 우리가 알 수 없으며 직접 문의해야 합니다.

D-1타입: 오픈AI의 Team with GPTs

D-1타입의 ChatGPT Team은 소규모 팀이나 조직을 위한 협업용 유료 플

랜입니다. GPT-5 모델과 관리자 기능을 제공하며, 팀원들이 기업 데이터를 안전한 환경에서 활용할 수 있도록 설계되었습니다. 직원들의 프롬프트(명령어)나 공유된 데이터가 오픈AI의 모델 학습에 사용되지 않아 보안이 중요한 환경에 적합합니다.

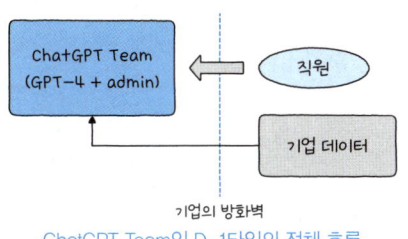

ChatGPT Team인 D-1타입의 전체 흐름

다음은 D-1타입의 장점입니다.

- **명확한 가격 정책**: 1인당 연간 300달러의 비용이 발생하며, 최소 두 명부터 사용할 수 있습니다(월별 요금제는 1인당 30달러/월). 대기업용 Enterprise 플랜과 달리 가격이 투명하게 공개되어 있어 도입 예산 수립에 용이합니다.
- **강화된 데이터 보안**: 입력하는 프롬프트와 기업 데이터는 AI 모델 학습에 절대 사용되지 않습니다. 또한 데이터 보안 표준인 SOC2를 준수하여 안전한 환경을 제공합니다.
- **팀 전용 GPTs 및 비공개 스토어**: 오픈AI의 GPTs는 일종의 RAG 패키지로, 코딩 없이도 필요한 정보를 업로드해서 필요한 사람들끼리 공유할 수 있습니다. 따라서 기업 내 팀원들이 직접 만든 맞춤형 GPTs를 회사 내부에서만 안전하게 공유하고 사용할 수 있습니다.

  또한 일반 사용자를 위한 공개 GPT 스토어와 분리된 팀 전용의 비공개 GPT 스토어를 제공하여 업무 효율성과 정보 보안을 동시에 높일 수 있습니다.
- **사용 편의성**: 기존 오픈AI의 ChatGPT와 동일한 UI를 제공하므로 별도의 학

습 없이도 직원들이 바로 적응하여 사용할 수 있습니다. 또한 일반 GPTs를 만드는 방식과 동일하게 팀 전용 GPTs를 제작할 수 있습니다. 언제든지 사용을 시작하고 중지할 수 있기 때문에 기업에서는 본격적인 AI 애플리케이션을 만들기 전에 다양한 AI와 LLM을 실험하고 공부하는 용도로 많이 사용합니다.

- **관리 기능**: 설정 화면에서 볼 수 있듯이 관리자는 팀의 작업 공간에 대한 데이터 제어 및 관리 기능을 가집니다.

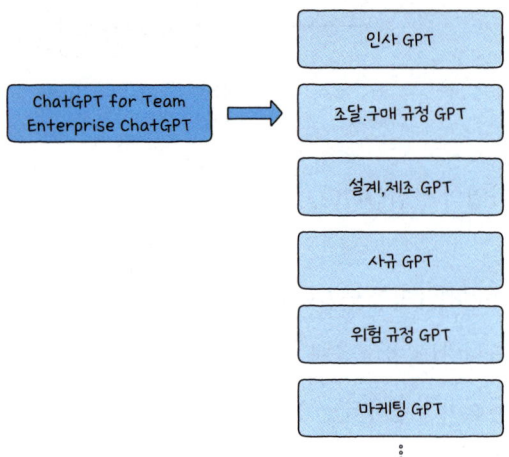

기업 내부에서 만든 폐쇄형 GPT 스토어의 예시

에필로그

"AI Agent 시대, 변화의 선두에 서서"

이 책을 마무리하며 강조하고 싶은 것은, AI 에이전트 시대의 기업 혁신은 단지 기술 도입만이 아닌 CEO의 깊은 이해와 진정한 의지에서 시작된다는 점입니다. 저는 그동안 현장에서 리더의 진심이 조직 전체를 바꾸는 모습을 수없이 봐왔습니다.

AI 전환의 책임을 실무진에게 위임하는 순간, AI는 조직의 운영체제를 바꾸는 혁명의 도구가 아닌 기존 성과를 포장하는 장식품이 됩니다. AI를 하나의 트렌드로만 여기고 리더의 지시만 아래로 흘려보내면, 직원들은 점차 혁신이 아닌 '흉내내기'를 시작합니다. 이는 결코 바람직하지 않으며, 리더의 진심 어린 코칭과 참여만이 직원과 회사를 혁신하는 유일한 열쇠입니다.

리더의 진정한 의지는 사람 중심의 AI 도입으로 나타나야 합니다. AI 프로젝트는 현업을 가장 잘 아는 직원들이 각자의 영역에서 변화를 주도할 때 성공합니다. 이를 위해서는 부서 간 벽을 허무는 협업이 필수이며, 수평적 문화 속에서 나오는 집단지성의 목소리가 자유롭게 제안되고 신속하게 경영에 반영되는 통로가 마련되어야 합니다.

더불어 이러한 문화적, 구조적 변화는 측정 가능해야 합니다. 모든 AI 관련 프로세스에 명확한 KPI를 부여하고 성과 평가와 연동시키는 것이 추상적인 비전을 구체적인 현실로 만드는 핵심입니다. 미래 기업의 경쟁력은 결국 AI에서 나오므로 조직 전체가 AI 활용이라는 목표로 정렬하는 것은 선택이 아닌 필수입니다.

지금은 AI 에이전트 시대입니다. 뒤쫓아가는 것은 고되고 지치는 일이지만,

길을 개척하며 나아가는 선구자의 걸음은 어려워도 의미가 있습니다. 우리 모두가 바로 그 선구자이기에 어려움이 따르는 것은 당연합니다. 하지만 가장 먼저 길을 냈기에 우리는 분명히 극복할 것입니다.

이 책을 쓰면서 저에게 가장 큰 영감을 주신 분들이 있습니다. KAIST 김재철 AI 대학원의 CAIO 과정을 수강하고 졸업하신 분들과 〈CEO를 위한 AI 코딩스쿨〉을 수강하신 분들입니다. 이분들의 질문 하나하나가 저에게 큰 울림을 주었고, 논의해 주신 각 기업 현장에서의 애로사항에 대한 해결책을 이 책에 최대한 담고자 했습니다. 도움을 주신 모든 분들께 깊은 감사를 드립니다.

장동인 드림